경리 회계 노무 세금

손원준 지음

누구나 절세를 외치지만 현실에서는 세금폭탄을 안 맞는 것이 절세다.
준비한 자만 세금폭탄으로부터 회사를 지킬 수 있다.

세금폭탄은 누구에게나 현실로 다가올 수 있는 문제이다.
실무에서 바로 써먹는 경리회계 업무 지식

쉽게 생각했지만, 막상 하면 어려운 경리업무의 체계를 잡아주고
회사를 관리할 수 있게 해주는 책

K.G.B
지식만들기

이론과 실무가 만나 새로운 지식을 창조하는 곳

머리말

올해도 어김없이 세법은 개정되었고, 업무에도 수많은 변화가 발생했다. 항상 느끼는 일이지만 변경되는 내용만 쫓아가는 것도 실무자에게는 무척 힘든 일인 것 같다.

많은 사람이 절세를 외치지만 특별한 절세방법은 존재하지 않는다. 다만, 몰라서 또는 일부러 잘못된 업무처리로 인한 세금폭탄을 맞지 않는 것만으로도 충분한 절세가 되는 것이 현실이다.

제1장 경리의 시작은 회계부터

회계초보자들이 실무를 할 때 필요 없는 이론적 용어를 과감히 생략해 회계의 흐름을 한눈에 볼 수 있도록 꼭 필요한 내용만 넣었다.

제2장 창업 시 합법적인 절세전략

회사를 창업하거나 경리 일을 하면서 초보자들은 1년 동안 내가 내는 세금이 무엇인지조차 모르는 경우가 많다. 이에 개인사업자와 법인으로 나누어 꼭 체크 해야 할 세금에 대해서 가르쳐주고 있다.

제3장 세금폭탄을 방지하는 꼼꼼한 증빙관리

증빙만 있으면 모든 세금은 해결된다. 그리고 세금에 대한 지식이 없어도 누구나 조금만 신경 쓰면 손쉽게 할 수 있는 일이다. 증빙의 발행에서 수취까지 빈틈없는 증빙의 관리 방법을 제시해준다.

제4장 절세의 시작은 부가가치세 신고부터

부가가치세는 세금 중 가장 쉽게 배울 수 있고, 조금만 배우면 누구나 홈택스를 활용해 신고할 수 있는 세금이다. 그러나 우습게 봐서는 안 된다. 정확한 신고를 위해서는 조금의 세밀함이 필요하고, 일상 업무에서 가장 자주 접하는 세금이므로 그 1%의 부족함을 채워주려고 한다.

제5장 소득에 대한 세금 종합소득세와 법인세 절세

소득에 대해 개인은 종합소득세, 법인은 법인세를 낸다.

사실 초보자가 접근하기에는 다소 어려운 부분이 있지만, 초보자라도 최소한 알고 있으면, 절세에 도움이 되는 내용을 가르쳐주고자 한다.

제6장, 제7장 급여 원천징수 및 인사급여

한 달에 한 번씩 꼭 다가오는 급여업무 매번 해도 어렵고 힘든 일이다. 근로자별로 급여 계산에서부터, 원천징수 방법과 세금 계산, 신고 방법까지 급여업무의 모든 것을 가르쳐준다.

제8장 경리실무자가 꼭 알아야 할 4대 보험

세무 대리인이 4대 보험 업무 대신해주나요? 넘길 곳만 있으면 넘겨버리고 싶은 4대 보험 업무

이제 그 고민을 이번 장에서 말끔히 해결할 수 있다.

누구나 경리라는 직업은 '회사 경영지원에 있어서 전천후 지식인이다.'라는 자부심을 가질 수 있도록 본인의 역량을 키우는 데 본서가 조금이나마 도움이 되었으면 한다.

끝으로 사랑하는 아내와 예영, 예서에게 미안하고, 고맙다는 말을 이번 기회에 전하고자 한다.

손원준 올림

Contents

CONTENTS

제2장 창업 시 합법적인 절세전략

제3장 세금폭탄을 방지하는 꼼꼼한 증빙관리

CONTENTS

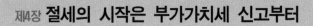

제5장 소득에 대한 세금 종합소득세와 법인세

제6장 급여 원천징수와 절세전략

제7장 **경리실무자가 꼭 알아야 할 인사급여**

제8장 경리실무자가 꼭 알아야 할 4대 보험

퇴직금을 좀 더 많이 받는 방법

1. 육아휴직을 사용하고 퇴직하는 경우 근속연수가 늘어나 퇴직금이 늘어난다.

육아휴직기간은 근속연수에 포함이 된다. 따라서 육아휴직을 사용하지 않고 퇴사하는 경우 사업주에게 유리하고, 육아휴직 후 퇴직하면 육아휴직기간 동안 근속연수가 늘어나 근로자에게 유리하다.

2. 남은 연차휴가를 모두 소진하고 퇴사하는 경우 근속연수가 늘어나 퇴직금이 늘어난다.

퇴사 시 남은 연차은 정산 후 퇴사하거나 남은 연차를 모두 소진하고 퇴사하는 방법이 있다. 이 중 연차를 모두 소진하고 퇴사하는 경우 퇴사일이 뒤로 미루어져 근속연수가 늘어나 근로자에게 유리하고, 퇴사시 미사용 연차휴가에 대해서 정산하는 경우 사장님에게 유리할 수 있다.

3. 모든 급여가 기본급으로 구성되는 경우 통상임금이 평균임금보다 커져 퇴직금이 늘어난다.

퇴직금 계산 시 평균임금은 평균임금과 통상임금 중 큰 금액을 기준으로 한다.

급여가 모두 기본급으로 구성되어 있다면 30일 기준 평균임금보다 통상임금이 일반적으로 높으므로 퇴직금 계산 시 실제로 퇴직금을 조금 더 받을 수 있다.

4. 퇴직 전 3개월의 시간외근로가 급격히 늘어나는 경우 평균임금이 상승해 퇴직금이 늘어난다.

시간외근로수당은 평균임금에 포함이 된다. 따라서 3개월간 시간외근로를 급격히 늘리면 퇴사 시점에 평균임금이 올라가 실제보다 많은 퇴직금을 받을 수 있다.

5. 전전연도의 연차휴가를 사용 안 하고 퇴직하는 경우 평균임금이 상승해 퇴직금이 늘어난다.

퇴직금 계산시 전전연도 발생한 연차휴가를 사용하지 않아 받는 연차수당의 3/12을 평균임금 계산시 포함한다. 따라서 전전연도 발생한 연차휴가를 최대한 적게 사용하면 평균임금이 올라가 퇴직금이 증가한다.

제1장

경리의 시작은 회계부터

- 알아두면 유익한 업무 상식
- 손익계산서 계정과목 해설
- 재무상태표 계정과목 해설
- 전표의 작성과 1년간 회계업무
- 회계업무의 결산
- 경리담당자의 장부 관리법
- 회사에서 장부를 관리하며 꼭 알고 있어야 할 사항
- 장부 마감 전에 꼭 확인해야 할 사항
- 경리실무자가 인수인계해야 할 사항
- 법인 경리업무 시 특히 유의해야 할 사항
- 퇴사자 발생 시 업무 마무리
- 전자어음이 부도난 경우 처리 방법
- 법인인감과 사용인감
- 감가상각을 안 하고 즉시 비용처리가 가능한 경우

알아두면 유익한 업무 상식

1 이하, 이상, 미만, 초과의 의미

이하, 이상, 미만, 초과의 의미는 수학에서 많이 사용하는데, 실무에서도 많이 나오는 용어이다.

그러나 쉬우면서도 우리는 내용을 읽을 때 그냥 넘어가는 개념이기도 하다.

그래서 이를 등한시하면 해석이 틀려질 수 있다. 특히, 법이나 제도를 해석할 때 참 중요한 개념이다.

이하는 해당 숫자를 포함해 해당 숫자 아래를 의미한다.

예를 들어 4인 이하 사업장은 4인까지의 사업장을 의미한다.

근로기준법을 보면 4인 이하 사업장에 적용되는....등의 문장이 있다.

이는 1인부터 4인까지의 사업장을 대상으로 하는 것이다.

이상은 해당 숫자를 포함해 해당 숫자 위를 의미한다.

예를 들어 5인 이상 사업장은 5인을 포함한 5인부터~인 사업장을 의미한다.

근로기준법을 보면 5인 이상 사업장에 적용되는....등의 문장이 있다. 이는 5인 사업장부터 적용 대상으로 하는 것이다.

합법적으로 세금폭탄을 막아주는 경리·회계·노무·세금

미만은 해당하는 숫자를 포함하지 않고 해당 숫자보다 작은 것을 의미한다.

예를 들어 연 매출 4,800만 원 미만은 4,800만 원을 포함하지 않는 4,800만 원보다 작은 것을 의미한다.

초과는 해당 숫자보다 위의 숫자를 의미한다. 즉, 5인 초과면 6인부터를 의미한다.

예를 들어 접대비의 경우 3만 원 초과 비용은 법정지출증빙을 받게 되어있는데, 여기서 3만 원 초과는 30,001원~을 의미한다.

2 전결, 대결, 후결의 의미

구 분	의 미
전결	위임전결 규정상 최종 결정권자의 결정
대결	결재권자의 부재 시 그 직무를 대행하는 차 상급자가 대신 결재하는 것
후결	전결권자의 부재 시 하위직급의 직무대행자가 결재하여 우선 업무를 실행, 전결권자 복귀 이후 반드시 결재 득하는 것

3 기준환율과 재정환율의 의미

기준환율 또는 재정환율은 실무자가 임의적으로 환율을 적용하는 것을 방지하고자 "장부상의 금액으로 나타낼 때는 이런 환율을 써라"라고 지정해 주게 되는데, 그 환율을 말한다.

기준환율이란 원/달러 환율을 말한다. 1$ = 1,200원이 그것이다. 반면, 재정환율은 나머지 통화에 대한 환율을 말한다. 달러를 제외한 나머지 모든 통화 즉, 1엔 = 10원, 1유로 = 1,600원, 1파운드 = 1,300원 같은 것들이 그것이다.

따라서 세법이나 회계에서 "기준환율 또는 재정환율을 이용해라"라고 하는 것은 "달러로 거래한 사람은 기준환율을 쓰고, 달러가 아닌 나머지 통화로 거래한 사람은 재정환율을 써라"라는 의미이다.

4 사회 통념상 타당한 금액

경리업무를 하다 보면 사회 통념상 타당한 금액이라는 말을 자주 접하게 된다. 그럼 사회 통념상 타당한 금액은 정해진 것일까?

그렇지는 않다. 사회 통념상 타당한 금액이란 지출하는 사람의 주관적 판단이 아닌 제3자가 객관적으로 생각했을 때 타당한 금액을 말한다.

예를 들어 중소기업의 사장이 자사 직원의 결혼식에 참석해 1,000만 원의 축의금을 낸다거나, 거래처 직원의 결혼식에 참석해 500만 원씩 축의금을 낸다는 것은 현실적으로 판단하면 일반적인 상황이 아니므로 이는 사회 통념상 타당한 금액이 되지 않는다. 물론 자사 직원의 결혼식에 가서 우리 직원으로 특별하니까 일반축의금과 달리 50만 원 정도의 축의금을 낸다면 이는 사회 통념상 타당한 금액으로 인정받을 수 있을 것이다.

5 세법에서 말하는 건당의 의미

세무 업무처리를 하다 보면, 건당이라는 말을 자주 보게 된다. 여기서 건당의 의미는 거래내역에 따라 사실 판단할 사항이 많은 데 "건당"의 의미에 대해서는 현재 세법상 별도의 명문 규정은 없기 때문이다.

그러나 아래에 첨부한 접대비 업무관련성 입증에 관한 고시(국세청 고시 제2004-1호, 2004. 1. 5.) 제1조 제2항의 규정을 고려해 볼 때, 다수의 지출이 발생하였으나 동일한 날짜에 동일한 장소에서 동일한 거래처에 대하여 지출된 것으로서 거래의 실질로 보아 하나의 지출행위로 볼 수 있는 경우에는 이를 1건으로 보아 관련 규정을 적용해야 할 것으로 판단된다.

접대비 업무관련성 입증에 관한 고시(국세청 고시 제2004-1호, 2004. 1. 5.)(종전의 규정으로 건당 의미를 파악하기 위해 일부 수정함)

제1조(대상 접대비)

② 2건 이상의 지출내역이 다음 각호의 1에 해당하는 경우는 이를 1건으로 보아 제1항의 규정을 적용한다.

1. 동일한 날짜에 동일한 장소에서 동일한 거래처에 대하여 지출된 것으로서 거래의 실질로 보아 하나의 지출행위로 인정되는 경우

2. 동일한 장소에서 동일한 거래처에 대하여 날짜를 달리하여 지출한 것으로서 1건의 거래금액을 소액으로 나누어 결제한 것으로 인정되는 경우

3. 기타 거래 실질상 1건의 거래임에도 지출증빙 기록·보관 대상에서 제외되기 위하여 소액으로 나누어 결제한 것으로 인정되는 경우

흔히 실무상 접대비와 관련해서나 비용의 지출시 일정금액 초과거래에 대해 지출증빙규정에 걸리지 않기 위해 간이영수증을 나누어 수취하는 경우 건당의 의미를 잘 파악해서 나중에 문제가 되지 않도록 해야 한다.

손익계산서 계정과목 해설

구 분	해 설
Ⅰ. 매출액	
(1) 상품매출	고객에게 판매할 물건(재화)을 직접 생산하지 않고 다른 회사의 재화를 구입한 후, 일정 마진을 붙여 판매하는 것을 의미한다.
(2) 제품매출	판매를 목적으로 기업이 직접 생산한 후 일정 마진을 붙여 판매하는 매출이다.
(3) 용역매출	기업이 재화가 아닌 서비스를 제공함에 따라 발생하는 매출로, 용역매출의 예로는 배달서비스업, 노인 장기요양 서비스업, 중개서비스업, 설계/디자인업, 가사서비스업 등이 있다.
(4) 공사매출	기업이 발주자와 도급공사계약을 체결하고 공사를 진행함에 따라 발생하는 매출로, 공사매출의 특성상 다른 매출에 비해 착공부터 준공까지 1년 이상이 소요되는 경우가 많으므로, 공사계획 대비 비용의 지출 정도(진행률)에 따라 매출을 인식한다.
(5) 운송수입	사람을 실어 보내거나 물건 등을 실어 보내는 서비스를 제공함에 따라 발생하는 매출이다.
(6) 임대매출	각종 부동산의 일부 또는 전부를 사용하게 함으로써 발생하는 매출이다.

구 분	해 설
(7) 분양매출	완성된 부동산을 분할 또는 전부를 특정인에 판매함에 따라 발생하는 매출이다.
(8) 보조금 수입	정부 또는 특정 기업으로부터 매출과 관련하여 지속적으로 보조금을 수령하는 경우, 해당 금액을 보조금 수입으로 하여 매출로 구분한다.
(9) 기타매출	
II. 매출원가	매출액과 직접 관련 있는 비용을 매출원가라고 한다
(1) 상품매출원가	판매한 상품의 매입금액과 상품을 매입하기 위해 발생한 직접비용(운반비, 관세, 통관비 등)이 포함된다.
(2) 제품매출원가	제품을 생산하기 위해 발생한 원재료 구입비 및 구입하기 위해 발생한 직접비용, 기업이 생산관리직원과 임시근로자에게 지급한 각종 급여 및 제품을 생산하기 위해 투입된 그 외 비용의 전체 합계이다.
(3) 용역매출원가	인력을 통해 서비스를 공급하기 때문에 인건비 및 그와 관련된 비용(교육훈련비 등)이 포함된다.
(4) 공사매출원가	도급한 공사계약에 따라 건설공사를 진행하면서 발생하는 총경비를 의미한다. 일반적으로 공사매출이 부동산건설과 관련이 있으므로, 부동산을 건설하기 위해 발생하는 최초 인허가비, 부동산 설계비, 철골/외벽/전기/수도 등 공사비 및 자재비, 공사에 투입되는 인력의 인건비, 감리비 등이 포함된다.
(5) 운송수입원가	운송수입원가의 가장 큰 부분은 운송수단에 대한 감가상각비이다. 감가상각이란 운송수단을 사용함에 따라 감소하는 가치를 비용으로 환산한 것을 의미하는 회계상 용어로, 해당 운송

구 분	해 설
	수단을 사용할 수 있을 것으로 예상되는 기간동안 적절한 방법으로 배분하여 감가상각비라는 비용으로 인식한다. 그 외에 운송에 필요한 운전자 등에 지급한 각종 급여, 운송 수단의 부품교체비와 검사비 등이 운송수입원가에 포함된다.
(6) 임대 매출원가	각종 부동산의 일부 또는 전부를 사용하게 함으로써 발생하는 인테리어비, 수선비,. 가구 구입비 등이다.
(7) 분양 매출원가	기업이 최종 분양을 하기 위해 소요되는 비용으로 가장 큰 비용으로는 토지 매입비, 공사비, 분양중개수수료와 광고선전비, 모델하우스 설치비 및 운영인력의 인건비 등이 있다.
(8) 보조금 수입원가	보조금 수입에 직접 대응되는 매출원가는 거의 존재하지 않는다. 다만, 정부 기관 또는 보조금 지원기업의 요구사항에 따라 관리하는 인원이 존재할 경우 해당 인원과 관련된 비용이 보조금 수입 원가에 해당한다.
(9) 기타매출원가	
III. 매출총손익	전체 매출액에서 전체 매출원가를 차감한 금액이다.
IV. 판매비와관리비	제품, 상품, 용역 등의 판매활동과 기업의 관리활동에서 발생하는 비용으로서 매출원가에 속하지 아니하는 모든 영업비용을 의미한다.
(1) 급여	매출원가로 구분되지 않은 인원에게 지급한 각종 급여를 의미한다. 임원과 직원을 구분하지 않으며, 통상 발생하는 급여 외 상여 또는 성과급을 포함한다.
(2) (급여보전보조금)	기업이 고용한 특정 임직원에 대해 보조금을 받을 경우, 급여의 차감 계정으로 사용한다.

구 분	해 설
(3) 퇴직급여	기업에 근로를 제공하는 인원이 퇴직하거나 퇴직했을 경우 지급하는 모든 퇴직금을 의미한다.
(4) 보험료	기업이 근로자를 위해 가입하는 상해보험료, 4대 보험 사업자부담금 중 건강보험, 고용보험, 산재보험 등으로 구성된다. 다만, 해외출장으로 인해 발생하는 해외여행자보험은 여비교통비에 포함한다.
(5) 복리후생비	기업이 근로자를 위해 제공하는 각종 복지혜택으로 지출한 비용으로, 연 1회 전 직원 건강검진비, 단체 근무복 등이 해당한다. 그 외에 임직원 식대 등도 이 항목에 포함할 수 있다.
(6) 여비교통비	사규에 따라 국내·외 출장 시 발생할 수 있는 각종 일비, 숙박비, 교통비, 식대 및 기타 경비가 포함된다.
(7) 임차료	기업이 부동산을 보유하지 않고 타인의 부동산을 임차하거나, 정수기/복합기 등 사무용품 또는 차량을 일정기간 사용할 목적으로 렌탈/리스계약을 체결하고 지급하는 비용에 해당한다.
(8) 접대비	기업의 원활한 운영을 위하여 주로 거래처에 사업과 관련하여 지출하는 비용이다.
(9) 감가상각비	유형자산의 사용에 따라 가치가 감소하는 것을 적절하게 안분한 비용으로, 유형자산의 사용가능한 기간동안 적절한 방법으로 배분해야 한다. 예를 들어 취득가액이 100인 기계장치의 사용가능한 기간이 5년이고 이 기계의 가치는 매년 동일하게 감소하며 1년 내내 사용했을 때의 유형자산감가상각비는 매년 20씩 손익계산서에 반영한다.

구 분	해 설
(10) 무형자산상각비	유형자산감가상각비와 동일하게 무형자산의 사용가능한 기간동안 적절한 방법으로 안분한 비용이다.
(11) 세금과공과금	기업이 영업활동을 하면서 발생하는 각종 세금 및 공과금으로, 세금의 종류로는 재산세, 자동차세, 면허세 등이 있으며, 공과금의 종류로는 조합비, 협회비 등이 있다.
(12) 광고선전비 (판매촉진비 포함)	기업의 매출을 증가시킬 목적으로 불특정다수를 위해 지출하는 각종 홍보비이다.
(13) 차량유지비	차량을 사용하기 위해 필수적으로 발생하는 비용으로, 유류비, 정기 검사비, 부품비 등이 포함된다.
(14) 경상연구개발비	현재의 제품 공정 및 설비의 개량 또는 신제품 신기술의 연구와 개발 등을 위하여 실시하는 설계 실험 연구 등의 활동으로 인하여 발생하는 비용 중 그 금액이 비교적 소액이며, 경상적으로 발생하는 경우의 지출액이다. 연구개발 목적으로 지출하였지만 향후 기업의 매출향상에 기여할 가능성이 높은 경우에는 해당 지출비용은 재무상태표의 무형자산 중 개발비로 반영한다.
(15) 대손상각비 (대손충당금 환입)	회사의 매출채권 중 미래에 회수가 불확실하거나 불가능할 것으로 예상하는 경우, 회계상 반영하는 손실금액이다. 회수가 불확실한 상황이 해소되었다면 과거에 인식한 대손상각비 누적금액을 한도로 대손충당금환입으로 판매비와관리비에 부(-)의 금액으로 반영한다. 매출채권이 아닌 기타 채권의 회수가 불가능하거나 불확실할 것으로 예상되어 손실을 반영할 때는 영업외비용의 '기타의 대손상각비' 계정을 사용한다.
(16) 지급수수료	거래처로부터 서비스를 제공받고 지출하는 각종 비용이다.

구 분	해 설
(17) 소모품비	한 번 사용하면 닳아 없어지거나 못 쓰게 되는 사무용품, 청소용품 등을 말한다. 기업의 규정에 따라 일회용품이 아니더라도 소액의 비품은 소모품비로 처리할 수 있다.
(18) 통신비	전화, 우편, 인터넷 등 각종 통신과 관련된 지출액이다.
(19) 운반비	주로 매출과 관련하여 발생하는 운반비이다. 운반비의 경우, 재고자산 매입 시 운반비를 매입하는 측에서 부담할 경우는 해당 운반비는 재고자산의 취득과 관련된 비용이기 때문에, 재고자산에 포함한다.
(20) 건물및시설관리비	임차하고 있는 건물의 관리비와 입주자 또는 임차인이 공동으로 부담하는 시설비이다.
(21) 수선비	판매 및 일반관리업무용 건물, 비품 등의 단순 수선비이다. 단순 원상복구 및 능률 유지를 위한 수선비가 아니라, 유형자산 등을 전면 개조하는 등 그 가치를 증가시키거나 사용연수를 증가시키는 수선비는 비용이 아니라 유형자산 취득금액에 합산한다.
(22) 수도광열비	판매 및 관리와 관련하여 발생한 수도료, 가스료 등의 비용이다.
(23) 전기료	판매 및 관리와 관련하여 발생한 전기료이다.
(24) 도서인쇄비	도서나 인쇄비용을 처리하는 계정으로 신문이나 잡지 구독료 및 도서 구입대금, 명함인쇄비용, 복사료 등이 해당한다.
(25) 교육훈련비	기업의 종업원에 대하여 실시하는 직업훈련비이다.

구 분	해 설
V. 영업손익	매출총이익에서 판매비와관리비를 차감한 금액이다.
VI. 영업외수익	기업의 주된 영업활동이 아닌 활동으로부터 발생한 수익과 차익을 의미한다.
(1) 이자수익	금융기관 외의 업종을 영위하는 기업이 일시적인 유휴자금을 대여하거나 금융기관에 예치함에 따라 얻은 이자이다.
(2) 기타의 대손상각비환입	매출채권 외의 채권을 회수하지 못하거나 회수가 불가능할 것으로 예상하여 영업외비용의 기타의 대손상각비로 손실에 반영했으나, 상황이 개선되어 실제로 채권을 회수했거나 회수할 가능성이 커졌을 때 과거에 인식한 기타의 대손상각비 한도 내에서 인식하는 수익이다.
(3) 임대수익	임대업 외의 업종을 영위하는 기업이 일시적으로 부동산을 임대하면서 수취한 임대료이다.
(4) 외환차익	외화거래에 있어 기업이 보유하고 있던 외화자산을 회수할 때 원화로 회수하는 금액이 그 외화자산의 장부가액보다 큰 경우 또는 외화부채를 상환할 때 원화로 상환하는 금액이 그 외화부채의 장부가액보다 적었으면 발생하는 금융상의 이익을 의미한다.
(5) 외화환산이익	결산일에 화폐성 외화자산 또는 비화폐성 외화부채를 환산하는 경우 환율의 변동으로 인하여 발생하는 이익이다.
(6) 유무형자산처분이익	유·무형자산 처분을 주 영업활동으로 하지 않은 기업이 비경상적으로 유·무형자산을 처분하면서 발생한 이익이다.

구 분	해 설
(7) 투자자산처분이익	각종 투자자산을 처분하면서 발생한 이익이다.
(8) 투자자산평가이익	기업이 각종 투자자산을 보유하고 있으면서 결산일 시점에 해당 투자자산의 가치가 상승함으로써 발생한 미실현이익이다. 다만, 매도가능증권에서 발생하는 미실현이익은 재무상태표에 반영한다.
(9) 보조금수익	비용 보전을 목적으로 하지 않거나, 기업의 주요 영업활동에 해당하지 않으면서, 받은 각종 보조금이다. 보조금 수입의 경우 아래와 같이 3가지 계정을 구분하여 표시함을 원칙으로 한다. • 정부보조금(정부로부터 받는 보조금) • 기타보조금(그 외의 기타보조금)
(10) 잡이익	일시적 또는 비경상적으로 발생하는 각종 수익이다.
Ⅶ. 영업외비용	기업의 주된 영업활동이 아닌 활동으로부터 발생한 비용과 차손을 의미한다.
(1) 이자비용	금융기관 외의 업송을 영위하는 기업이 운영자금, 시설자금 등의 목적으로 금융기관 등에 자금을 차입함에 따라 지불한 이자이다.
(2) 기타의대손상각비	매출채권 외의 채권을 회수하지 못하거나 회수가 불가능할 것으로 예상하여 인식한 회계상 손실금액이다.
(3) 외환차손	외화거래에 있어 기업이 보유하고 있던 외화자산을 회수할 때 원화로 회수하는 금액이 그 외화자산의 장부가액보다 작은 경우 또는 외화부채를 상환할 때 원화로 상환하는 금액이 그 외화부채의 장부가액보다 큰 경우에 발생하는 금융상의 손실이다.

구 분	해 설
(4) 외화환산손실	결산일에 화폐성 외화자산 또는 비화폐성 외화부채를 환산하는 경우 환율의 변동으로 인하여 발생하는 손실이다.
(5) 유무형자산처분손실	유·무형자산 처분을 주 영업활동으로 하지 않은 기업이 비경상적으로 유·무형자산을 처분하면서 발생한 손실이다.
(6) 유가증권처분손실 (단기매매증권, 매도가능증권, 만기보유증권)	기업이 보유하고 있던 각종 유가증권을 처분할 때 당초 취득가액보다 낮은 가액에 처분하여 발생하는 손실이다.
(7) 투자자산평가손실	기업이 각종 투자자산을 보유하고 있으면서 결산일 시점에 해당 투자자산의 가치가 하락함으로써 발생한 미실현손실이다. 다만, 매도가능증권에서 발생하는 미실현손실은 재무상태표에 반영한다.
(8) 기부금	기업이 영업활동과 무관하게 불특정대상을 위해 지출한 비용이다.
(9) 잡손실	일시적 또는 비경상적으로 발생하는 각종 손실이다.
Ⅷ. 법인세차감전순손익	영업손익에서 영업외수익을 더하고 영업외비용을 차감하여 계산한 금액을 의미한다.
Ⅸ. 법인세비용	한 회계연도의 손익을 토대로 기업이 납부해야 할 총세액을 의미한다. 통상 법인세와 법인 지방소득세 및 농어촌특별세로 구성된다.
Ⅹ. 당기순손익	법인세차감전손익에서 법인세비용을 차감한 금액을 의미한다.

재무상태표 계정과목 해설

구 분	해 설
자 산	
Ⅰ. 유동자산	
(1) 당좌자산	
현금및현금성자산	통화 및 타인 발행수표 등 통화대용증권과 당좌예금, 보통예금 및 큰 거래비용 없이 현금으로 전환이 쉽고, 이자율 변동에 따른 가치변동의 위험이 미미한 금융상품으로 취득 당시 만기일(또는 상환일)이 3개월 이내인 것을 말한다.
단기투자자산	기업이 여유자금의 활용 목적으로 보유하는 단기예금, 단기매매증권, 단기대여금 및 유동자산으로 분류되는 매도가능증권과 만기보유증권 등의 자산을 포함한다. 현금및현금성 자산의 정의를 충족한다고 하더라도 단기투자자산은 보유목적이 투자목적으로 현금 및 현금성 자산의 목적과 다르므로 구분하여 표시한다.
단기대여금	금전소비대차계약에 따라 기업의 자금을 특정인 또는 특정 기업에 지급한 경우, 해당 지급액을 대여금으로 표기한다.
매출채권	기업이 재화를 판매하거나 용역을 제공하는 등의 주된 영업활

구 분	해 설
	동과 관련하여 발생한 채권을 의미하며, 현금미회수액인 <u>외상매출금</u>과 받을어음으로 구성된다.
대손충당금	매출채권 등 기업의 채권 중 회수가 불확실하거나 불가능한 것으로 확정된 금액의 누적 추산액을 의미한다. 불확실한 상황이 해소되었거나 채권이 회수되면 대손충당금을 환입하여 추산액을 감소시켜 준다. 대손충당금은 채권의 금액과 별도로 구분하기 위하여, 채권의 하단에 차감하는 형식으로 표시한다. 매출채권 외의 채권도 회수가 불확실하거나 불가능한 것으로 확정되면 해당 채권의 차감 계정으로 표기할 수 있다.
미수금	기업이 주로 판매하는 재화나 제공하는 서비스로 발생한 채권 외에, 기업이 보유한 자산을 매각하는 등으로 발생한 채권이다. 기업의 주 영업활동으로 발생하는 채권이 아니므로 매출채권과 구분하여 표기한다. 단, 건설업 또는 분양업을 영위하는 회사의 경우, 해당 영업에서 발생하는 채권은 매출채권의 정의를 충족하나 통상적으로 공사미수금 또는 분양미수금의 계정과목을 사용한다.
미수수익	아직 현금 등으로 수령하지 않았지만, 정기 예·적금을 가입하고 만기까지 약정된 이자수익 총액 중 기간이 경과한 부분에 해당하는 이자를 수익으로 계상한다.
선급금	자산을 취득하기 위해 먼저 지급된 금액을 의미한다.
선급비용	선급비용은 손익계산서상 비용으로써 지출한 금액 중 아직 그 비용의 귀속이 경과하지 않은 기간에 해당하는 금액을 의미한다. 이미 현금을 지출하였지만, 기간이 지나지 않아 기업에 사용할 수 있는 권리이므로 자산으로 계상한다.
부가세대급금	부가가치세법상 과세 사업자가 물건을 사거나, 용역을 공급받고, 거래처에 지급한 10%의 부가가치세를 처리하는 계정이다.

구 분	해 설
선납세금	미리 국세청 등에 납부한 세금을 의미하며, 대표적으로 기업이 개설한 예금계좌 등에서 발생하는 이자의 원천징수 금액과 중간예납 세액이 해당한다.
(2) 재고자산	재고자산은 ① 통상적인 영업 과정에서 판매를 위하여 보유 중인 자산, ② 통상적인 영업 과정에서 판매를 위하여 생산 중인 자산, ③ 생산이나 용역제공을 위해 사용될 원재료 또는 소모품을 의미한다.
상품	기업이 직접 제조하지 않고 다른 기업이 제조한 물건을 샀을 경우 사용한다.
제품	기업이 직접 제조한 완성품을 의미한다.
재공품	기업이 직접 제조하나 아직 완성되지 않고 공정에 투입된 상태의 재고자산이다.
원재료	기업이 직접 제조를 목적으로 산 원재료이다.

선급금과 선급비용의 차이

선급금과 선급비용은 먼저 돈을 지급했다는 면에서는 같지만, 선급금은 향후 다른 자산으로 대체되어야 하고, 선급비용은 손익계산서의 비용으로 대체되는 것으로 구분한다.

예를 들어, 원재료를 사기 위해 먼저 지급한 금액은 선급금으로 회계처리 한다. 1년치 화재보험료를 5월에 선급한 경우는 먼저 선급비용으로 회계처리 한 후 5월 말에 1개월분의 보험료를 손익계산서의 보험료로 대체하는 회계처리를 하면 된다.

다만, 유형자산과 무형자산을 취득을 위해 먼저 지급한 금액은 선급금이 아닌 건설중인자산(예 : 공장신축을 위해 들어간 비용)으로 처리한다.

구 분	해 설
II. 비유동자산	
(1) 투자자산	
장기금융상품	금융기관에 예치한 만기가 1년 이상인 정기 예·적금과 변액연금보험 등을 의미한다.
매도가능증권	기업이 투자를 목적으로 다른 회사의 주식에 투자한 경우 매도가능증권으로 분류한다.
(2) 유형자산	재화나 용역의 생산이나 제공, 타인에 대한 임대 또는 관리 활동에 사용할 목적으로 보유하는 물리적 형태가 있는 자산으로서 한 회계기간을 초과하여 사용할 것이 예상되는 자산이다.
토지	영업활동에 사용하는 대지, 임야, 전, 답 등을 의미하며, 일반적으로 시간이 지나거나 계속 사용하더라도 가치가 감소하지 않으므로 감가상각을 하지 않는다.
건물	영업활동에 사용하는 공장, 사무실, 창고 등으로 냉난방, 조명, 기타 건물 부속 설비를 포함한다.
감가상각누계액	시간의 경과 및 사용에 따라, 가치가 감소하는 것을 비용으로 표시한 감가상각비의 누적 금액이다.
정부보조금	특정 유형자산을 취득하는 조건으로 정부기관 등으로부터 보조금을 받았을 경우, 해당 자산의 취득가액에서 수령한 보조금을 차감하는 방식으로 표기한다.
구축물	영업활동에 사용하는 교량, 저수지, 상하수도, 터널 등을 의미한다.

구 분	해 설
기계장치	주로 제조업에서 제품을 생산하기 위해 사용하는 기계장치 및 시설 장치가 해당한다.
차량운반구	영업활동에 사용하는 승용차, 수송차량, 지게차 등을 의미한다.
공구와기구	공구는 제조를 위하여 사용되는 절단 공구, 렌치 금형 등을 말하며, 기구는 압력계, 속도계 등의 계기류로서 일반적으로 내용연수가 1년 이상이고 또한 그 가액이 상당액 이상인 것을 말한다.
비품	책상, 의자, 냉장고 등 각종 집기 비품을 의미한다.
건설중인자산	특정 유형자산 취득이 완료되기 이전에 미리 지급한 금액(계약금, 중도금 등)은 건설중인자산이라는 계정과목으로 처리한다. 무형자산을 취득하기 이전에 지급한 금액도 건설중인자산으로 처리한다.
(3) 무형자산	재화를 생산하거나 용역을 제공할 목적 또는 타인에게 임대하거나 직접 사용할 목적으로 보유한다는 점에서는 유형자산과 동일하나, 물리적 형태가 없는 비화폐성자산이라는 점에서 유형자산과 구분된다. 또한, 무형자산도 사용가능기간(내용연수)에 적절한 방법으로 비용을 배분하는데, 무형자산의 미래경제적 효익은 시간이 지나면서 소비되기 때문에 배분된 비용(무형자산상각비)는 취득원가에서 직접 차감한 잔액으로 재무상태표에 표시한다.
영업권	특정 영업활동을 위하여 기업이 외부로부터 구입한 가치를 의미한다.
상표권	기업 합병 등에서 영업 노하우(Know-How) 등을 함께 인수하면서 지급한 프리미엄으로 이해하면 된다. 이 외에 부동산권리금도 영업권에 포함할 수 있다. 등록상표를 지정상품에 독점적으로 사용할 수 있는 권리를 의미한다.

구 분	해 설
특허권	특허법에 의하여 발명을 독점적으로 이용할 수 있는 권리를 의미한다.
소프트웨어	각종 컴퓨터 소프트웨어 구입비용으로, 회계처리 프로그램, 재고관리 프로그램 등이 있다.
개발비	연구개발목적으로 지출한 비용 중 기업의 매출 향상에 기여할 가능성이 큰 지출금액의 합계를 의미한다.
(4) 기타비유동자산	비유동자산 중 장기투자자산, 유형자산 및 무형자산에 속하지 않는 자산을 의미한다.
보증금	임대차계약에 의하여 임차인이 임대인에게 지급하는 보증금, 그 외에 거래목적에 따라 거래처에 지급한 보증금 등 담보목적으로 지급한 금액을 의미한다.
장기미수금	1년을 초과하여 회수될 것으로 예상하는 미수금이다.
장기선급금	유형자산과 무형자산을 제외한 자산의 취득을 위해 먼저 지급하였으나, 해당 자산을 대금 지급 후 최소 1년 후에 취득하는 경우 장기선급금을 사용한다.
장기대여금	1년을 초과하는 금전소비대차계약에 따라 지급한 대여금이다.

• 자산의 취득에 필수적으로 발생하는 비용, 예를 들면 토지나 건물, 차량운반구 취득 시 발생하는 취득세 및 등록세는 비용이 아닌 유형자산 취득가액에 포함한다.

• 특정 자산을 취득하는 목적으로 금융기관 등으로부터 자금을 차입하였을 경우, 해당 차입금의 이자비용은 취득비용의 성격으로 자산의 취득가액에 포함한다.

• 매출향상에 기여할 가능성이 높아 무형자산 중 개발비로 인식하였지만, 예상과 다르게 매출액 상승에 영향을 미치지 않는다면 비용으로 인식해야 한다.

구 분	해 설
부 채	
I. 유동부채	
매입채무	일반적인 상거래에서 발생하는 <u>외상매입금</u>과 <u>지급어음</u> 등 재고자산의 매입과 관련된 부채이다. 재고자산을 취득하기 위해 발생하는 부대비용(운반비, 관세 등)도 재고자산에 포함되기 때문에 해당 부대비용과 관련된 부채도 매입채무에 포함한다. 매년 금융기관 등과 1년 단위로 만기 연장을 한다고 하더라도, 기업입장에서 무조건 원할 때까지 만기를 계속 연장할 수 있는 것이 아니라면 장기차입금으로 분류하지 않는다.
단기차입금	금융기관 등과의 여신 약정을 통해 1년 이내 상환하는 조건으로 빌린 금액을 의미한다.
미지급금	미지급금은 매입채무와 달리 일반적인 상거래 외에 발생한 거래 또는 계약으로 지급해야 하는 금액을 의미한다.
미지급비용	미지급비용은 일정 계약에 따라 계속적으로 용역을 제공받았으나 아직 대금을 지급하지 않은 경우, 지급해야 할 금액이다.
선수금	선수금은 재화나 용역을 공급받기 위해 일부 또는 전부를 미리 수령한 금액으로, 향후 재화 또는 용역을 공급받으면 매출로 계정 대체하는 회계처리가 이루어진다.
선수수익	선수수익은 미리 자금을 받았지만, 기업입장에서 매출 외의 수익이 확정되지 않았을 경우 사용하는 계정과목이다.
예수금	특정 회계 사건과 관련하여 일시적으로 보관하고 있는 자금을 의미한다. 고객에게 물건을 납품하거나 용역을 공급한 후 수령하는 부가세예수금, 임직원에 급여를 지급하기 전에 미리 보관하는 소득세예수금, 그 외 기타 예수금이 이에 해당한다.

구 분	해 설
유동성장기부채	장기차입금의 분할 상환으로 인하여 최초 차입 시에는 장기차입금이었으나 시간이 경과하면서 1년 이내 상환해야 하는 차입금을 의미한다.

미지급금과 미지급비용의 차이

미지급금은 이미 자산을 취득하였거나 처분하면서 지급하지 않은 금액을 의미하고, 미지급비용은 이미 용역을 제공받았으니 지급하지 않은 금액을 의미한다.

예를 들어, 기계장치를 폐기 처분하고 수수료를 지급하지 않은 경우는 미지급금으로 회계처리 하지만, 기업의 직원이 근로계약에 따라 일정기간 근로를 제공한 후 지급하지 않은 금액은 미지급비용으로 회계처리 한다.

구 분	해 설
II. 비유동부채	
장기차입금	단기차입금과 달리 만기일이 1년을 초과하는 차입금을 의미한다.
사채	사채는 운영자금 또는 투자를 목적으로 자금을 조달한다는 측면에서는 장기차입금과 유사한 부분이 있으나, 사채는 일반적으로 대중에게 회사의 채권을 발행하는 방식으로 이뤄지기 때문에 재무상태표에 장기차입금과 구분하여 표시한다.
퇴직급여충당부채 및 퇴직연금운용자산	사규에 따라 일정기간을 근무한 직원이 퇴사할 때 지급해야 하는 퇴직금의 총액을 의미한다. 퇴직금 재원을 외부 금융기관에 예치한 경우는 퇴직급여충당부채의 차감 계정으로 퇴직연금운용자산을 별도 표시한다.

구 분	해 설
	세법상 기업의 임직원이 실제 퇴사하기 전까지 회계상 퇴직급여충당부채를 인정하지 않는다. 그래서 편의상 재무상태표에도 퇴직급여충당부채를 반영하지 않는 경우가 있다. 세법과 무관하게 퇴직금은 기업이 부담해야 하는 부채이므로 반드시 재무상태표에 반영해야 한다. 기업이 부담해야 하는 퇴직금 재원을 임직원의 계좌에 적립하고, 근로자가 퇴직 시에만 퇴직금을 인출하는 확정기여형 연금제도(DC형 연금제도)는 기업이 매년 퇴직금을 개인 계좌에 지급하기 때문에 퇴직급여충당부채(퇴직연금운용자산)은 사용하지 않는다.
보증금	기업이 보유하고 있는 부동산을 임대하거나, 매출채권 등을 회수할 목적 등 다양한 이유로 미래에 발생할 수 있는 각종 채무를 담보하기 위한 목적으로 거래처로부터 수취한 각종 보증금을 의미한다.
자 본	
I. 자본금	상법 제451조에 따라 발행주식의 액면 총액을 의미한다.
II. 자본잉여금	증자나 감자 등 주주와의 거래에서 발생하여 자본을 증가시키는 잉여금이다.
주식발행초과금	유상증자 등으로 회사의 1주당 액면가보다 초과하여 입금된 금액을 의미한다.
III. 자본조정	자본거래에 해당하나 최종 납입된 자본으로 볼 수 없거나 자본의 가감 성격으로 자본금이나 자본잉여금으로 분류할 수 없는 항목이다.
자기주식	기업이 발행한 주식을 기업이 직접 보유하고 있는 경우 자기주식으로 처리한다.
주식할인발행차금	유상증자 등으로 회사의 1주당 액면가보다 미달하여 입금된 금액을 부(-)의 금액으로 표기한다.

구 분	해 설
Ⅳ. 기타포괄 손익누계액	
매도가능증권평가 손익	매도가능증권을 보유하고 있는 경우, 매도가능증권의 취득가 액과 결산일 시점의 평가금액과의 차이 누적액을 매도가능증 권평가손익으로 반영한다. 해당 매도가능증권을 처분할 경우 매도가능증권평가손익도 함께 제거한다.
Ⅴ. 이익잉여금 (결손금)	손익계산서에 보고된 손익과 다른 자본 항목에서 이입된 금액 의 합계액에서 주주에 대한 배당, 자본금으로의 전입 및 자본 조정 항목의 상각 등으로 처분된 금액을 차감한 잔액이다.

전표의 작성과 1년간 회계업무

1 전표는 언제 작성하나? (회계상 거래)

전표를 작성하는 시점. 즉 이론상 분개(차변과 대변으로 나누어 적는 것)를 하는 시점은 회계상 거래가 발생하는 시점이다. 그럼 회계상 거래는 어떻게 판단할까?

회계상 거래는 일상에서 말하는 거래와 약간의 차이가 있는데, 앞서 설명한 자산, 부채, 자본, 수익, 비용의 변동이 생기는 시점에 발행한다. 따라서 계정과목도 자산, 부채, 자본, 수익, 비용으로 나누어 그 명칭이 정해져 있는 것이다.

예를 들어 부동산 매매계약을 할 때 집을 보고 나서 우리는 구입의사를 밝히게 되는데, 이 경우 의사만 밝혔을 뿐 실질적으로 계약금이 오고 가지 않았다면 일상에서는 매매계약이 성사됐다고 할 수 있지만, 실질적으로는 현금이라는 회계상 자산의 변동이 없으므로 회계상 거래는 안 된다. 반면 계약서를 작성하고 계약금을 지급한 경우 현금이라는 자산이 나가고 건물이라는 자산이 들어온 것이므로 이는 자산의 변동으로 인해 회계상 거래가 되는 것이다.

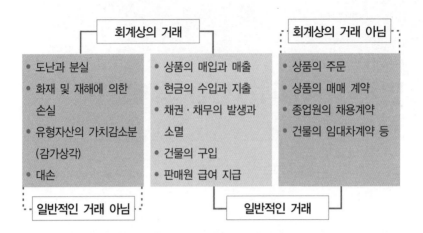

2 분개의 기본원리에서 재무제표 작성까지의 흐름

분개란 차변과 대변으로 나누어 적는 것을 말한다. 이것이 복식부기의 원리이다. 여기서 부기란 장부에 기록하는 것을 줄여서 부기라고한다. 이러한 부기는 단식부기와 복식부기로 나누어지는데, 기업의부기는 복식부기라고 보면 된다.

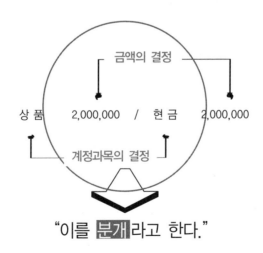

"이를 분개라고 한다."

단식부기는 거래내용을 가계부나 통장에 입출금이 찍히는 것과 같이 그냥 쭉 나열해 적는 형태를 말하며, 복식부기는 하나의 거래가 발생할 때마다 차변 계정과목과 대변 계정과목으로 나누어 적는 방식을 말한다.

그럼 차변에 와야 할 경우랑 대변에 와야 할 경우랑 구분해야 하는데 차변에 오는 것은 ❶ 자산의 증가 ❹ 부채의 감소 ❻ 자본의 감소 ❼ 비용의 발생이고, 대변에 오는 것은

자산계정

| 자산의 증 가 ▶ | 증가 | 감소 |
| | | 잔액 | ◀ 자산의 감 소

부채계정

| 부채의 감 소 ▶ | 감소 | 증가 |
| | 잔액 | | ◀ 부채의 증 가

자본계정

| 자본의 감 소 ▶ | 감소 | 증가 |
| | 잔액 | | ◀ 자본의 증 가

수익계정

| 소멸 | 발생 |
| 잔액 | | ◀ 수익의 발 생

비용계정

| 비용의 발 생 ▶ | 발생 | 소멸 |
| | | 잔액 |

❷ 자산의 감소 ❸ 부채의 증가 ❺ 자본의 증가 ❽ 수익의 발생이다. 모든 거래는 이와 같은 8가지의 요소가 상호 작용을 하면서 차변과 대변의 균형을 이루게 되며, 균형이 깨지는 시점 즉 차변합계와 대변합계가 일치하지 않으면 장부상 오류가 발생한 것이다. 또한, 모든 계정과목은 위의 자산, 부채, 자본, 수익, 비용이라는 5가지 요소에 속하게 되고, 증가 또는 감소, 발생 또는 소멸에 따라 차변과 대

변을 넘나들게 되므로 실무자는 우선 분개하기 위해서 계정과목을 선별할 줄 알아야 하고 차변에 갈 요소와 대변에 갈 요소를 구분해야 하겠다.

이를 명확히 구분할 수 있어야만 회계를 시작할 수 있는 것이며, 회계하는 사람끼리 비로써 의사소통이 가능해지는 것이다.

차변에 와야 하는 거래	대변에 와야 하는 거래
❶ 자산이 증가하는 거래	❶ 자산이 감소하는 거래
❷ 부채가 감소하는 거래	❷ 부채가 증가하는 거래
❸ 자본이 감소하는 거래	❸ 자본이 증가하는 거래
❹ 비용이 발생하는 거래	❹ 수익이 발생하는 거래

자산 = 부채 + 자본

재무상태표(대차대조표) 등식

차변합계   대차평균의 원리   대변합계

계정 전체를 통해서 본다면 차변금액의 합계와 대변금액의 합계는 반드시 일치하게 되는데, 이를 대차평균의 원리라고 하는 것이다.

그리고 차변의 자산 총계는 대변의 부채 총계와 자본 총계를 더한 금액과 일치함을 알 수 있는데 이를 재무상태표 등식이라고 한다.

이같이 1년간의 모든 전표발행이 완료되면 자산, 부채, 자본의 각 계정은 시산표나 월계표 등에 집계가 되게 되고, 이를 바탕으로 재무제표가 작성되게 된다.

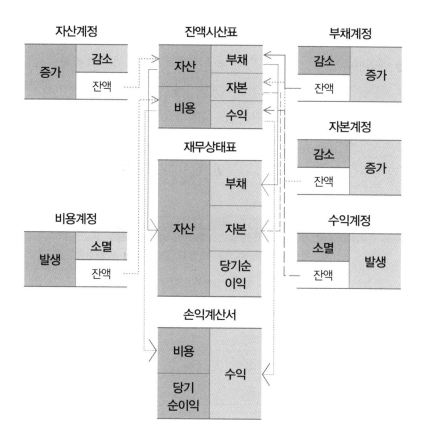

3 전표의 작성방법(일반전표와 매입매출전표)

이론상 분개는 실무상 전표에서 이루어진다. 전표는 복식부기를 실현하기 위해 고안해낸 서식으로, 현금의 입출금은 입금전표와 출금전표를 사용하고 현금의 입출금이 없는 거래는 대체전표를 사용한다.

그러나 현재는 프로그램의 발달과 현금의 사용이 적어 입금전표와 출금전표는 거의 사용하지 않고, 프로그램상의 일반전표와 매입매출전표를 많이 사용한다.

차이점은 간단히 설명하면, 세금계산서, 카드전표, 현금영수증 등 부가가치세 신고에 반영하냐, 안 하냐의 차이이다.

❶ 매입매출전표 : 세금계산서/계산서 발행 혹은 카드전표(부가가치세 공제가능한 전표), 현금영수증(부가가치세 공제가능한 전표) 등 부가가치세 신고에 영향을 미치는 증빙자료를 입력할 경우

부가가치세 자료로 집계를 원하는 경우 매입매출전표에 기록한 후 증빙처리를 해주고, 그렇지 않다면 일반전표에 입력하면 된다.

매출 유형	
건별	세금계산서 발급하지 않는 매출(예 : 음식점의 소액 현금매출 등)
종합	건별과 유사하나 부가가치세액이 자동 계산되지 않음
수출	세금계산서 없이 직접 수출되는 매출
카과	신용카드 과세매출
카면	신용카드 면세매출
카영	신용카드 영세매출

매출 유형	
면건	계산서 발급하지 않는 면세매출
전자	전자화폐 관련 매출
현과	현금영수증 과세매출
현면	현금영수증 면세매출
현영	현금영수증 영세매출

❷ 일반전표 : 세금계산서/계산서를 발행하지 않고 카드전표, 현금영수증 등 부가가치세 신고에 영향을 미치는 증빙자료를 입력하지 않을 경우(매입매출전표 입력사항을 제외한 거래) 또는 간이영수증 수취

예를 들어 상품의 매출, 매입을 입력할 때는 매입매출전표에 입력하면 되고, 외상대금의 결제, 회사 자금을 출금하고 입금하는 것처럼 부가가치세에 영향을 주지 않는 금전적인 거래만 이루어졌을 때는 일반전표에 입력한다.
경비지출이라도 (사무용품, 식비 등) 부가가치세 자료집계를 원하는 경우 매입매출전표에 기록한 후 증빙처리 하고, 그렇지 않다면 일반전표에 입력한다.

결론은 프로그램상 매입매출전표에 입력하면 부가가치세 신고서에 반영되고, 일반전표에 입력하면 장부에만 반영되고 부가가치세 신고서에는 반영되지 않는다.

4 전표가 모이는 곳(총계정원장)

분개를 계정과목별로 집계하기 위해서 설정된 장부를 총계정원장 또는 원장이라 한다. 따라서 원장은 자산·부채·자본 및 수익·비용에 속하는 계정과목별로 집계되며, 기업의 재무상태와 경영성과를 파악하기 위한 재무상태표와 손익계산서 및 기타 재무제표를 작성하는 기초 자료가 되기 때문에 전표(분개장)와 함께 주요부에 속한다.

주요부	
전 표 분개장	전표 : 거래를 분개하여 기장하기 위해서 분개장 대신 일정한 크기와 형식을 갖춘 용지 분개장 : 모든 거래를 발생 순서대로 분개하여 기입하는 장부
총계정 원 장	전표발행 한 것을 전기할 수 있도록 자산, 부채, 자본, 비용, 수익에 속하는 모든 계정이 설정되어 있는 장부로, 재무제표 작성의 기초가 된다.

보조부	
보 조 기입장	특정 거래의 내용을 발생 순서대로 자세하게 기록하기 위한 장부로 전표의 기능을 보조한다(현금출납장, 당좌예금출납장, 매입장, 매출장, 받을어음기입장, 지급어음기입장).
보 조 원 장	특정 계정의 내용을 상품 종류별, 거래처별로 자세하게 기록하기 위한 장부로 총계정원장을 보조한다(상품재고장, 매입처원장, 매출처원장).

예를 들어 다음과 같이 부가가치세가 없는 거래는 일반전표를, 부가가치세가 있는 거래는 매입매출전표를 발행한 경우 다음과 같이 계정과목별로 총계정원장에 집계한 후 시산표, 재무제표가 작성된다.

월일	적 요	원 면	차 변	대 변
10/1	(현금)		50,000,000	
	(자본금)			50,000,000
	5천만원을 출자해 영업을 시작했다.			
10/15	(원재료)		10,000,000	
	(부가가치세대급금)		1,000,000	
	(받을어음)			3,000,000
	(외상매입금)			8,000,000
	(주)베네치아로부터 원재료매입 후 300만원은 거래처 (주)로마로부터 받은 약속어음으로 지급 나머지 외상			
10/26	(차량유지비)		300,000	
	(부가가치세대급금)		30,000	
	(현금)			330,000
	승용차 수리비용 지급			
11/7	(외상매출금)		6,600,000	
	(제품매출)			6,000,000
	(부가가치세예수금)			600,000
	제품을 판매하고, 신용카드 결제			

월일	적 요	원 면	차 변	대 변
11/22	(선수금)		30,000,000	
	(외상매출금)		58,000,000	
	(제품매출)			80,000,000
	(부가가치세예수금)			8,000,000
	제품판매 후 계약금을 차감한 잔액 외상			
11/24	(비품)		3,000,000	
	(부가가치세대급금)		300,000	
	(미지급금)			3,300,000
	법인카드로 본사 사무실에서 사용할 온풍기를 구입			
11/25	(원재료)		6,300,000	
	(부가치치세대급금)		630,000	
	(현금)			1,930,000
	(선급금)			5,000,000
	원재료매입 후 선지급된 금액 차감 후 지급			
11/30	(가지급금)		770,000	
	(현금)			770,000
	대표이사 자택사용용 에어컨 구입			
12/6	선급금		5,000,000	
	받을어음		28,000,000	
	(제품매출)			30,000,000
	(부가가치세예수금)			3,000,000
	제품판매 후 계약금을 제외한 금액을 받다.			

월일	적 요	원 면	차 변	대 변
12/12	(비품)		5,000,000	
	(부가가치세대급금)		500,000	
	(미지급금)			5,500,000
	노트북PC 10대를 외상으로 구입했다.			
합계			205,430,000	205,430,000

총계정원장

현 금

				외상매출금			
10/1	50,000,000	10/26	330,000	11/7	6,600,000		
		11/25	1,930,000	11/22	58,000,000		
		11/30	770,000				

받을어음 / 선급금

12/6	28,000,000	10/15	3,000,000	12/6	5,000,000	11/25	5,000,000

부가가치세대급금 / 원재료

10/15	1,000,000		10/15	10,000,000	
10/26	30,000		11/25	6,300,000	
11/24	300,000				
11/25	630,000				
12/12	500,000				

비품 / 외상매입금

11/24	3,000,000			10/15	8,000,000
12/12	5,000,000				

선수금 / 미지급금

11/22	30,000,000			11/24	3,300,000
				12/12	5,500,000

부가가치세예수금		자본금	
11/7	600,000	10/1	50,000,000
11/22	8,000,000		
12/6	3,000,000		

제품매출		차량유지비	
	11/7 6,000,000	10/26 300,000	
	11/22 80,000,000		
	12/6 30,000,000		

가지급금			
11/30 770,000			

합계잔액시산표

(주)한국　　　　　　　20××년 ××월 ××일　　　　　　단위 : 원

차 변		계정과목	대 변	
잔 액	합 계		합 계	잔 액
46,970,000	50,000,000	현　　　　　금	3,030,000	
64,600,000	64,600,000	외 상 매 출 금		
25,000,000	28,000,000	받 을 어 음	3,000,000	
	5,000,000	선　　급　　금	5,000,000	
2,460,000	2,460,000	부 가 세 대 급 금		
16,300,000	16,300,000	원　　재　　료		
8,000,000	8,000,000	비　　　　　품		
		외 상 매 입 금	8,000,000	
30,000,000	30,000,000	선　　수　　금		

차 변		계정과목	대 변	
잔 액	합 계		합 계	잔 액
		미 지 급 금	8,800,000	8,800,000
		부 가 세 예 수 금	11,600,000	11,600,000
		자 본 금	50,000,000	50,000,000
		제 품 매 출	116,000,000	116,000,000
300,000	300,000	차 량 유 지 비		
770,000	770,000	가 지 급 금		
	205,430,000	합 계	205,430,000	

5 | 1년간 회계의 순환과정

회사의 기말 현재의 자산과 1년간의 영업성적은 재무상태표와 손익
계산서에 나타난다. 즉 회사의 1년간 영업 결과는 재무제표에 표시
된다.

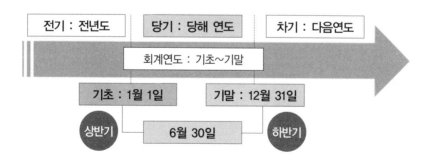

• 기 초 : 회계연도를 시작하는 날

- 기 말 : 회계연도가 끝나는 날
- 전 기 : 직전 회계연도, 당기의 전 회계연도
- 당 기 : 현재 회계연도
- 차 기 : 다음 회계연도, 당기의 다음 회계연도
- 기 중 : 당기 회계연도의 기간 중
- 상반기 : 1월 1일 ~ 6월 30일(반기 재무제표의 기간)
- 하반기 : 6월 30일 ~ 12월 31일(반기 재무제표의 기간)

위와 같이 회계는 거래가 발생하면 전표발행을 시작으로 재무제표 작성을 통해 마무리되는데, 이 같은 1년의 회계흐름을 회계의 순환 과정이라고 한다.

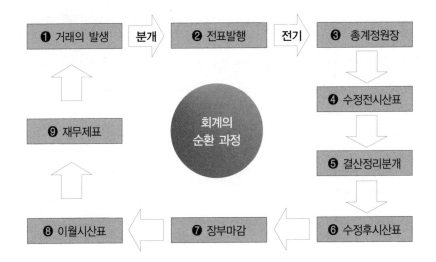

합법적으로 세금폭탄을 막아주는 경리·회계·노무·세금

회계업무의 결산

1 결산정리 서류

- 법인등기부등본(사본)
- 주주명부
- 예금잔고증명서
- 부채증명 확인서
- 재고명세서(상품, 제조 등) ➜ 재고수불부
- 외상채권, 채무 잔액 명세서
- 받을어음, 지급어음명세서(어음수불부)
- 출자금 명세서
- 예치금 명세서(은행 정기예금 등)
- 법인소유(건물, 토지) ➜ 건축물대장

2 결산하는 순서

- 현금을 제일 나중에 맞춘다. 그 외엔 상관이 없다. 합계시산표를
확인한다.

- 1년 동안 경비 사항(전표입력)
- 재고자산 증가·감소 확인 ➡ 재고자산감모손실(원가성이 있으면 매출원가에 포함)
- 외상채권, 채무확인 ➡ 외상매출금, 외상매입금 회수·지급
- 어음회수 지급확인(받을어음·지급어음)

어음할인, 배서양도 대손금 확인(부도, 파산 등 대손상각비)

- 차입금(차입금 내용 확인) ➡ 이자비용 확인, 부채증명서와 일치
- 법인통장(보통예금·당좌예금 확인) ➡ 예치금명세서와 일치
- 유형자산(취득 감가상각 처분 등) ➡ 고정자산대장과 일치
- 예수금 : 급여(급여대장) ➡ 4대 보험과 일치
: 부가세예수금, 부가세대급금 ➡ 부가가치세 신고한 것과 일치
- 매출확인(부가세신고서)
- 채무면제이익, 자산수증이익, 보험차익 확인
- 이자수익(선납세금) 확인
- 매출원가(제조원가) 확인 ➡ 원재료 확인
- 세금과공과 확인 ➡ 제세공과금
- 영수증, 세금계산서, 계산서, 카드, 현금영수증 ➡ 경비 확인
- 증여·출자금은 거의 변동사항 없다.

3 결산의 주요항목과 결산 조정

구 분		결산조정			
손익사항	수익의 이연 (선수수익)	시기	거래내용	차변	대변
		당기중	8월 1일 1년분 임대료 현금수입액 1,200만원 계상	현금 1,200	임대료 1,200
		당기말	7개월분 임대료 선수(미경과)액 700만원 계상	임대료 700	선수수익 700
		차기초	재수정(재대체)분개	선수수익 700	임대료 700
	비용의 이연 (선급비용)	시기	거래내용	차변	대변
		당기중	5월 1일 1년분 보험료 현금지급액 1,200만원 계상	보험료 1,200	현금 1,200
		당기말	4개월분 보험료 선급(미경과)액 400만원 계상	선급비용 400	보험료 400
		차기초	재수정(재대체)분개	보험료 400	선급비용 400
	수익의 예상 (미수수익)	시기	거래내용	차변	대변
		당기중	9개월분 임대료 현금수입 900원 계상	현금 900	임대료 900
		당기말	3개월분 임대료 미수액 300만원 계상	미수수익 300	임대료 300
		차기초	재수정 (재대체) 분개	임대료 300	미수수익 300

구 분		결산조정			
손익 사항	비용의 예상 (미지급비용)	**시기**	**거래내용**	**차변**	**대변**
		당기중	10개월분 이자 현금 지급액 1,000원 계상	이자비용 1,000	현금 1,000
		당기말	2개월분 이자 미지급액 200원 계상	이자비용 200	미지급비 용 200
		차기초	재수정(재대체) 분개	미지급비 용 200	이자비용 200
불확정 채권·채무 : 가수금, 가지급금		불확정 채권, 채무는 귀속, 귀책 사유가 확정되지 않는 한 계상하지 않는다.			
현금과부족 정리		현금 실사 후 현금과부족 원인 규명 처리			
각종 충당금		결산일 현재 적립해야 할 총액으로 하며, 기존의 기준 또 는 절차를 변경해서는 안 된다.			
당좌예금		❶ 은행잔액증명서 확인 ❷ 은행계정조정표 작성 및 수정분개 여부			
제예금의 이자수익 등		❶ 요구불예금 현금합산 ❷ 금융상품의 초단기·단기·장기 구분 ❸ 사용 제한 여부 확인 ❹ 미수이자 계상			
단기매매금융자산, 매매가능금융자산, 만기보유금융자산 등 평가		❶ 보유목적 변경 여부 확인 ❷ 공정가액평가 ❸ 감액손실 검토			
매출채권		❶ 기말채권 조회 ❷ 장기성매출채권(현재가치 평가) 확인 ❸ 대손충당금 설정			

구 분	결산조정
재고자산평가	❶ 재고실사 및 감모손실 확인 ❷ 공정가치로 평가
유(무)형자산의 감가상각	❶ 자본적 지출의 적정성 여부 검토 ❷ 감가상각 ❸ 감액손실 검토
차입금 이자비용	❶ 유동성장기부채 대체 여부 ❷ 미지급이자 계상
사채상각	❶ 사채이자의 미지급액 계상 ❷ 사채발행차금의 적정한 상각 여부
퇴직급여충당부채 설정	❶ 필요한 퇴직금 추계액과 충당금 잔액 확인 ❷ 당기분 계산의 적정성
기타의 충당부채	❶ 기타 충당부채 설정의 필요성 및 적정성 여부 확인
수익	❶ 매출수익의 실현 여부 확인 ❷ 특수매매의 수익 인식의 적정성 확인 ❸ 미수수익/선수수익의 계상
비용	❶ 미지급법인세의 계상 ❷ 이연법인세 계상액 확인 ❸ 미지급비용/선급비용 계상

경리담당자의 장부관리법

1 경리관리

🖱️전표 관리

전표는 회사의 경리에서 가장 기본적인 작업이 되며, 이를 통해서 장부 등 여러 가지 회계자료가 발생한다.

전표관리는 회계의 가장 기초 단계에 있다고 보면 된다.

전표의 종류에는 출금전표와 입금전표, 대체전표를 가장 많이 사용하며, 전산화에 따라 하나의 전표만을 사용하기도 한다.

구 분	사용시기
일반전표	부가가치세 신고와 관련 없는 모든 상거래에 대해서 발행 매입세액불공제분은 일반전표 발행
1. 입금전표	현금의 입금 시 작성(통장에서 시재 인출시)
2. 출금전표	현금의 출금 시 작성
3. 대체전표	일부 현금 입금이나 지출 시 또는 전부 비현금 거래 시 작성

구 분	사용시기
매입매출전표	매입매출거래 중 부가가치세 신고와 관련된 거래(세금계산서, 계산서, 수입세금계산서, 신용카드매출전표, 현금영수증, 현금매출 등)에 대해서 발행. 따라서 부가가치세 신고 관련 거래를 일반전표 발행 시 신고 누락이 발생한다.

통장관리

법인사업자의 경우에는 법인통장에 기재된 것을 장부로 옮기는 작업이 상당한 부분 주의가 필요하다. 왜냐하면, 대부분의 거래가 법인통장을 통해서 이루어지기 때문이다.

● 입출금 통장에서 현금을 인출할 경우 : 입금전표에 기재한다.

● 인출한 현금으로 지출할 경우 : 출금전표에 기재한다.

● 통장에 대한 전표발행 시에는 거래처 코드를 걸어주어서 외상대금 정산 시 누락되는 항목이 없도록 한다.

세금계산서 관리

매출 세금계산서 관리

아래와 같은 보조 원장을 가지고 있으면 부가가치세 신고 시에 아주 유용하게 사용할 수 있다. 다만, 표준서식은 아니므로 참고만 한다.

[매출총괄표]

매출 날짜	매출처 상 호	사 업 자 등록번호	공급 가액	부 가 가치세	합계	입금 시기	입금 종류 (계정과목)

[주] 입금 종류는 현금, 어음, 보통예금을 적는다.

[주] 입금 시기는 자금이 들어오는 시기를 알 수 있어서 자금계획을 세우는데, 도움이 된다.

매입 세금계산서 관리

[매입총괄표]

매입 날짜	매입처 상호	사 업 자 등록번호	공급 가액	부 가 가치세	합계	출금 시기	출금 종류 (계정과목)

계정과목은 매입처별로 다음과 같이 세분화해서 적는다.

● 원재료 : 제품이나 상품을 만들 때 원료로 들어가는 것을 이렇게 분류한다.

● 소모품비 : 제품을 만들 때 1회 적으로 쓰이는 소모품은 이렇게 분류한다.

● 지급수수료 : 수수료 성격이 있는 것은 이렇게 분류한다(예 : 세무사사무실 기장료).

● 통신비 : 전화요금 등은 이렇게 분류한다.

● 지급임차료 : 사무실 임차료를 지급할 때 이렇게 분류한다.

● 기타

출금 시기는 자금이 빠져나가는 시기를 예측할 수 있어서 자금의 지출 규모를 알 수 있다. 물론 자금이 실제로 지출되는 것을 기재할 수도 있다.

세금계산서 관리

아래에서 세금계산서의 관리 요령을 자세히 설명하기로 한다.

가공세금계산서 및 위장 세금계산서가 발행되지 않도록 철저한 관리가 필요하다. 가공 또는 위장 거래의 징후나 실제 거래가 있을 경우는 반드시 후속 조치를 할 수 있도록 해야 한다.

거래는 4장의 증빙이 한 묶음이 되게 한다.

❶ 통장 사본, 사업자등록증 사본

❷ 계약서 및 견적서

❸ 거래명세표, 입금표 및 계좌이체 확인서 등

❹ 세금계산서 발행

모든 거래에 대해서는 4장의 증빙이 한 묶음이 되는 것이 원칙이다. 거래의 입증을 위해서는 반드시 있어야 하는 것이므로 철저하게 준비한다.

법인카드 관리 및 개인카드 관리

법인의 경우에는 접대비지출은 반드시 법인카드로 이루어져야 손비로 인정받을 수 있으므로 카드 관리가 중요하다.

또한, 법인카드의 통제가 잘 이루어지지 않으면 불필요한 사적비용이 회사 밖으로 유출되는 경우가 발생하므로 카드관리를 명확히 통제해야 한다.

주식관리

법인 주식의 변동에는 양도, 증여, 증자, 감자 등 여러 가지 형태가 있다. 이 중에서 각 변동사항에 따라서 세금이 발생할 수 있으므로 주의가 필요하다.

- 양도 – 양도소득세, 증권거래세
- 증여 – 증여세
- 증자 – 불균등 증자 시 증여세
- 감자 – 불균등 감자 시 증여세

재고관리

재고관리는 각 방법에 따라서 수불부를 작성하고 월말 남은 재고와 장부상 재고를 파악해서 그 차이를 분석하면서 연말결산 시에는 재고의 잔고가 얼마나 남아 있는지 정확히 파악해서 장부에 반영해 두어야 한다. 임의로 장부상 재고를 조정하면 분식회계에 해당하므로 마음대로 장부상 재고를 조정하면 안 된다.

원가관리

각종 원가분석 방식을 통해서 제품의 원가를 파악하고, 손익분기점 분석을 통해서 손익분기점을 파악해야 하며, 원가동인별로 그 테이블을 만들어 과도하게 지출되는 부분을 개선해 나가는 관리를 한다.

인사관리

- 급여대장
- 4대 보험 관리대장(국민연금, 건강보험, 고용보험, 산재보험)
- 각종 규정의 구비

급여 부분은 연봉제를 하는 경우가 대부분이므로 퇴직금에 대한 문제가 발생할 수 있다. 따라서 반드시 퇴직금 규정을 고려해야 한다. 한편, 연차유급휴가가 발생해 1년간 유급휴가를 주어야 하므로 이에 대한 급여를 고려해야 한다.

● 일용직 급여대장 및 지급명세서

일용직에 대한 지급명세서를 매 분기 종료 후 신고해야 하므로 지출 내역을 작성해 두어야 한다.

2 법인이 갖추고 있어야 할 사규

🐭 인사 분야

구 분	사규와 규칙
취업규칙 및 급여지급규정	법인의 근로자(임원)에 대한 취업규칙 및 급여 지급 규정 등을 이사회나 주주총회에서 정해 놓는다.
상여금지급규정	상여금에 대한 기준 임금의 개념과 지급 시기 등을 정해 놓는다.
퇴직금지급규정	퇴직금 지급에 관한 규정을 정해 놓는다.
연봉제운영규정	연봉제를 실시할 경우는 그 규정을 정해 놓는다.
교육훈련비 규정	직원이나 임원에 대한 교육비 지출에 관한 규정을 정해 놓는다.
야간근무 규정	야간근무에 관한 규정을 정해 놓는다.
각종 수당 규정	각종 수당에 대한 상세한 내용을 기재한다.
연차유급휴가 관리 규정	

⑥ 회계 분야

복리후생비, (해외)여비교통비, 출장비 등에 관한 규정을 정해 놓는다.

⑥ 기타 분야

● 안전 수칙 및 기타 특수한 사업의 경우에 필요한 여러 가지 규정을 항상 비치해 놓고, 업무 매뉴얼화 하는 것이 중요하다.

● 발주 부분, 구매부분, 생산부분, 판매부분, 자금부분, 품질부분에 대해서 각각의 규정을 정해 놓고 이를 준수하도록 해야 한다.

⑥ 주요 관리철

경영일반관리	재무관리 및 회계관리	인사관리
● 정관	● 모든 계약서 정본 및 사본	● 근로계약서
● 사업자등록증 사본	● 매출세금계산서철	● 상여금지급규정
● 법인등기부등본	● 매입세금계산서철	● 퇴직금지급규정
● 법인인감증명서	● 급여대장철	● 휴가 및 상벌 규정
● 이사회 회의록 등	● 4대 보험관리철	● 여비교통비지급규정
● 주주명부 및 변동 내역서	● 외상매출금관리대장	● 기타 필요한 규정
● 일반 회사 조직도	● 외상매입금관리대장	
● 조직 내 비상 연락도	● 미지급금관리대장	
● 주요 거래처 내용	● 법인카드관리대장	
	● 법인통장철	
	● 일일자금일보	
	● 전표철	
	● 재고관리대장	
	● 여비교통비 복명서	
	● 일용직 급여대장	

회사에서 장부를 관리하며 꼭 알고 있어야 할 사항

✓ 현금의 입·출금 내용을 반드시 매일매일 작성하여 시재 잔액을 맞춰야 한다. 이를 위해서는 반드시 현금출납부를 작성해야 한다.

✓ 매입·매출장을 작성해야 한다. 만일 매입·매출장을 별도로 작성하지 않는 경우 최소한 매출세금계산서와 매입세금계산서를 분류해서 철해 놓아야 한다. 즉, 이러한 것들은 세무회계 사무소에서 부가가치세를 신고할 때나 외상대금이나 미지급금을 지급할 때 기초자료가 되므로 이에 대한 구분을 명확히 해야 한다.

✓ 하루 중 비용을 지출했거나 거래대금을 수금한 내용, 즉 현재 회사에서 보유하고 있는 자금 현황을 한눈에 알 수 있는 자료를 준비해야 한다. 이를 위해서는 일일자금시재표, 자금일보를 작성한다.

✓ 올바른 재무제표가 나오기 위해서는 전표작성을 정확하게 해야 한다. 특히 매입매출전표와 일반전표를 구분해서 작성을 잘해야 하며, 전표 작성이 어려우면 증빙 관리라도 철저히 해야 한다.

✓ 매달 고정적으로 지출되는 급여, 각종 공과금 등 월별 고정비 내역서를 작성해서 자금계획을 세워야 한다.

✓ 법인의 경우 자본금 증자, 이사·감사 변경, 본점 주소변경 등 법

인등기부 등본 변경등기 업무, 즉 기본적인 주식회사 관련 업무를 파악해야 한다. 이와 관련하여 자본금, 주주명부, 이사·감사 현황 등을 기본적으로 숙지하고 있어야 한다.

✓ 법인의 경우 모든 자금이동이 법인 명의의 보통예금 통장에서 이루어져야 한다. 즉, 법인의 경우 주식회사이므로 모든 자금이동에 근거가 있어야 한다는 것이다.

또한, 개인사업자의 경우 사업용 계좌를 활용해 자금의 이동이 이루어져야 한다.

✓ 건강보험, 국민연금, 산재보험, 고용보험 취득·상실 신고 등의 업무를 파악해야 한다.

✓ 산재보험, 고용보험 매달 15일 근로내역확인신고서를 제출해야 한다.

✓ 건강보험과 고용보험은 정산제도가 있으므로 정산을 하고, 국민연금은 정산제도가 없으므로 정산을 안 해도 된다.

✓ 급여대장을 해당 회사 실정에 맞게 작성해야 한다. 또 지급된 급여에 대해서는 급여 지급이 속한 달의 다음 달 10일까지 원천세 신고를 해야 하며, 일용근로자는 매달 10일 신고와 별도로 분기의 다음 달 말일(7월부터는 매달 말일)까지 지급명세서를 제출해야 한다.

✓ 반기의 다음 달 말까지 근로소득 간이 지급명세서(사업소득은 매달 말일)를 제출해야 하며, 2월 말과 3월 10일 이와 별도로 지급명세서를 제출해야 한다(사업소득은 매달 제출시 지급명세서 제출 생략).

✓ 분기별로 매입·매출에 대한 부가가치세 신고를 해야 한다.

✓ 개인사업자는 5월 말일까지 종합소득세 신고를, 법인은 3월 31일까지 법인세 신고 및 납부를 해야 한다.

장부 마감 전에
꼭 확인해야 할 사항

1 매출과 관련하여 검토해야 할 부분

● 세금계산서 미교부·미제출분 검토 : 세금계산서를 발급하지 않았거나 이미 발급한 세금계산서 중 부가가치세 신고 시 합계표 누락분이 있는지 확인

● 부가가치세 매출 신고분 중 다른 사람의 수입금액인 주선 수입 등 수입금액 제외 금액 포함 여부 검토

● 부가가치세 수정신고 분이 장부에 반영되어 있는지 검토

● 예금통장 검토

– 예입된 금액의 수입금액 신고 및 수입이자 계상 여부 확인

– 예금통장 누락분(당해 연도 중 신규개설 후 말소된 것 포함) 확인

● 수입시기가 결산일 이전인지 검토

할부판매, 예약매출, 장기도급 계약이 있는 경우 기말까지의 수입계상분 적정 여부 확인

● 거래처로부터 받은 판매장려금, 매입할인(외상대금 선결제 할인)이 있는지 검토

- 외화거래의 원화환산가액(선적일 기준) 검토

2 매출원가와 관련하여 검토해야 할 부분

- 발급받은 매입분 세금계산서합계표 미제출분, 매입에누리 및 반품거래의 적정 처리 여부 검토
- 기말재고 평가 및 매출원가 적정 계상 여부 검토

3 비용과 관련하여 검토해야 할 부분

- 경비 영수증 미처리 여부 검토
- 급여비용 계상액과 원천징수이행상황신고서상 급여금액과 일치 검토
- 퇴직급여충당금 및 퇴직보험(퇴직연금) 관련 계정 회계처리 검토
- 주주·임원 등에게 지급한 상여금, 퇴직금이 있는 경우 지급 규정 및 적정성 검토(중간정산분 포함)
- 차입금 변동 및 그에 따른 지급이자 적정 처리 여부 검토
- 유형자산 처분이 있는지? 여부 검토(특히, 승용차 매각에 따른 세금계산서 교부)
- 당해 연도 확정되는 대손금 유무 확인 검토
- 법률적으로 청구권이 소멸하여 회수할 수 없는 채권
- 거래처 부도로 당해 연도 6월 30일 이전에 금융기관의 부도 확인을 받은 어음 또는 수표
- 사망·실종자에 대한 채권 등이 있는지? 여부 확인
- 유형자산 감가상각비 검토

4 기타 검토해야 할 부분

- 당해 연도 중 자본금 증감에 따른 주식변동사항 검토

→ 증자 및 감자, 주식의 양도·양수(주식 등 변동상황명세서 작성)

- 조세특례제한법에 따라 세액 감면분 관리 검토

→ 고정자산 취득 분 임대 또는 매각 여부 확인

- 사업소득, 기타소득, 이자소득 지급분에 대한 원천징수 검토

- 기타 신규 발생 보증금 장부 계상 여부 검토

- 보험 회사로부터 보험금 수령 여부 검토

- 단기매매증권 및 매도가능증권의 분류 적정성 및 평가차손익 적정 계상 여부 검토

- 외화자산 및 부채의 평가 및 평가손익 적정 계상 여부 검토(1월 1일 이후 사업연도 개시 분부터 모든 법인이 외화자산·부채 평가 해당)

- 국고보조금 등이 있는지? 여부와 그에 대한 세무, 회계처리 검토

경리실무자가
인수인계해야 할 사항

구 분	인수인계사항
인사/급여 에 관한 사항	● 사장 등 임원의 업무 스타일과 개인적으로 알고 있는 임직원에 대한 신상에 관한 사항 및 인사관리규정 등 사규를 숙지한다. ● 임원상여금 지급규정이나 퇴직금규정, 호봉표 등을 숙지하고 있어 야 추후 급여 계산이나 퇴직금 계산을 정확히 할 수 있을 것이다.
조직체계 와 업무흐름 에 관한 사항	현업부서(영업부서, 구매부서, 공사현장부서 등)와 회계 부서와의 업 무 흐름이 어떠한 서류와 결제라인을 통해 이루어지는지 파악한다. 이것이 파악되는 순간 회사가 한눈에 들어올 것이다. 특히, 결제라인 을 잘 파악해두면 회사 내에서 누가 '실세'인지 등 조직 내 역학 구 도를 알 수 있어 '사랑받고 기쁨 주는' 경리직원이 될 수 있을 것이 다. 하지만 너무 지나치면 왕따 당하니 조심하라
자금지출 에 관한 사항	● 은행계좌별 자동이체 명세서 작성 : 통장잔고 부족으로 자동이체 가 안 되어 가산세 등을 무는 일이 없도록 한다. ● 매월 계속 반복적으로 지출되는 비용 파악 : 급여내역(특히 대표 이사의 급여 부문은 특별히 신경 써야 할 것임), 임차료, 전기요 금, 통신요금, 신문구독료 등 ● 구매부서 등 거액의 지출이 수반되는 분야와 관련해서 자금의 최 종 집행이 어떻게 이루어지는지 파악한다.

구 분	인수인계사항
경영자문 관리에 관한 사항	변호사(회사의 각종 법률 자문), 공인회계사(세무 및 회계에 관한 경영 자문), 변리사(특허 등 자문) 등의 경영 자문을 받는 경우, 변호사와 변리사는 총무팀에서 접촉하고, 공인회계사는 경리팀에서 접촉하게 되므로, 경리팀 직원은 회계사무실과 긴밀한 관계를 유지해야 할 것이다. 특히, 회계사무실에 기장 대행을 맡기고 있는 회사인 경우는 회계사무실의 담당 직원과 식사라도 같이 하며, 앞으로의 업무 진행 방향에 대해서 서로 이해를 구하여 협조하도록 하면 좋은 결과를 맺을 수 있을 것이다.
회계장부 및 내부파일(엑셀 등) 등의 인수인계	● 주요 매입처와 매출처의 현황과 특성 파악 ● 부가가치세 신고서 철과 근로소득세 신고서철 ● 세금계산서 철 ● 전표철 등 각종 회계 관련 서류 ● 내부적으로 사용하고 있는 엑셀 파일 목록과 사용 용도 파악 ● 수금 장부 등 ● 업무인수인계확인서 작성

법인 경리업무 시
특히 유의해야 할 사항

구 분	주요 업무
법인과 임직원의 구분을 명확히	법인은 엄연한 인격체이므로 모든 것을 명확히 해야 한다. 법인에 입금될 금전을 대표 등 개인통장에 입금해서는 안 되며, 반대로 개인이 거래한 금전을 법인통장에 입금시키는 것도 좋지 않다. 또한, 임직원이 임의로 법인의 돈을 인출하는 것은 가지급금으로 기표하지 않으면 상여나, 배당 등으로 처분되는 불이익을 받을 수 있고, 가지급처리 되어도 인정이자를 계산하게 된다던가 지급이자를 부인하게 되는 경우가 있으므로 특히 주의해야 한다.
매출누락이나 가공원가가 없도록	법인의 경우 매출누락이나 가공원가가 밝혀지고 그 자금이 임직원 등에게 처분되었다면 법인세, 부가가치세, 근로소득세, 종합소득세, 배당소득세 등으로 당초 누락 금액보다도 더 많은 세금을 내게 되는 예도 있다. 따라서 이러한 일이 발생 되지 않도록 주의해야 한다. 또한, 실거래 없이 세금계산서만 주고받는 경우는 세금뿐만 아니라 조세범처벌법에 의거 형사처벌도 받을 수 있으니 이러한 일이 없도록 해야 한다.

구 분	주요 업무
법인이 사용, 소비하는 것은 모두 법인명의로	임대차계약, 부동산, 회원권, 예·적금, 보험 카드, 각종 요금 및 등기등록이 있어야 하는 것 등 법인이 사용, 소비하는 것은 모두 대표나 임직원 명의가 아닌 법인 명의로 한다.
부동산 및 주식의 취득, 양도	주식을 양도하면 과점주주로 인한 지방세 중과 등 예상치 않은 곳에서 골치 아픈 문제가 발생하며, 부동산을 취득하게 되면 비업무용 관계로 낭패 보는 일도 있다. 따라서 통상의 거래를 벗어나는 경우는 전문가의 조력을 항상 사전에 받는 것이 바람직하다.
기간이나 기한에 유의	기간이나 기한을 어기는 사소한 일로 많은 세금을 내는 경우가 있다. 각종 신고나 감면 등의 신청은 꼭 적기에 해야 하며 감사나 임원 등의 변경도 기한을 넘겨 불이익을 받는 경우가 없도록 해야 한다.
각종 규정 비치	기밀비 지급, 임원상여금 및 퇴직금 지급, 가지급금 지급 등 각종 세법에서 요구하는 지급 규정 및 약정서를 정관 규정인지, 이사회 결의사항인지, 주총결의 사항인지를 확인 후 작성 보관해야 한다.
세금계산서 수취 및 반드시 법인카드 사용	거래 건당 3만 원 초과인 비용(접대비 포함)의 경우는 결재하고 세금계산서나 계산서, 신용카드매출전표, 지출증빙용 현금영수증을 받아야 한다. 비용은 3만 원을 초과해 지출하면서 법정지출증빙을 받지 않고, 다른 증빙으로 확인되는 경우 증빙불비가산세를 부담하는 대신 비용으로 인정받을 수 있다. 반면 접대비의 경우에는 법정지출증빙 대신 다른 증빙으로 지출 사실이 확인되어도 비용 자체를 인정받지 못한다. 대신 증빙불비가산세는 부담하지 않는다. 접대비의 경우 반드시 법인카드를 사용한다.

퇴사자 발생 시 업무 마무리

구 분	주요 업무
사직서 수령	사직서(퇴직원)를 제출받는다.
4대 보험 상실신고	건강보험, 국민연금, 고용보험 등 4대 보험 상실 신고를 한다. **1. 건강보험(퇴직정산)** ● 건강보험증의 사용은 퇴직일까지만 가능(건강보험카드 즉시 반납) ● 건강보험료는 퇴직일이 속하는 달까지 납부 **2. 고용보험(퇴직정산)** ● 실업급여 대상은 비자발적 퇴직의 경우(정년, 계약만료, 권고사직)가 해당함 ● 실업급여에 해당할 때 "사실확인증명서"를 자세히 기재하고 해당 팀장에게 결재 **3. 국민연금** ● 국민연금 보험료는 퇴사일이 속하는 달까지 연금보험료를 납부
각종 융자금 정리	사우회 융자금, 근로복지기금 융자금, 전세금, 주택자금 등을 정리하고, 미상환 금액이 있는 경우 퇴직금에서 공제한다.

구 분	주요 업무
퇴직금 및 급여 정리	퇴직금 및 최종 월급여를 퇴직일로부터 14일 이내에 본인 급여계좌로 입금해 준다. **1. 중도 퇴사자 연말정산** 1월 1일부터 12월 31일까지의 퇴사자에 대해서는 연말정산을 한 후 추가납부액은 추가로 징수하고 환급액은 환급해준 후 퇴사 처리를 해야 한다. 간혹 12월 31일 자 퇴직자도 연말정산을 해야 하는지 물어보는 경우가 있으나 12월 31일 현재 근무하는 직장에서 연말정산 후 퇴직 처리를 해야 한다. 또한 연말정산 결과 환급액에 대해서 환급을 안 해주고 퇴사 처리를 하는 경우 체불임금으로 처리된다. **2. 퇴직금 지급** 1년 이상 근속한 근로자나 1년 미만이라도 취업규칙 등에 지급하게 되어있는 경우 퇴직금을 계산해 14일 이내에 퇴직금을 지급해야 한다. **3. 연차수당과 주휴수당 지급** 연차수당과 주휴수당을 정산해서 지급해야 한다.
출입 카드 반납	퇴직 전까지 출입 카드 반납
원천징수영수증 등 발급	다음 근무지에 제출할 원천징수영수증 등을 발급해준다.
각종 증명서 발급	퇴직 후 경력증명서 및 퇴직 증명서 발급

전자어음이 부도난 경우
처리 방법

전자어음의 어음금을 지급해야 할 의무가 있는 사람은 물론 발행인이지만, 부도난 어음이 배서 후 양도된 어음이거나 보증인이 기재되어 있다면 이 배서인과 보증인에게도 어음금을 지급해야 할 의무가 생긴다.

소지자는 배서인과 발행인에게 부도 사실을 알리고 소급청구권을 행사할 수 있다. 어음이 부도가 나게 될 경우, 발행인은 거의 채무 상환능력이 없는 상태가 될 때가 많고 남은 재산도 은닉하거나 빼돌릴 수 있으므로 발행인보다는 배서인이나 보증인에게 어음금 지급을 요구하는 것이 빠른 회수를 위한 선택일 수도 있다. 이때에는 신속하게 배서인이나 보증인에게 부도 사실을 알리고 어음금을 청구하는 것이 중요하다. 배서인에게 어음 지급을 청구할 수 있는 시효는 지급 기일로부터 6개월로, 일반 채권보다 시효 기간이 짧기 때문이다. 이때에는 서면 통지를 권장한다. 서면상 기록을 남겨두어야 나중에 불필요한 분쟁이 생길 가능성을 줄일 수 있기 때문이다.

이후 어음금에 대한 서로 간의 합의가 필요할 수 있다. 어음금 전액을 회수하면 가장 좋겠지만, 부도가 발생하면 전액을 회수할 수 없

합법적으로 세금폭탄을 막아주는 경리·회계·노무·세금

는 경우가 대부분이기 때문에 배서인이나 보증인과의 원만한 합의를 통해 최대한 손해를 줄이는 것이 좋다. 금액이 매우 큰 경우에는 배서인이나 보증인의 경영 상황이나 재정 능력 등을 고려해서 분할 지급이나 지급 일자를 연기하는 등 여러 방법을 협의할 수도 있다.

만일 이렇게 채권 추심 절차를 밟았는데도 상대 쪽에서 지급을 못하겠다고 나오거나, 손해를 볼 수 없다고 생각할 때는 가압류 등의 법적 절차를 밟게 될 수밖에 없다.

전자어음 부도 시 가장 위험한 사업자

예를 들어 어음을 갑이 발행하고, 을, 병의 배서를 거쳐 정에게 온 경우 정은 병에게 어음대금을 청구하고, 병은 을에게, 을은 갑에게 청구한다. 따라서 부도어음의 경우 을이 독박을 쓸 경우가 많다. 왜냐하면, 을은 어음으로 외상대금을 지급한 것으로 병에게 외상대금을 어음 대신 다른 돈으로 지급해야 하고, 갑으로부터는 부도로 인해 외상대금을 받을 수 없으므로 이중고를 겪게 된다.

결과적으로 처음 어음을 받는 사람이 위험에 노출될 경우가 가장 많다. 물론 어음할인을 안 받았을 때 목돈의 부담이 상대적으로 적어진다.

법인인감과 사용인감

인감 제도는 개인 또는 법인이 관공서에 인감을 신고하고 추후 인감을 사용할 때 관공서에서 발급한 증명서를 첨부하여 개인 또는 법인의 인감임을 증명하는 제도이다. 1명당 1개의 인감을 신고할 수 있다.

계약서를 작성할 때는 계약의 당사자가 계약 내용에 합의했음을 표시하기 위해 각 계약 당사자의 명의로 서명을 하거나 도장을 날인한다.

그런데 제3자가 임의로 계약서를 작성하고 서명 또는 도장 날인(인영)을 위조하여 첨부해도 계약서의 효력이 발생할 수 있다. 특히 도장은 분실·도난의 위험성이 있고 위조 가능성도 커서 이러한 범죄행위를 통해 계약 명의자의 권익이 심각하게 침해될 우려가 있다.

따라서 인감 제도에 따라 등록한 도장을 계약서 등에 날인 할 때는 관공서에서 발급한 인감증명서를 첨부하여 위조한 인영이 아님을 증명하고, 본인임을 확인하는 것이다.

1 법인인감

법인인감이란 법인의 인감으로서 등기소에 신고한 도장을 말한다. 법인인감은 법인 1개만 신고할 수 있다. 대표이사가 1명일 경우 1개만 신고할 수 있지만, 공동 대표이사나 각자 대표이사로 대표이사가 2명 이상일 경우 대표이사의 수만큼 법인인감을 신고할 수 있다.

법인인감은 법인 설립등기 신청 시 법인인감 신고서를 같이 작성하여 등기소에 제출한다. 서면으로 설립등기 신청을 할 때는 서면으로, 인터넷으로 설립할 때는 인터넷으로 인감신고서를 제출할 수 있다.

상호변경등기를 한 경우에도 변경한 상호에 맞추어 법인인감을 변경한 후 신고해야 한다.

대표이사를 변경하면서 법인인감을 같이 변경할 필요가 있을 때는 인감변경신고를 해야 한다. 이전 법인인감을 그대로 사용하더라도 대표이사 변경등기 시 기존 인감을 사용한다는 내용을 신고해야 한다.

기타 법인인감을 변경해야 할 필요가 있다면 변경 후 반드시 법인인감신고를 해주어야 한다.

법인인감증명서는 법인인감 등록이 완료된 후

❶ 등기국 또는 구청 내에 있는 무인 발급기를 이용하거나

❷ 등기소 창구에서 발급받을 수 있다.

2 사용인감

사용인감이란 법인에서 사용하는 인감 중 등기소에 인감신고가 되어

있지 않은 도장을 말한다. 사용인감은 여러 개를 둘 수 있으며, 분실 시 회사 차원에서 다시 제작하면 된다. 실무상 '보통 도장' 또는 '막도장'으로 부른다.

법인인감은 회사당 1개만 신고할 수 있고 분실 시 재발급 절차가 번거로워 통상 대표이사 등 주요 실무진이 보관한다.

그러나 법인을 운영하면서 법인의 도장을 찍어야 할 일은 무수히 많다. 회사의 규모가 커질수록 은행 거래나 사소한 거래까지 임원이 하나의 법인인감으로 모두 찍는 것은 현실적으로 불가능하다. 따라서 대부분 회사는 용도별로 사용도장을 두고 있다.

사용인감을 사용할 경우 우선 서류를 제출하는 상대방에게 법인인감 대신 사용인감을 날인 한다는 점을 알린다. 사용인감을 찍는 서류에는 사용인감계와 법인인감증명서, 법인 등기부등본을 첨부한다.

이러한 절차를 거치면 사용인감 날인도 법인인감을 날인한 것과 법적으로 동일한 효력이 있다.

사용인감계는 회사가 자체적으로 만드는 양식이므로 법에서 따로 정한 양식은 없다. 다만 아래의 내용이 들어가면 좋다.

- 법인인감 날인
- 사용인감 날인
- 법인명
- 법인 주소
- 대표이사 성명
- 사용 용도
- 사용인감계 제출 상대방
- 사용인감계 작성일자

3 법인임감과 사용인감의 용도

사용인감은 어디까지나 법인 운영의 편리를 위해 둔 것이므로 법인 인감과 효력이 같다. 따라서 법적으로 법인인감의 용도와 사용인감의 용도가 나누어져 있는 것은 아니다.

실무상으로 법인의 중요한 계약이나 금액이 큰 부동산 매매 등은 법인인감을, 직원에게 위임해도 되는 작은 계약이나 회사 입출금 통장, 약속어음 등은 사용인감을 날인하고 있다.

법인인감을 사용하는 경우

- 정부 기관, 관공서 등에 제출하는 각종 신청서나 서류
- 금융권에서 특별히 법인인감을 요구하는 경우
- 대표이사가 직접 체결하는 중요한 거래(계약)
- 법인 명의로 위임장을 작성하는 경우
- 법인 명의로 부동산을 매매하거나 임대차하는 경우
- 계약 상대방이 명시적으로 법인인감 날인을 요구하는 경우
- 기타 1인 법인이거나 회사 규모가 작아 법인인감 사용에 불편이 없는 경우

사용인감을 사용하는 경우

- 법인명의 통장
- 영업 중에 발생하는 약속어음, 당좌수표
- 직원이 담당하는 일상적인 거래

이는 어디까지나 권장 사항으로, 회사의 사정에 맞게 인감을 사용하면 된다.

감가상각을 안 하고 즉시 비용처리가 가능한 경우

다음의 자산에 대해서는 이를 그 사업에 사용한 날이 속하는 사업연도의 손비로 계상한 것에 한정하여 손금에 산입한다. (장부상 비품으로 처리하지 않고 소모품비 등 비용으로 처리한 경우 즉시 비용으로 인정해주는 경우) 이를 즉시상각의제라고 한다.

❶ 어업에 사용되는 어구(어선 용구를 포함한다)

❷ 영화필름, 공구(금형을 포함한다), 가구, 전기기구, 가스기기, 가정용 기구·비품, 시계, 시험기기, 측정기기 및 간판

❸ 대여사업용 비디오테이프 및 음악용 콤팩트디스크로서 개별자산의 취득가액이 30만원 미만인 것

❹ 전화기(휴대용 전화기를 포함한다) 및 개인용 컴퓨터(그 주변기기, 태블릿 PC를 포함한다)

제2장

합법적인 절세전략

- 상가권리금을 주었을 때 비용처리 방법
- 사업자등록 전 발생한 비용의 절세전략
- 개인회사로 할까? 법인을 설립할까?
- 한 사람이 개인회사도 운영하고 법인도 운영할 수 있나요?
- 사업자등록증을 직접 신청하는 방법
- 개인사업자 사업자 명의변경 할 수 없다
- 간이과세자가 되면 무조건 이익인가요?
- 설비투자비용 하루라도 빨리 환급받는 방법
- 매번 부가가치세 신고가 귀찮은데 면세사업자가 될 수 없나요?
- 세금 신고도 잘하면 4대 보험료도 줄일 수 있다.
- 창업자금 내 돈이 유리한가? 빌리는 돈이 유리한가?
- 처음 거래할 때는 상대방을 꼭 확인하고 증빙을 챙기자
- 세금계산서 안 받은 인테리어비용
- 한국에서 사업하면서 사장님이 내야 하는 세금
- 재무제표로 살펴보는 기업 세금의 종류와 부담
- 가까운 사람과 거래할 때 특히 주의해야 한다.
- 규모가 커지면 법인으로 전환하라
- 폐업 시 깔끔한 세금 정리절차
- 통합 고용 세액공제
- 근로소득을 증대시킨 기업에 대한 세액공제
- 중소기업 특별 세액 감면
- 세무 기장료는 얼마를 주고 있나요?

창업 준비 단계에서 세금을
절세하는 방법

창업 준비 시 절세방법으로는

첫째, 사업을 시작할 때는 사업자등록부터 해야 한다. 창업 준비과정에서 인테리어, 비품구입 등 사업과 관련된 비용이 발생하는

사업자등록을 한다.

↓

상가나 사무실 임대료에 대한 세금계산서를 받는다.

↓

공과금 및 각종 비용에 대한 세금계산서를 받는다.

경우 사업자등록번호를 사용하여 나중에 비용처리 및 매입세액공제를 받을 수 있다.

창업 준비 시 어쩔 수 없이 사업자등록증이 발급되지 않은 상황에서 세금계산서를 발급받아야 한다면, 반드시 개인 주민등록번호가 기재된 것을 받는다.

사업자등록은 사업개시일로부터 20일 이내에 사업장 관할 세무서장에게 신청하면 되는데, 기한을 놓치면 미등록가산세가 부과될 수 있으므로 주의해야 한다.

신규사업자의 경우 사업개시일 이전이라도 사업자등록을 신청할 수 있다.

둘째, 사무실 또는 상가 임대료의 부가가치세 공제를 위해 세금계산서를 발급받아야 한다. 이때, 임대인의 사업유형 즉, 일반과세자와 간이과세자에 따라 추후 부가가치세 신고 시 매입세액공제 가능 여부가 결정된다.

만일, 임대인이 연 매출 4,800만원 미만 간이과세자라면 세금계산서를 발행할 수 없고, 이런 경우에는 금융기관을 통해 임차료를 지급해야 나중에 경비처리를 할 수 있다.

셋째, 각종 공과금에 대한 부가가치세를 공제받는다.

통신비, 전기, 가스요금 등 공과금에 대해서 해당 기관에 사업자등록을 해야 나중에 비용처리가 쉽고, 부가가치세 매입세액공제도 받을 수 있다.

공과금에 대한 사업자등록 신청 방법은 각 기관에 사업자등록증과 신분증을 팩스로 보내 신청하면 된다.

그 외 창업 준비 시 절세방법으로는 법정지출증빙 자료를 빠짐없이 챙기는 습관을 들인다면 종합소득세나 법인세 신고 시 세금 절세에 도움이 된다. 법정지출증빙이란 전자(세금)계산서, 종이(세금)계산서,

절세의 시작은 증빙을 챙기는 것에서부터 시작한다.

↓

증빙의 종류 : 세금계산서, 계산서, 신용카드매출전표, 현금영수증

↓

증빙을 챙겨야 하는 기준금액 : 비용은 3만 원(접대비 포함)

↓

증빙 없이 신고할 경우 가산세(공급가액 2%)가 적용된다.

현금영수증, 신용카드영수증(체크카드 영수증 포함) 등을 말하며, 이를 받아서 보관해야 비용처리가 가능하다.

증빙 없이 신고할 경우 가산세가 적용되며, 거래금액이 3만 원(접대비 포함) 미만일 때는 간이영수증을 받아도 무방하나, 3만 원(접대비 포함) 초과 지출의 경우에는 반드시 법정지출증빙을 받아야 문제가 없다.

절세 Tip 기장대리를 맡겨도 빼먹는 게 있다.

기장대리를 맡기는 경우 사업주는 세무 대리인이 모두 알아서 해줄 것이라는 착각을 하게 된다. 그러나 그렇지는 않다.

특히 지출증빙의 경우 본인이 일일이 챙겨서 세무 대리인에게 전달하고, 신고 시 잘 반영하였는지 확인한다.

이를 위해서는 전자세금계산서, 전자계산서 등 전자적 방법으로 증빙을 주고받는 것이 좋다. 왜냐하면, 종이의 경우 전달해줘도 세무 대리인 직원들이 귀찮거나 잃어버리는 경우 빠뜨릴 가능성이 큰데, 전자적 방법을 이용하면 모두 홈택스 등에 거래명세가 나타나기 때문에 더욱 안전하다 하겠다.

개인사업자의 경우 사업용 계좌 및 사업용 신용카드를 이용해 거래해야 빠뜨리는 것이 하나라도 줄어들게 된다는 점을 명심한다.

상가권리금을 주었을 때 비용처리 방법

상가를 판매하는 처지에서는 상가를 판매할 때 영업권도 함께 양도되는 것이기 때문에 보통 사업자에게 상가권리금을 요구하게 된다.

상가권리금의 거래도 엄연히 부가가치를 창출하는 것이므로 상가권리금을 받을 때 부가가치세가 포함된 금액을 받았다면, 상가권리금이 2억 원인 경우, 2억 2,000만 원을 받고, 세금계산서를 발행해준다.

상가권리금은 상가를 파는 사업자 처지에서는 소득에 해당한다. 상가권리금을 기타소득으로 분류되며, 전체 금액 중에 60%는 필요경비로 인정되므로 나머지 40%에 대해서만 소득세를 낸다.

반면, 상가를 사들이고 상가권리금을 지급해야 하는 사업자 처지에서 상가권리금은 소득이 아닌 비용이 된다. 앞서 이야기했듯이 상가권리금은 기타소득으로 분류되기 때문에 원천징수한 후 소득세를 신고해야 한다. 다시 말해 상가권리금을 지급하는 사업자가 상가권리금을 받는 사업자를 위해 원천징수(대신 세금을 내주는 것)한 후 소득을 신고해야 하므로, 전체금액을 양도 사업자에게 지급하는 것이 아니다.

2억 원의 상가권리금을 지급해야 한다면, 2억 원 중에 8.8%(60%는 필요경비로 소득에서 제외하므로 나머지 40%에 지방소득세 8%를 합산하게 되면 8.8%가 된다.)인 1,760만 원은 원천징수해서 신고한다. 나머지 1억 8,240만 원에 2억 원에 대한 부가가치세 2,000만 원을 더하여 2억 240만 원을 지급한다.

그리고 나중에 부가가치세 신고 시에 2,000만 원에 대해서는 부가가치세를 부담한 것이므로 매입세액공제를 받을 수 있으며 2,000만 원을 제외한 상가권리금 2억 원에 대해서는 사업상 비용으로 인정받아 감가상각을 할 수 있게 된다.

구 분	세금처리
양도인 (받는 사람)	권리금은 부가가치세법상 재화에 해당하므로 세금계산서를 발행하고 부가가치세 10%를 양수자로부터 받아야 한다. 그리고 부가가치세 신고 시 수입금액 제외로 기재하여 신고하면 된다. 또한, 양수인에게 8.8%를 기타소득세로 원천징수 당하게 된다(권리금에서 차감한 금액). 영수한 권리금의 40%인 기타소득 금액을 종합소득과세표준에 합산하여 다음 연도 5월 31일까지 종합소득세 신고를 해야 한다. 그러나 기타소득 금액이 3백만 원 이하면 원천징수로 모든 의무가 끝날 수 있다.
양수인 (주는 사람)	양도인에게 권리금과 별도로 부가가치세를 지급하고 세금계산서를 받고, 양도인에게 권리금을 지급할 때 권리금의 8.8%를 원천징수 (차감)한 후 다음 달 10일까지 관할 세무서에 신고 및 납부를 한다. 지급한 권리금을 비용으로 인정받으려면 권리금은 무형고정자산인 영업권으로 자산 계상한다. 그리고 영업권 상각은 임의상각을 할 수 있으므로 5년 동안 감가상각으로 비용처리 할 수 있다.

사업자등록 전 발생한 비용의 절세전략

창업 준비과정에서 발생하는 비용 중 일부는 사업자등록 이전에 지출되는 경우가 많다. 사업자등록 이전에도 법정지출증빙을 받아서 비용처리 할 수 있으므로 반드시 세금계산서를 받아두는 것이 좋다.

현재는 사업자등록 전 지출에 관한 규정이 많이 완화되었기 때문에 과세기간이 종료한 날로부터 20일 이내에 사업자등록을 개시하면 된다. 사업 개시 전 세금계산서를 받으려면 사업자등록 번호가 없으므로 대표자의 주민등록번호를 기록한 후 발급받으면 비용으로 인정받을 수 있고, 부가가치세 매입세액으로 공제받을 수 있다.

따라서 최소한 비용을 지출한 과세기간이 끝난 후 20일 이내에 반드시 사업자등록을 하는 것이 좋다.

사업자등록은 언제까지?

사업 시작 후 20일 이내에 사업자등록을 한다.
최소 과세기간이 종료한 날로부터 20일 이내에 사업자등록을 해야 한다.

부가가치세 과세기간은 1기(1월 1일~6월 30일), 2기(7월 1일~12월 31일)로 나누어지기 때문에 상반기에 창업 관련 비용이 지출되었다면 7월 20일까지는 사업자등록을 해야 사업자등록 전 매입세액에 대하여 공제받을 수 있다.

법인과 개인사업자의 부가가치세 신고 차이가 있나요?

개인사업자의 대표자 식대는 매입으로 반영되지 않는다. 사업 관련성을 인정받을 수 없기 때문이다.

그러나 법인의 경우 대표자도 임직원에 해당하여, 식비는 복리후생비로 부가가치세 신고 시 매입에 반영한다.

개인사업자의 경우 신용카드 매출이나 현금영수증 매출이 발생하면 카드 및 현금영수증 매출액에 대해 세액공제를 받을 수 있다.

단, 직전년도 과세 공급가액(매출액)이 10억 원을 초과하는 개인사업자는 적용 대상에서 제외한다.

창업 시 드는 비용에는 크게 인테리어비용, 비품 구매비용, 중개수수료 등이 있고, 프랜차이즈 사업의 경우 가맹비와 교육비가 초기에 발생하게 된다. 가맹비의 경우 나중에 환급 가능 가맹비의 경우 비용처리가 되지 않으며, 환급이 안 되는 가맹비의 경우에는 비용처리할 수 있다.

인테리어비용과 비품 구매비용, 권리금은 장부에 자산으로 처리한 후 사용 가능한 연수에 걸쳐 1/n으로 비용처리를 할 수 있다.

중개수수료 등의 경우 즉시 비용처리가 되고, 보증금의 경우에는 나중에 돌려받는 금액이므로 비용처리가 되지 않는다.

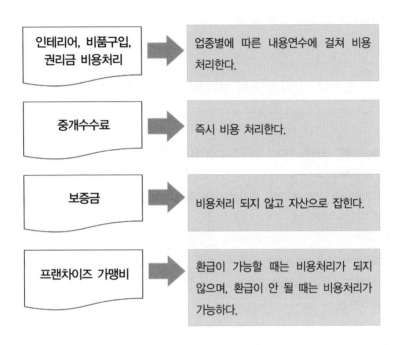

인테리어, 비품구입,
권리금 비용처리
→ 업종별에 따른 내용연수에 걸쳐 비용 처리한다.

중개수수료
→ 즉시 비용 처리한다.

보증금
→ 비용처리 되지 않고 자산으로 잡힌다.

프랜차이즈 가맹비
→ 환급이 가능할 때는 비용처리가 되지 않으며, 환급이 안 될 때는 비용처리가 가능하다.

개인회사로 할까?
법인을 설립할까?

업종별로 영업 신고 또는 인허가가 필요한 사업의 경우 사업자 등록 전에 신고 또는 인·허가증은 사업자등록 신청 시 필수서류 이므로 반드시 창업 절차를 진행하면서 관련 일정을 고려해야 한다.

1 회사를 만드는 순서

절 차	내 용
1. 사업의 형태결정 및 자본금 준비	● 개인 또는 법인사업 여부 결정 ● 사업자금에 대한 자금출처 확보 ● 동업의 경우 동업계약서 작성
2. 상호 등 기본사항 결정	상표권 등의 저촉 여부 및 동일 상호 확인
3. 임대차계약	거주지도 가능
4. 인허가	업종에 따라 신고 및 허가 신청
5. 사업자등록	사업개시일 전에 사업자등록이 가능하므로, 사업개시 일 전에 사업자등록을 하는 것이 유리하다. 동업 계약의 경우 공동사업자 명세, 사업개시시 종업 원을 고용했을 때는 종업원 현황, 서류를 별도의 장 소에서 송달받으면 송달받을 장소를 지정한다.

절 차	내 용
6. 사업용 계좌 개설	별도의 사업용 계좌 신규 신청 또는 기존 사업주 명의 계좌 중 사업용으로 사용할 수 있다.
7. 신용카드 단말기 등 설치	⊙ 신청 시 사업자등록증 필요 ⊙ 신청 후 개설 시까지 며칠이 걸리므로 현금수입업종의 경우 반드시 실제 사업개시일 1주일 전에는 신청해야 한다.
8. 홈택스 회원가입 및 등록	⊙ 사업용 공인인증서 발급(전자세금계산서 발급용) ⊙ 국세청 홈택스 사업자 회원가입 ⊙ 신용카드 중 사업용으로 사용할 카드를 선정하여 홈택스에 사업용 신용카드 등록

2 개인(자영업)회사를 만드는 방법

개인회사의 경우 특별한 법률적 절차가 있지는 않고, 상호를 정한 후 임대차계약과 인허가를 받은 다음 사업자등록을 마치면 영업을 개시할 수 있다. 개인 사업자등록 시 필요서류는 다음과 같다.

❭ 사업허가증 사본, 사업등록증 사본 또는 신고확인증 사본(단, 법령에 따라 허가를 받거나 등록 또는 신고를 해야 하는 사업일 때 한함)

❭ 임대차계약서 사본(사업장을 임차한 경우)

❭ 상가건물 일부분을 임차한 경우는 해당 부분의 도면 1부

위의 서류는 개인이 직접 할 때이고, 만일 처음부터 세금에 대해 몰라 세무 대리인을 쓸 때는 사업자등록을 무료로 대행해주므로 맡기는 것이 편리하다.

3 법인을 만드는 방법

상호 및 주소 결정

법인을 설립하려면 먼저 상호와 사업장 주소지가 있어야 한다. 주식회사의 상호는 관할 지역 내에 같은 상호가 없어야 설립할 수 있다. 같은 상호가 있는지는 대법원 인터넷 등기소에서 확인할 수 있다.

사업장 주소지는 자가일 때는 임대차계약서가 필요 없지만, 사업장을 임차해서 설립할 때는 주식회사 명의의 임대차계약서가 있어야 한다.

사업의 목적 결정

정관과 사업자등록증에 들어갈 사업의 내용을 결정해야 한다. 생활용품 무역업, 생활용품 도소매, 생활용품 통신판매, 생활용품 전자상거래 등 구체적으로 사업의 내용을 기재해야 한다.

자본금 결정

자본금은 주식회사를 설립해서 초기에 발생하는 운영비용을 말한다.

자본금은 대표 발기인의 통장에 자본금을 예치한 후 해당 은행 창구에서 "통장잔고증명원"을 발급받으면 자본금으로 인정되며, 통장잔고증명원의 유효기간은 15일이다.

임원 결정

주식회사를 운영해 나갈 임원진을 결정해야 한다. 임원은 대표이사 1인을 포함해서 주식이 없는 이사나 감사 1인이 반드시 포함되어야 한다. 따라서 임원은 최소 2인이 있어야 주식회사 설립이 가능하다.

각종 서류 준비

주식회사설립 시 필요한 서류는 임원 전원의 주민등록등본 1통, 인감증명서 1통(3개월 이내 발행), 인감도장, 임대차계약서 사본, 통장잔고증명원 1통이 필요하다.

법인이 사업자등록을 할 때 준비해야 할 서류는

❯ 주주명부 : 확인 날짜를 기재하고 법인 인감도장을 찍는다.

❯ 정관(사본)

❯ 등기사항전부증명서

❯ 법인인감증명서

❯ 법인 인감도장

❯ 인·허가증/등록증/신고증(인·허가/등록/신고가 필요한 사업의
  경우)

❯ 임대차계약서(원본)

개인사업자와 법인 중 세금은 누가 더 유리한가요?

• **세율 면에서는 법인세율이 소득세율보다 낮으므로 유리하다.**

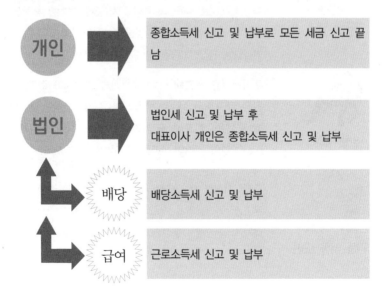

개인 ➡ 종합소득세 신고 및 납부로 모든 세금 신고 끝남

법인 ➡ 법인세 신고 및 납부 후
대표이사 개인은 종합소득세 신고 및 납부

배당 배당소득세 신고 및 납부

급여 근로소득세 신고 및 납부

유의할 사항은 개인은 개인소득세로 납세의무가 모두 끝나지만, 법인은 법인세를 낸 후, 소득에 대해서 배당(주주)이나 상여(대표이사) 등으로 처분되는 경우 주주는 배당에 대해서 배당소득세를 대표이사는 상여에 대해서 근로소득세를 추가로 내야 한다는 점이다.

예를 들어 대표이사가 100% 지분을 가지고 있는 경우 개인회사는 종합소득세로 납부의무가 끝나지만, 법인이라면 법인세를 낸 후 대표이사가 받는 급여에 대해서는 근로소득세를, 배당에 대해서는 배당소득세를 내야 한다.

따라서 개인사업자로 내는 종합소득세와 법인의 대표이사로서 내는 법인세 + 배당소득세 + 근로소득세를 비교해봐야 세금 면에서 누가 더 유리한지 알 수 있다.

● 책임 면에서 차이가 있다.

개인사업자는 모든 회사의 채무에 대해서 무한 책임을 진다. 즉, 회사를 운영하면서 빚을 지는 경우 그 빚을 다 갚기 전에는 책임을 면할 수 없다. 반면, 주식회사와 같은 법인의 경우 유한책임을 지므로 회사의 빚은 회사 것이지 대표이사 개인의 빚이 되지 않음으로 책임을 면할 수 있다.

● 대외 신뢰도 면에서 차이가 있다.

일반적으로 개인보다는 법인을 더 신뢰하는 경향이 있다.

법인의 주인은 난데 자본금을 내 맘대로 왜 못 쓰나요?

우리나라는 제도상으로 법인을 우대함으로 인해 규모와 관계없이 개인사업자보다는 법인을 선호하게 된다. 그러다 보니 법인도 그 규모가 천차만별이고 법인을 개인회사처럼 운영하는 대표이사도 상당한 것이 현실이다.

물론 규모를 어느 정도 갖춘 법인도 있지만, 형식만 법인인 회사도 많다.

이와 같은 부연 설명을 하는 것은 소규모 법인의 경리를 담당하는 직원이 대표이사가 회사를 개인회사와 같이 운영하므로 인해 형식은 법인임에도 불구하고 모든 처리를 개인회사와 같이 처리하는 경향이 많다.

실질이야 어찌 되었든 법률 형식상 법인은 법인 그 자체가 사람이 아니지만, 사람과 같이 법적으로 인정받아 법인이 회사의 주인이 된다. 그러나 실질적으로는 법인이 사람과 같이 회사를 운영할 수 없으므로 대표이사 등 임원이 대신 운영해주는 것이다. 대표이사는 법인에 취업한 하나의 종업원으로 보면 된다. 따라서 법인의 대표이사가 법인의 돈을 마음대로 가져가면 가지급금으로 처리해 나중에 이자까지 더해서 법인통장에 넣거나 갚지 않으면 횡령이 성립할 수도 있다.

법인의 대표이사는 법인이라는 회사 자체가 말과 행동을 할 수 없는 무체물이므로 법인을 대신해서 말과 행동을 해주는 것일 뿐이다.

따라서 종업원이 회사의 돈을 마음대로 유용할 수 없는 것과 같이 대표이사도 법인의 돈을 마음대로 유용하면 안 되는 것이며, 대다수 급여의 원천징수나 4대 보험(고용보험 예외) 등에 있어서도 대표이사는 고용된 종업원과 같게 업무처리를 하는 이유가 여기에 있다.

결국, 대표이사도 증빙을 첨부하지 않으면 아무 문제 없이 회삿돈을 마음대로 사용할 수 없다.

법인을 설립한 후 회삿돈을 개인적으로 사용해도 되나요?

법인설립이나 법인전환 후에도 개인회사를 운영할 때와 같이 법인자금을 대표이사(사장)가 마음대로 가져가 쓰는 경우 이는 가지급금에 해당한다. 즉, 대표이사가 법인에서 돈을 빌려 간 것으로 보아 나중에 다시 돈을 넣을 때는 이자를 같이 넣어야 문제가 없다.

물론 가져간 돈을 대표이사의 급여나 상여로 처리할 수는 있으나 이도 임금 지급 규정안에서 처리해야지 이를 넘어간 금액은 결국 가지급금으로 처리되어 더 큰 세무상 피해를 볼 수 있다.

한 사람이 개인회사도 운영하고 법인도 운영할 수 있나요?

개인회사를 하다가 규모가 커지면 법인전환을 생각하는 경우가 많다.

그러나 법인전환이 번거롭거나, 법인의 경우 회삿돈을 마음대로 가져갈 수 없어서 개인회사를 그대로 둔 상태에서 법인을 만드는 경우도 많다. 또한, 법인을 운영하다 개인이 회삿돈을 가져가고자 개인회사를 만들어 법인 일을 개인회사에 밀어주는 방식으로 사장이 돈을 가져가는 경우도 흔히 볼 수 있다.

이 같은 형태가 법적으로 발생하는 문제는 별도로 하고, 세금이나 회계적으로 실무자는 어떻게 처리해야 할까?

1 회계장부는 별도로 작성 및 보관

초보 경리실무자는 법인의 대표도 홍길동, 개인회사의 사장도 홍길동으로 같으므로 같은 회사로 처리하는 때도 있다.

그러나 법적이나 회계적으로는 법인과 개인회사가 비록 대표가 같아도 별개의 회사가 된다. 따라서 한 사람이 법인 경리와 개인회사 경리를 다 보더라도 장부는 법인 장부와 개인회사 장부를 별도로 작성해서 처리한다.

2 | 세금 신고도 별도로 신고 및 납부

법적으로나 회계적으로 각각 별도로 처리하는 바와 같이 세법적으로
도 법인은 법인대로 세금 신고 및 납부하고, 개인회사도 개인회사대
로 세금 신고 및 납부를 한다. 따라서 두 회사가 서로 거래할 때도
법인이 개인회사로, 개인회사가 법인으로 각각 세금계산서를 발행한
다.

결국은 대표자가 같더라도 법인과 개인회사는 엄연히 분리돼야 한
다.

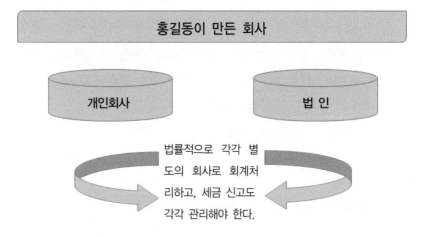

각각 운영해도 문제가 없을 정도의 매출규모가 되는 회사가 주로 사용
→ 내부거래(개인회사와 법인 간 거래)가 특별히 법정 제재를 받지 않는 규모

| 개인회사 | 각각 운영 | 사장이 마음대로 돈을 가져가고 넣을 수도 있다. |
| 법인 | | 법인을 장점을 최대한 이용해 세금이나 대외 신뢰도를 유지할 수 있다. |

개인회사의 규모가 커져서 법인으로 전환하고자 하는 회사
→ 영업양수도 방법에 따른 법인전환을 주로 사용(절차가 간편하기 때문)

| 개인회사 | 개인회사를 법인전환 | 개인회사의 자산과 부채를 모두 법인으로 이전하고, 개인회사는 폐업 후 세금 신고 및 납부 |
| 법인 | | 개인회사의 자산과 부채를 포괄적으로 인수·인계받아 법인설립 |

전환 연도에 개인회사의 종합소득세와 법인의 법인세를 각각 내야 하는 경우도 발생한다. 개인회사의 영업을 지속해서 유지할 수 있다.

■ 법인전환 후 기존 거래처와 기존 개인 통장으로 거래해도 되나요?

법인으로 전환한 후 기존 개인 통장으로 기존 거래처로부터 판매대금을 계속 받는 경우 가지급금 문제가 발생해 나중에 세무상 손해를 볼 수 있으니, 법인전환 후에는 거래를 법인통장으로 해야 한다. 물론 소규모 업체의 경우 안 걸리고 기존 개인 명의 통장이나 배우자 명의 통장으로 거래를 하는 경우도 종종 있다.

사업자등록증을
직접 신청하는 방법

사업 초기에는 매출이 많이 발생하지 않아서 비용을 아끼려고 기장이나 신고를 대행하지 않고, 홈택스 등을 이용해 직접 하는 경우가 많다. 이 경우에는 사업자등록을 내는 방법을 알고 있어야 하나, 초기부터 장부작성, 세금신고 등의 모든 것이 귀찮아 세무대리인에게 업무를 맡길 생각이면 기장대리 시 사업자등록을 공짜로 대행해주는 경우가 많으므로 이를 이용하는 것도 시간과 비용을 절약하는 방법이다. 본인이 직접 하는 경우 개인사업자는 본인의 사업장 주소지 관할 세무서를 방문하면 되고, 법인의 경우 본점 주소지 관할 세무서에 가서 사업자등록 신청을 하는 것이 가장 빠르다.

그리고 인허가 업종의 경우 인허가를 받은 후에 사업자등록을 신청해야 한다.

사업자등록증은 홈택스(https://www.hometax.go.kr)에서 온라인 신청도 가능하니 이점도 알고 있으면 좋다.

특별히 조사, 검토할 사유가 없다면 사업자등록이 바로 나온다. 다만, 세무서에서 사업장시설이나 사업 현황을 확인할 필요가 있다고 판단하는 경우 세무서 직원이 방문 조사를 한 후 사업자등록이 나오기 때문에 며칠 더 걸릴 수 있다.

- 사업자등록은 사업장마다 해야 한다. 즉, 사업장이 여럿이면 각각의 사업장마다 별도로 사업자등록을 해야 한다.
- 인허가가 필요한 업종의 경우 인허가를 받은 후 사업허가증 사본을 가지고 가야 한다.
- 사무실이나 점포를 빌려 사업을 할 때는 임대차계약서를 가지고 간다(집에서도 사업자등록은 가능하다).
- 대리인이 신청할 때는 대리인과 위임자의 신분증을 꼭 지참해야 하며, 사업자등록신청서에 사업자 본인과 대리인 모두 인적 사항을 기재하고 자필로 서명해야 한다.
- 동업의 경우 동업계약서를 가지고 간다.

절세 Tip 소득이 높을수록 높은 세율을 적용받음으로 소득을 분산시켜라

종합소득세는 소득이 높으면 세율이 올라가는 누진세 체계이므로 소득을 분산시키면 상대적으로 적은 세금을 낼 수 있다.

즉, 개인회사를 2인 이상의 사업자가 공동사업을 하는 경우 각각 개인별로 세금을 계산하게 되어 각 개인의 소득이 적어지게 되므로 세금이 줄어들 수 있다.

예를 들어 1억을 버는 경우 혼자이면 1억이 모두 한 사람의 소득이 되지만, 2명이 각각 50%의 지분을 가진 경우 5천만 원씩 소득이 되고, 이는 상대적으로 적은 세율이 적용되어 종합소득세가 적게 나오게 된다. 단, 단점은 1명이 세금을 안 내는 경우 공동으로 부담해야 한다는 점이다.

- 사업을 시작한 날로부터 20일 이내에 구비서류를 갖추어 관할 세무서 민원봉사실에 신청해야 한다. 단, 신규로 사업을 시작하려는 자는 사업 개시 전에도 신청은 가능하다.

절세 Tip 사업자등록은 사업 시작일로부터 반드시 20일 안에 해라

사업자등록을 사업을 시작한 날로부터 20일 이내에 안 하는 경우 가산세를 내야 하며, 상대방과 거래를 할 때 세금계산서 등 증빙의 발행과 수취를 할 수 없다.

> 사업자등록신청서는 세무서에 있으며, 국세청 홈페이지 > 세무서식에서도 다운할 수 있다. 사업자 본인이 자필로 서명해야 한다.

> 사업자등록 신청 전에 본인의 업종과 일반과세자로 신청할지, 간이과세자로 신청할지를 미리 정해서 간다.

구 분	준비서류
개 인	1. 사업자등록신청서 1부 2. 임대차계약서 사본 3. 허가(등록, 신고)증 사본 허가(등록, 신고) 전에 등록하는 경우 허가(등록) 신청서 등 사본 또는 사업계획서 4. 동업계약서(공동사업자인 경우) 5. 재외국민·외국인 입증서류 여권 사본 또는 외국인등록증 사본 국내에 통상적으로 주재하지 않는 경우 : 납세관리인 설정 신고서
법 인	1. 법인설립신고 및 사업자등록신청서 1부 2. 법인등기부 등본 1부 **주** 담당 공무원의 확인에 동의하지 않는 경우 신청인이 직접 제출해야 하는 서류 3. 정관 사본 1부 4. 임대차계약서 사본(사업장을 임차한 경우에 한한다) 1부 5. 주주 또는 출자자명세서 1부

동업계약서 작성할 때 꼭 점검해야 할 사항이 있나요?

• 동업자의 인적 사항
• 동업하는 사업의 목적과 내용
• 동업하는 기간(기간이 없다면 동업하는 사업 종료 사유와 그 시기)
• 동업자별로 출자한 금액 및 이익금 배분의 기준
• 동업하면서 의사 결정을 어떻게 할 것인지, 특히 두 사람의 의견이 대립할 경우 어떻게 할 것인지, 아닌지
• 동업 계약을 어떤 경우에 해지할 수 있는지, 동업 계약을 해지할 경우 제3자에 대한 채권 · 채무 관계는 어떻게 정리할 것인지, 아닌지
• 동업자 1인의 잘못으로 인하여 손해배상책임 기타 법적 책임을 지게 되면 내부적으로 어떻게 처리할 것인지, 아닌지
• 계약서는 반드시 2통을 작성하고, 작성일자 및 동업자 각자의 인적사항을 기재한 후 서명 · 날인하고 1통씩 나누어 가진다.
• 추후 분쟁 시를 대비해서 공증인의 공증 필요

집에서 외주로 디자인 작업을 하는데 꼭 사업자등록을 해야 하나요?

계속적 · 반복적으로 일을 하고, 소득이 발생하는 경우 원칙적으로 사업자등록을 해야 한다. 다만, 일회성으로 끝날 때는 프리랜서로 원천징수 세액만 부담하고 납세의무를 끝낼 수는 있다.

그러므로 이 일을 계속할지를 판단한 후 사업자등록을 신청하며, 사업자등록을 하면 사업소득자로 종합소득세 신고를 할 때, 지출한 비용은 비용으로 인정받아 세금을 줄일 수도 있다.

회사에 다니면서 집에 사업자등록을 할 수 있나요?

회사에 다니면서 인터넷이나 유튜브 등을 이용해 돈을 벌고자 사업자등록증을 내는 경우가 많다. 이 경우 다니는 회사의 취업규칙이나 보안서약서 등에서 하고자 하는 일에 대한 제한 규정이 없는 경우 사업자등록 후 투잡을 해도 문제는 없다. 다만, 이 경우 근로소득과 사업소득이 동시에 발생하므로 근로소득에 대한 연말정산을 받은 후라도 5월에 해당 근로소득과 사업소득을 합해서 종합소득세 신고 및 납부를 다시 해줘야 한다는 점을 잊어서는 안 된다.

사업자등록은 제조업과 같이 반드시 사업장이 있어야 하는 업종을 제외하고는 집에서도 가능한데, 사업자등록 방법은 앞서 설명한 바와 같이 준비서류를 준비해 사업장소재지(주소지) 관할 세무서를 방문해서 하거나 홈택스를 활용해서 할 수도 있다. 또한, 집에 사업자등록을 내는 경우 임차료는 비용인정을 받을 수 없고, 사업용인지 가정용인지 그 구분이 애매모호한 비용도 비용으로 인정받을 수 없다는 점을 알고 있어야 한다.

1. 집 (사업장 주소지)을 이사하기 위해 든 비용(이사비용, 부동산 중개비 등) : 비용처리 안 됨
2. 집에 넣을 책상, 에어컨 구매비용 : 매입세액공제 및 비용처리 가능
3. 집의 전기, 수도, 가스, 인터넷 비용 : 사실 판단할 사항이다. 인터넷 사용료나 전화요금 등 그 용도를 명확히 구분할 수 있는 것은 매입세액공제가 가능하다. 반면, 전기요금이나 가스료 등 업무용과 가정용의 구분이 명확하지 않은 비용은 매입세액공제가 불가능하다고 보면 된다.

절세 Tip 사업자등록을 신청할 때는 업종 선택이 중요하다.

사업자등록을 신청할 때 업종을 선택해서 가야 한다. 그런데 사업 초기에 정신적·육체적으로 바빠서 대충 업종을 선택해 버리는 경향이 있다.

종합소득세는 기장에 의한 신고와 기장을 안 한 경우 신고하는 방법이 있는데, 사업 초기에 대다수 영세한 사업자는 매출과 매입이 적어 기장도 안 맡기고 기장도 안 하

는 경우가 많다.

기장한 경우 문제가 없지만, 기장을 안 한 경우 기준경비율과 단순경비율에 의해 추정한 소득으로 종합소득세를 신고 및 납부하게 된다. 이 경우 업종별로 기준경비율과 단순경비율이 다르므로 잘못 업종을 선택하면 소득액이 더 많이 기록되게 되고, 그러면 세금을 더 내는 사태가 벌어지게 된다.

가장 좋은 방법은 물론 영세사업자도 최소한 간편장부를 작성하는 것이 좋으며, 기장을 못 할 경우를 대비해 업종이라도 잘 선택해두는 것이 좋다. 물론 업종을 잘못 선택한 경우 종합소득세 신고를 할 때 실질소득에 따라 업종을 변경해 소득금액을 잡아주는 방법도 있다.

■ 사업자등록증에 업종을 추가하거나 정정은 어떻게 하나요?

업종추가 및 정정 방법은 홈택스를 통해서 간단하게 할 수 있다.

홈택스 〉 [신청/제출] 〉 [사업자등록 신청/정정 등]을 클릭한 후 안내에 따라 입력하면 된다.

그러나 다음의 사항은 세무서를 직접 방문해서 필요한 사항을 정정해야 한다.

- 확정일자 신청
- 법인의 공동대표 구성원 변경
- 공동사업자 구성원 및 지분율 변경
- 사업자등록 신청 시 공동사업자 10인 이상
- 임대차 내용 입력 건수가 100건 이상
- 사업자 단위 과세 등록신청(정정)

개인사업자 사업자 명의변경 할 수 없다

개인사업자는 상속의 경우를 제외하고는 사업자 명의 변경이 안 된다.

개인사업자는 법인사업자와 달리 명의변경이 원칙적으로 불가능하다. 해당 사업장은 폐업하고 해당 사업장을 승계받은 사업자는 새로운 사업자등록을 해야 한다. 상속 등을 원인으로 하는 사업자 명의변경은 가능하나 공동사업자로 등록 후 공동사업 해지를 통한 변칙적인 사업자명 변경은 불가능하다.

예를 들어 아버님의 개인사업자를 받기 위해 며느리가 아버지와 공동명의로 사업자등록 정정 신청을 한 후 나중에 아버지가 빠지는 방법으로 사업자 명의변경이 안 된다는 얘기다.

그러므로 앞 사람은 폐업해야 하고, 뒷사람은 신규로 사업자등록을 해야 한다. 이론상으로는 동일 날짜에 폐업과 신규 발급이 가능하기는 하나, 실무상 동일 날짜에 즉시 사업자등록증을 발급해줄지는 확신할 수 없다.

사업상 이유로 사업자 명의변경이나 대표자를 변경할 경우 어떻게 해야 하는지에 대한 문의가 간혹 들어오는데, 법인사업자의 경우 임시주총 혹은 이사회 결의를 통해 대표자 변경 안건을 상정해서 대표자 변경등기를 할 수 있다. 반면, 개인사업자의 경우에는 상속 또는 공동사업자의 구성원 또는 출자지분이 바뀌어야만 대표자 변경이 가능하다. 대표자 변경이 매우 제한적이라고 볼 수 있다.

그런데도 대표자를 변경해야 한다면 다음의 방법을 따를 수 있다.

1 상속이 아니면 안 되는 것이 원칙

개인사업자는 상속 이외에는 명의 양도 양수가 안 되기 때문에 대표자 변경이 불가능하다. 따라서 변경하려면 기존 사업자는 폐업 신고를 한 후에 새로운 대표 명의로 사업자등록을 내는 것이 원칙이다.

2 포괄양수도계약에 의한 사업인수 방법

포괄양수도계약에 의한 사업인수 방법이 있다. 이는 폐업 시 매기는 부가가치세 납부·환급 절차를 피하는 방법이다.

폐업 시 부가가치세는 폐업일이 속하는 달의 말일로부터 25일 이내에 신고·납부 해야 한다.

포괄적 사업 양수도란 사업장별로 사업의 양도인이 양수인에게 모든 사업시설 및 종업원뿐만 아니라 사업에 관한 모든 권리와 의무를 양도하여 그대로 이전시키는 것으로, 폐업분 부가가치세 신고 시 사업양도 신고서에 사업양수도 계약서를 제출할 경우 부가가치세 납부 환급 등 불필요한 과세 절차를 없앨 수 있다.

❶ 매매계약서에 특약사항 별도 명시 또는 포괄양수도계약서 작성
❷ 폐업신고서(사업양수도), 사업자등록증 원본, 포괄양수도계약서 제출 ➡ 폐업 신고

❸ 폐업일부터 다음 달 25일까지 사업양도신고서와 포괄양수도계약서를 첨부하여 부가가치세 신고서 제출 ➜ 부가가치세 신고

❹ 양수자는 포괄양수도계약서 첨부하여 사업자등록신청

3 동업 계약 공동명의, 동업 해지 후 정정 신청방법

동업 계약 공동명의, 동업 해지 후 정정 신청하는 방법이 있다.

이는 상호 및 사업자 번호를 유지할 수 있는 장점이 있다. 다만, 세무서에서 이를 엄격하게 판단하기 때문에 투자한 자금출처 및 통장 내역, 수익 배분 내역 등을 요구할 수도 있다.

또한, 처리에 상당한 시간이 걸린다는 단점이 있다.

다음 순서에 따라 순차적으로 진행하게 된다.

❶ 동업 계약체결(동업계약서)

❷ 사업자등록 정정 신청(사업자등록 정정신청서)

❸ 일정 기간 후 다시 동업 해지

❹ 동업해지계약서(임대차계약서)를 첨부하여 사업자등록 정정신청

간이과세자가 되면
무조건 이익인가요?

사업자는 크게 과세사업자와 면세사업자로 구분한다. 면세사업자는 부가가치세 신고 및 납부 의무가 없는 사업자를 말하고, 과세사업자는 부가가치세 신고 및 납부 의무가 있는 사업자로 그 규모에 따라 간이과세자와 일반과세자로 구분된다.

연매출액이 일정 금액 이하면 일부 업종이나 지역·규모를 제외하고는 간이과세자로 사업자등록증이 나온다. 사업자등록증을 신청하기 전에 먼저 관할 세무서 민원봉사실에 사업장의 위치와 면적, 그리고 사업자등록 업종을 이야기하고, 간이과세자로 등록할 수 있는지 알아봐야 한다.

간이과세제도는 납세자에게 유리한 제도로 매출액에서 부담하는 세율을 낮게 책정해준다(매입세액공제도 10%가 아닌 낮은 세율로 공제가 된다.).

절세 Tip 간이과세자는 부가가치세를 돌려받지 못하는 단점이 있다.

부가가치세는 매출에 대한 부가가치세(매출세액) − 매입에 대한 부가가치세(매입세액)로 계산되는데, 매출세액이 매입세액보다 많으면, 부가가치세를 내야 하고, 적으면 부가가치세를 돌려받는 환급이 발생한다.

그러나 간이과세자는 부가가치세를 돌려받는 환급이 발생해도 법적으로 환급을 못 받게 되어있다. 결과적으로 간이과세자는 매출이 매입보다 많은 경우 유리하지, 매입이 매출보다 많을 때는 불리하다. 따라서 사업 초기 인테리어비용이 많은 경우(= 초기에 매출보다 많은 고정비용의 지출)나 오피스텔·상가를 분양받는 경우, 적자(매출보다 매입이 많은 경우)가 상당 기간 지속할 것으로 예상하는 경우 등은 간이과세자보다 일반사업자로 등록해야 절세할 수 있으니 꼼꼼히 따져보고 선택한다.

1 간이과세자가 될 수 있는 경우

개인사업자는 판매금액에 부가가치세를 더한 금액(= 공급대가)이 연간 얼마이냐에 따라서 간이과세자와 일반과세자로 구분한다. 단, 법인은 간이과세자가 무조건 될 수 없다.

연간 공급대가(판매가액 + 부가가치세) 예상액이 8,000만 원 미만인 개인사업자의 경우 원칙적으로는 간이과세자가 될 수 있다. 다만, 예외적으로 다음의 사업자는 연간 공급대가 예상액이 8,000만 원 미만이라도 간이과세를 적용받을 수 없다.

① 광업, 제조업(과자점, 떡 방앗간, 양복·양장·양화점은 가능)

② 도매업(소매업 겸업 시 도·소매업 전체), 부동산매매업

③ 시 이상 지역의 과세유흥장소

④ 전문직 사업자(변호사, 신판 변론인, 변리사, 법무사, 공인회계사, 세무사, 경영지도사, 기술지도자, 감정평가사, 손해사정인업, 통관업, 기술사, 건축사, 도선사, 측량사업 등), 상품중개업, 전기·가스·증기 및 수도사업, 건설업, 전문과학 및 기술서비스업(인물사진, 행사용영상 촬영업 등 제외), 사업시설 관리, 사업지원 및 임대서비스업

⑤ 국세청장이 정한 간이과세 배제기준에 해당하는 사업자

⑥ 현재 일반과세자로 등록된 자가 새로이 사업자등록을 낸 때(다

만, 개인택시, 용달, 이·미용업은 간이과세 적용 가능)

⑦ 일반과세자로부터 포괄 양수받은 사업

간이과세 적용 신고는 사업자등록신청서의 해당란에 표시하면 된다.

주 일반과세자 : 간이과세자 이외의 개인 과세 사업자

개인 ➡ **일반과세자와 간이과세자 중 선택 가능**
➔ 이 구분은 부가가치세와 관련된 것이지
소득세는 별도(부가세와 관계없다)이다.

법인 ➡ **무조건 일반과세자임**
➔ 이 구분은 부가가치세와 관련된 것이지
법인세는 별도(부가세와 관계없다)이다.

2 간이과세자가 유리한 경우와 불리한 경우

사업 초기에 인테리어비용이 많이 들었거나 상가나 오피스텔을 분양 또는 매입한 경우, 일반과세자로 등록하는 게 유리하다. 하지만 이 같은 경우를 제외하면 간이과세자로 등록하는 것이 더 좋다.

2021년 7월부터는 간이과세자 중 연 매출 4,800만 원 미만인 간이과 세자는 종전과 같이 세금계산서를 발행할 수 없고, 납세의무가 면제 된다. 반면, 연 매출 4,800만 원~8,000만 원 미만 간이과세자의 경 우 세금계산서 발행이 가능하다. 신용카드가맹점에 가입하는 경우 모 든 간이과세자는 세금계산서 대신 신용카드매출전표를 발행해 줄 수 는 있지만, 연 매출 4,800만 원 미만인 간이과세자가 발행한 신용카 드매출전표는 매입세액공제를 받을 수 없다.

- 법인사업자는 간이과세자를 선택할 수 없다. 즉, 법인은 간이과세자가 없다.
- 간이과세자는 부가가치세 신고를 1년에 1번만 한다. 즉, 1년 치를 다음 해 1월 25일 1번 한다고 보면 된다(세금계산서를 발행한 경우 2번).
- 간이과세자는 연간매출액이 4,800만 원 미만이면 납부가 면제된다.
- 매입이 매출보다 많아 환급이 발생해도 환급을 받지 못한다. 따라서 환급이 많이 발생한 경우(예를 들어 계속 적자를 보는 경우)는 일반과세자가 유리하다.

3 간이과세자와 일반과세자의 선택기준

건물 가액이 1억 원의 오피스텔을 분양받아 임대보증금 5,000만 원에 월 임대료를 200만 원을 받는다고 가정한다면 다음의 표와 같은 결과가 나온다. 우선 일반과세자로 등록하면 부가가치세 환급을 1,000만 원 받을 수 있다.

구 분	일반과세자	간이과세자
연매출액	24,000,000원	24,000,000원
보증금에 대한 이자분	3,000,000원(주1)	3,000,000원(주1)
과세표준 합계	27,000,000원	27,000,000원
세율	10%	업종별 부가가치율 × 10%
매출세액	2,700,000원	810,000원(주2)
매입세액공제	없음	없음
납부할 세액	2,700,000원	810,000원(주2)

(주1) 보증금 × 이자율 : 50,000,000원 × 6% = 3,000,000원
(주2) 매출액 × 업종별 부가가치율 × 10% : 27,000,000원 × 30% × 10% = 810,000원

오피스텔을 분양받은 사업자가 일반과세자로 사업자등록을 하면 간이과세자보다 연간 189만 원의 세액을 더 내게 된다.

그러나 분양받은 오피스텔에 대해 부가가치세 1,000만 원을 이미 환급받았으므로 189만 원을 더 낸다고 억울해할 필요는 없다.

위의 결과에서 본 바와 같이 사업 초기 사업자등록을 할 때 무작정 간이과세자로 하지 말고, 자신의 사업 전망을 고려해 신중히 사업자등록을 할 필요가 있다. 즉, 남들이 좋다고 나도 좋은 것은 아니며, 오히려 독이 될 수도 있다.

구 분	일반과세자	간이과세자
대상 사업자	• 간이과세자가 아닌 개인 과세 사업자 • 법인 과세 사업자	직전 연도 1억 년 공급대가 8,000만 원 미만인 개인사업자(간이과세 배제 대상 제외)
과세표준	공급가액(판매금액)	공급대가 (판매금액 + 부가가치세)
세율	10%, 0%(영세율)	업종별 부가가치율 × 10%, 0%(영세율)
거래징수	의무 있음	별도 규정 없음
납부세액	매출세액 – 매입세액 – 공제세액	과세표준(공급대가) × 당해 업종별 부가가치율 × 10% – 공제세액

구 분	일반과세자	간이과세자
세금계산서 발급	원칙적으로 세금계산서 발급 영수증도 발급 가능	영수증만 발급 (세금계산서 발급 불가)
매입세액 공제	전액 매입세액으로 공제	매입세액(공급대가) × 0.5%를 곱한 금액을 공제
예정신고납부	**법인** : 예정신고 (직전 과세기간 과세표준 1억 5천만원 미만인 사업자 예정고지) **개인** : 예정고지 및 조기환급 등 예정신고(30만 원 미만 예정고지 생략)	예정부과, 1년에 1번 신고·납부
납부의무 면제	적용 대상 아님	당해 과세기간(1년) 공급대가가 4,800만 원 미만이면 납부의무 면제(재고납부세액 제외)
가산세	세금계산서 관련 가산세 있음 미등록 시 : 공급가액의 1%	세금계산서 관련 가산세 없음 미등록 시 : 공급대가의 0.5%
기장	장부에 의해서 기장	발급받았거나 발급한 세금계산서 또는 영수증으로 갈음

설비투자비용 하루라도 빨리 환급받는 방법

제조업을 창업한 홍길동 씨는 제품 제조용 기계를 1억 원에 사면서 1천만 원의 부가가치세를 부담했으며, 운반용 트럭을 사면서 5백만 원의 부가가치세를 부담했다. 대출받아 빠듯한 자금으로 사업을 시작한 홍길동 씨는 나중에 어차피 돌려받는다고는 하지만 기계와 차량을 살 때 부담한 부가가치세 1,500만 원이 속이 이만저만 쓰리지 않았다.

이처럼 대량의 자금이 들어가는 사업 설비(건물·기계장치 등의 감가상각 자산을 말함)를 신설·취득·확장 또는 증축하는 경우는 구입할 때 부담한 부가가치세를 조기에 환급해주고 있다.

절세 Tip 트럭이나 경차를 사면 다양한 세금혜택을 볼 수 있다.

사업자가 자기의 과세사업과 관련해서 차량을 사면서 세금계산서를 발급받고, 해당 차량이 매입세액불공제 대상인 비영업용 소형승용차에 해당하지 않으면 사업자의 신고로 조기환급이 가능하다. 즉, 일반적으로 승용차는 안 되고(매입세액이 불공제되는 비영업용소형승용차는 조기환급 대상에서 제외됨), 트럭이나 경차, 9인승 이상의 승합차의 경우 조기환급을 받을 수 있다. 조기환급은 부가가치세 신고 기간에 환급받는 것이 아니라 부가가치세 신고 기간 전에 신고로 미리 환급받는 것이라고 보면 된다.

1 조기환급 신청 방법과 신청 시 제출서류

조기환급을 받고자 하는 사업자가 조기환급 신고서에 과세표준에 대한 첨부서류와 매입 및 매출처별세금계산서합계표, 건물등감가상각자산취득명세서를 첨부해 제출하는 것이다. 물론 부가가치세 예정신고서 또는 확정 신고서를 제출한 경우는 환급에 관해서 신고한 것으로 본다.

조기환급 세액은 각 예정신고 기간별로 또는 과세기간 별로 그 예정신고기한 또는 확정 신고기한 경과 후 15일 이내에 사업자에게 환급해야 한다. 즉, ❶ 과세기간 별로 해당 과세기간의 환급세액을 확정신고기한 경과 후 15일 이내에 사업자에게 환급하거나 ❷ 각 예정신고 기간별로 해당 예정신고 기간의 환급세액을 그 예정 신고기한 경과 후 15일 이내에 사업자에게 환급해준다.

예를 들어 1기 예정신고 기간의 환급세액을 그 예정신고 기간인 4월 25일에 신고하면 이를 5월 10일까지 환급해준다.

2 조기환급을 신청할 수 있는 기간

조기환급 신고는 예정신고 또는 확정신고 기간별로 신고하거나, 예정신고 기간 중 또는 과세기간 최종 3월 중 매월 또는 매 2월 단위로 신고할 수 있다.

예를 들어, 1월에 시설투자를 해 환급세액이 발생하였다면 4월 예정신고를 할 때 신고할 수도 있고, 1월분만을 2월 25일까지 신고할 수도 있으며, 5월에 시설투자를 해 환급세액이 발생하였다면 7월 확정신고를 할 때 신고할 수도 있고 4~5월분 합계액을 6월 25일까지 신고할 수도 있다. 즉, 사업자는 예정신고 기간 중 또는 과세기간 중 매월(1월, 2월, 4월, 5월, 7월, 8월, 10월, 11월) 또는 매 2월(1월·2월, 4월·5월, 7월·8월, 10월·11월)을 조기환급 기간으로 해서 조기환급을 받을 수 있다.

그리고 기간종료일로부터 25일 이내에 조기환급 기간에 대한 과세표준과 환급세액을 신고한다.

3 조기환급 신청 후 얼마 지나서 돈이 들어오나?

신고받은 세무서장은 각 조기환급 기간별로 당해 조기환급 신고기한이 지난 후 15일 이내에 사업자에게 환급해준다.

예를 들어 1월분에 대한 조기환급 세액을 2월 25일까지 신고하면 2월 25일부터 15일 이내에 조기환급을 받을 수 있다.

승용차를 살 때 부가가치세 신고를 어떻게 해야 하나요?

사업자가 부가가치세 매입세액공제가 불가능한 비영업용 승용차를 취득한 경우 부가가치세 신고 시 (11) 고정자산 매입 및 (16) 공제받지 못할 매입세액 란에 기재한 후 건물 등 감가상각자산취득명세서 및 공제받지 못할 매입세액 명세서를 작성한 후 제출한다.

매번 부가가치세 신고가 귀찮은데
면세사업자가 될 수 없나요?

일반법률상의 회사 구분은 법인과 개인으로 크게 구분하고, 상법상 법인을 세분화시켜보면 주식회사, 유한회사, 합자회사, 합명회사로 구분한다.

이와는 달리 부가가치세와 관련해서는 법인과 개인의 구분법을 따르지 않고 크게 과세사업자와 면세사업자로 구분한다.

그리고 과세사업자는 규모에 따라 다시 일반과세자와 간이과세자로 구분한다. 과세사업자와 면세사업자의 구분은 부가가치세를 부치느냐 안 붙이냐의 차이로 구분하는 것이며, 소득과 관련해서는 개인은 소득세, 법인은 법인세를 낸다.

절세 Tip 부가세 신고는 소득세 신고의 기초자료가 되니 신고 때 신중히 하라

부가가치세와 소득세, 법인세 등은 세금을 매기는 대상이 다르다. 즉, 부가가치세는 물건을 사고파는 소비에 대해서 붙는 세금이고, 소득세나 법인세는 개인 또는 법인이 1년간 벌은 소득에 대해서 내는 세금이다. 세금을 매기는 근거가 하나는 소비고 하나는 소득이니 전혀 관계가 없을 것 같지만, 소득세나 법인세의 근거가 되는 소득은 부가가치세 신고자료를 근거로 해서 출발한다는 점을 알고 있어야 한다. 즉, 소규모사업자의 경우 특별한 경우가 아니면 1년간 신고한 부가가치세 매출세액이 1년 소득금액이 될 가능성이 크다. 이는 매입세액이 각종 비용으로 인정받을 가능성이 크기 때문이다. 따라서 부가가치세 신고 시에는 앞으로의 소득세나 법인세를 생각하면서 신중하게 신고해야 한다.

구 분		세분류
일반법률 적용상	법인	대다수 주식회사 일부 유한회사
	개인	
부가가치세 납부 여부에 따라	과세사업자	일반과세자
		간이과세자
		겸업사업자
		영세율 사업자
	면세사업자	

| 간이과세자 | 일반과세자 | 면세사업자 |

과 세
사업자

면 세
사업자

| 부가가치세 신고 · 납부 | 사업장현황신고 |
| 소득세 또는 법인세 신고 · 납부 | 소득세 또는 법인세 신고 · 납부 |

사업자등록 내역은 일반과세자인데 세금계산서를 발행해주지 않아요!

거래하면서 상대방으로부터 세금계산서를 받거나 국세청 홈택스를 통해 조회해보니 상대방이 일반과세자일 때, 실무자들은 당연히 세금계산서가 올 것으로 생각을 한다. 그런데 이상하게 계산서가 올 경우가 있다.

교육용역은 무조건 면세인지 알고 있는데, 이상하게 상대방이 세금계산서를 발행해줘 이를 어떻게 신고해야 할지 헷갈리는 예도 있다.

이와 같은 현상이 벌어지는 가장 큰 이유는 일반과세자면 무조건 세금계산서, 면세사업자이면 무조건 계산서를 발행해야 한다는 고정관념을 가지고 있기 때문이다.

결론을 말하면 사업자등록증의 내용대로 세금계산서, 계산서가 결정되는 것이 아니라, 파는 물품이나 서비스에 따라 결정된다는 점이다. 즉, 일반과세자도 과세물품을 팔면 세금계산서를 면세 물품을 팔면 계산서를 발행하는 것이다.

참고로 부가가치세법 규정을 보면 과세 또는 면세 재화 및 용역을 구분해서 과세는 세금계산서, 면세는 계산서를 발행하라고 하고 있지, 일반과세자는 세금계산서, 면세 사업자는 계산서를 발행하라고 하고 있지는 않다.

절세 Tip 과세, 면세는 파는 물품에 따라 구분한다.

사업자등록은 세법 중 부가가치세법을 적용받아 발급된다. 사업자등록을 낼 때 내가 하고자 하는 주업종이 면세되는 물품이나 서비스를 파는 경우 면세 사업자등록증을 받고, 그렇지 않으면 과세 사업자등록증을 받는다.

사업자등록증 상에는 형식적으로 면세, 과세(일반, 간이)로 구분 기재되어 있다. 처음에는 면세 물품인 채소가게를 하다가, 가게가 커져 과세인 가공 식료품도 같이 판다면 사업자등록증이 면세이므로 무조건 면세사업자에 해당할까? 그렇지는 않다.

우선 이때는 과세사업자로 사업자등록증을 정정해야 한다. 반대로 과세 사업자등록증을 가지고 있는 사업자가 면세 물품을 판다고 사업자등록증을 정정할 필요는 없다.

결과적으로 과세물품을 팔려면 꼭 사업자등록증은 과세 사업자등록증을 발급받아야 하며, 과세 사업자등록증을 가지고 있는 사업자는 면세 물품을 팔고자 하는 경우 가만히 있어도 된다. 즉, 사업자등록증은 큰 틀 안에서 이 사업자가 과세사업자인지 면세사업자인지를 판단하는 기준일 뿐이며, 파는 물품이 과세이면 부가가치세가 붙고, 면세 물품이면 부가가치세가 안 붙게 된다. 면세사업자로 등록되어 있어도 과세물품을 팔고자 할 때는 부가가치세를 추가로 받고 상대방에게 세금계산서를 발행해 주어야 한다(참고 : 면세사업자는 원칙적으로 세금계산서를 발행할 수 없다. 따라서 과세물품을 팔고자 할 때는 상대방에게 세금계산서를 발행해주어야 하는데, 세금계산서는 과세사업자만 발행할 수 있으므로 과세사업자로 사업자등록을 변경해야 한다.).

부가가치세법에서는 예외적으로 미가공 식료품이나 교육, 의료, 주택임대 등 특정한 물품에 대해서는 부가가치세를 면제해주고 있는데 이를 면세라고 한다. 이를 살펴보면 다음과 같다.

구 분	면제되는 재화와 용역
기초생활 필수품	● 가공되지 아니한 식료품(쌀, 채소, 육류, 어류, 건어물 등) ● 우리나라에서 생산된 식용이 아닌 농산물 · 축산물 · 수산물 · 임산물 ● 수돗물, 연탄, 여객 운송용역(항공기, 고속버스, 택시 등 제외)
문화 관련 재화 · 용역	● 도서, 신문, 잡지, 방송(광고는 과세)
국민후생용역	● 의료보건 용역(의료용역, 장의 용역 등) ● 교육용역(정부의 인가 또는 허가를 받은 학원, 교습소 등) ● 주택(국민주택규모 이하)
생산요소	● 토지(토지의 임대는 과세) ● 인적용역 ● 금융 · 보험용역
기타	● 우표, 담배(판매가격이 200원 이하인 담배) 등

세금 신고도 잘하면
4대 보험료도 줄일 수 있다.

1 종합소득세 신고에 따라 4대 보험료도 달라진다.

일정한 급여를 신고한 후 사업장에서 연간소득에 대한 계산인 종합소득세에 따라 추후 사업주의 국민연금과 건강보험이 정산되기 때문에 종합소득세 신고를 주의해야 한다.

예를 들어 사장은 월 500만 원 정도의 급여를 신고해 국민건강보험과 국민연금을 지급하지만, 다음 해 종합소득세 신고를 할 때 수익이 많이 발생해 연간 수익이 7천 2백만 원이 되었을 경우, 월 600만 원의 급여를 받은 것이 되므로 추가분인 월 100만 원에 대한 국민건강보험과 국민연금을 추가로 내야 한다.

따라서 종합소득세 신고소득과 4대 보험 신고소득을 어느 정도 맞추어서 신고해야 한다.

2 비과세 급여가 많아야 4대 보험도 줄어든다.

직원 급여와 4대 보험 관리는 쉽지 않은 일이다. 더욱이 그 비용 또한 절대 만만하지 않다. 특히 직원의 4대 보험료 중 절반이 사업주의 부담인 만큼, 그 비용이 부담스러울 수밖에 없다. 사업자들이 직원의 4대 보험료 부담을 조금이라도 줄이는 방법은 비과세가 적용되는 급여 부분을 최대한 늘여서 4대 보험료를 책정할 수 있도록 해야 한다.

국민연금이나 건강보험 등은 급여에서 비과세 되는 부분을 차감한 후 적용되기 때문에 비과세 부분을 최대한 많이 늘리면 4대 보험료를 줄일 수 있다.

비과세 되는 급여로는 식대, 자가운전보조금, 6세 이하 자녀의 출산 보육비용 등이 있다. 식대 지급시 월 20만 원, 회사 일로 자가 차량을 사용할 경우 월 20만 원, 6세 이하의 자녀를 출산한 경우 월 10만 원까지 비과세 혜택을 부여하고 있다. 이러한 비과세 급여를 잘 활용하는 것도 4대 보험료를 절약하는 하나의 방안임을 잊지 말아야 한다.

보험료 부과 시 딱 2가지 비과세가 식대 보조금과 자가운전보조금이기 때문에 실사 시 많이 본다.

식대는 식당을 두고 매월 먹는데, 식대 20만 원을 비과세 처리하면 국민건강보험공단에서 조사 나와서 걸리면 3개년 치가 추징된다.

3 적시에 신고해야 연체료라도 아낀다.

4대 보험은 정확하게 적시에 신고해야 한다. 직원을 고용한 경우나 퇴사한 경우, 그리고 회사가 폐업한 경우는 정확하고 신속하게 자격 취득 신고 또는 자격상실 신고를 해야 한다. 신고를 늦게 한 경우에는 불필요한 비용 등이 발생할 수 있기 때문이다.

직원의 입사나 퇴직 시에는 될 수 있는 한 4대 보험 신고를 신속하게 처리하는 것이 비용을 절감할 수 있다.

창업자금 내 돈이 유리한가?
빌리는 돈이 유리한가?

창업하는 경우 자금이 필요하다. 상가를 임차할 때 보증금과 시설 장치 등 준비부터 자금이 필요하고, 사업을 운영해나가면서도 계속 자금은 필요하게 된다. 사업자금은 본인 자금과 차입금으로 이루어지는 경우가 많은 데 이 경우 발생할 수 있는 세금 상의 문제를 살펴보면 다음과 같다.

1 자기 돈으로 창업자금 조달 시 절세방법

🖱 자기 재산

자기 재산으로 창업자금을 조달하는 경우 이자비용과 같은 비용이 발생하지 않으므로 비용처리를 할 수 없다. 따라서 사업을 운영하는 데 발생하는 소득세 및 법인세에서 절세효과가 떨어진다고 할 수 있다. 또한, 사업자의 나이가 어리거나 소득세 신고실적이 없는 경우 자금출처조사의 대상이 될 수도 있다. 즉, 이자를 부담하지 않아 이익이지만 이자비용이 발생하지 않아 세금 신고 때 비용으로 인정받는 금액이 적어진다. 따라서 이자비용 부담액과 비용처리로 인한 절세금액을 비교해서 의사결정을 한다.

증여받는 경우

부모나 배우자에게 증여받아 창업자금을 조달하는 경우 증여세를 부담할 수 있다. 일반적으로 10년 이내에 증여받은 금액은 모두 합산하여 계산하게 되고 그 합계액이 부모 등 직계존속에게서 증여받으면 5천만 원, 배우자에게 증여받는 경우 6억 원까지 증여재산공제를 받게 되므로 증여받은 총금액이 그 금액을 초과하면 초과하는 금액은 증여세가 부과된다.

> 자기 자금으로 창업자금을 조달하는 경우 절세효과는 떨어지고, 부모님 등에게 창업자금 등을 받는 경우 증여세를 부담할 수 있다.

그리고 창업자금으로 사용하기 위해 부모의 재산에 담보나 지급보증으로 자녀가 금융기관으로부터 대출받을 때는 증여세는 발생하지 않지만, 자녀가 이를 상환하지 못하고 부모가 대신 상환하거나 경매로 처분되는 경우는 대출받은 금액을 증여로 보게 되어 증여세를 내야 한다.

동업하는 경우

공동으로 사업자금을 조달해서 공동사업자등록을 하는 경우도 절세방안이 될 수 있다. 사업 운영으로 발생한 소득의 귀속이 공동사업자에게 안분되어 귀속되므로 소득세 과세표준 구간이 낮게 설정되므로 절세효과가 있다. 다만, 이 경우 공동사업자금을 조달하기 위해 특

> 동업의 경우 소득세 절세효과는 있으나, 공동출자자 중 특정인이 대출받아 출자하는 경우 동 이자비용은 비용인정이 안 된다. 물론 공동 운영자금의 대출이자는 비용인정 된다.

정 출자자가 대출받는 경우, 그 이자비용은 비용처리가 되지 않는다는 점에 유의해야 한다. 사업 운영을 위하여 공동 운영자금을 대출받은 경우의 이자는 물론 필요경비로 인정받을 수 있다.

● 공동사업에 출자하기 위하여 대출받은 차입금에 대한 이자비용은 업무와 관련 없는 비용에 해당하여 당해 공동사업장의 소득금액 계산에 있어 필요경비에 산입할 수 없는 것임(심사소득 2007-144)

● 공동사업에 출자하기 위하여 차입한 차입금의 지급이자는 업무무관 경비로 필요경비에 산입할 수 없음(심사소득 2011-150)

2 빌린 돈으로 창업자금 조달 시 절세방법

금융기관에서 돈을 빌리는 경우

자금이 부족한 경우 금융기관에서 돈을 빌리게 되는데, 이 방법이 가장 흔한 타인자본 조달 방법으로써, 보통 세무상 큰 문제는 발생하지 않는다. 차입금 규모는 사업 규모와 자기자본 규모 등을 고려해서 결정하는 것이 사업 위험을 줄이는 길이며, 금융기관에서 빌릴 때 기술보증기금이나 신용보증기금, 지역 신용보증재단의 보증을 통해서 빌리는 경우 그 자금 조달조건이 매우 좋으므로 먼저 이용하는 것이 좋다. 이렇게 금융기관을 통하여 사업용 자금을 조달하여 사업에 투자한 경우 그 차입금에 대한 이자는 비용처리가 가능

은행이나 지인으로부터 돈을 빌려 창업을 하는 경우 이자비용을 비용으로 인정받아 절세 효과가 있으며, 이자를 지급할 때는 이자소득세를 원천징수한 후 신고 및 납부를 한다.

하다. 이 경우 차입약정서와 이자지급내역서를 갖춰 두어야 한다.

🔗 지인으로부터 돈을 빌리는 경우

지인으로부터 돈을 빌리는 경우 세무상 문제는 이자를 적절하게 지급하고 있는지가 핵심이다. 이자를 지급하지 않는 조건으로 자금을 빌린 경우라면 적정이자 부분은 증여받은 것으로 보아 증여세가 과세될 수 있다. 또한, 이자를 지급하는 조건으로 금전소비대차 계약이 되어있다면 이자 부분에 대해서는 비용처리가 되어 소득세 절세 효과가 있다.

그리고 이자를 지급할 때 비영업대금의 이익에 해당하는 27.5%(지방소득세 포함)의 이자 소득세를 원천징수 해서 세무서에 신고 및 납부해야 한다.

처음 거래할 때는 상대방을
꼭 확인하고 증빙을 챙기자

사업자가 사업과 관련하여 물품 또는 서비스를 팔고 돈을 받는 경우 상대방에 세금계산서를 발급해준다.

그런데 세금계산서는 일반과세자와 연 매출 4,800만 원 이상 간이과세자만 발행할 수 있다. 따라서 물품 또는 서비스를 파는 사업자가 연 매출 4,800만 원 미만 간이과세자면 세금계산서를 발급할 수 없어서 영수증만 받을 수 있으며, 그 사업자가 면세사업자이면 계산서를 받게 된다. 또 폐업자나 사업자등록을 하지 않은 무등록자면 아무 증빙도 받지 못한다.

사업자가 어떤 다른 사업자와 처음으로 거래를 할 때는 그 사업자가 세금계산서를 발급할 수 있는 사업자인지 아니면 계산서를 발급해야 하는 사업자인지 혹시 폐업자나 무등록자는 아닌지에 대해서 확인해 보고 거래하는 것이 좋다.

따라서 사업자가 어떤 다른 사업자와 처음으로 거래를 할 때는 그 사업자가 세금계산서를 발급할 수 있는 사업자인지 아니면 계산서를 발급해야 하는 사업자인지 혹시 폐업자나 무등록자는 아닌지? 에 대해서 확인해 보는 것이 좋다.

거래 상대방이 어디에 해당하는 사업자인지 또는 정상 사업자인지? 확인하려면 우선 상대방으로부터 사업자등록증 사본을 받아 보면 될 것이다. 그러나 이것만으로는 불충분하다. 사업자등록증 발급일 또는 정정일 이후 사업자 유형이 달라진 예도 있을 것이고, 폐업한 예도 있기 때문이다.

그래서 사업자의 유형과 정상 사업자 여부를 더욱 확실하게 확인해 보기 위해서는 국세청 홈택스 홈페이지 〉 조회/발급 〉 사업자 상태에 들어가서 상대방의 사업자등록번호를 입력하면 그 사업자에 대한 최신정보를 확인할 수 있다.

사업자 상태 조회하기

국세청 홈택스 접속 ➜ 조회/발급 ➜ 사업자 상태 ➜ 사업자등록번호로 조회

구 분	받을 수 있는 증빙
일반과세자(연 매출 4,800만원 이상 간이과세자) 면세사업자	● 과세물품 및 서비스 : 세금계산서, 신용카드매출전표, 현금영수증 ➜ 부가가치세 신고를 할 때 매입세액공제 가능 ● 면세물품 및 서비스 : 계산서, 신용카드매출전표, 현금영수증 ➜ 부가가치세 신고를 할 때 매입세액공제 불가능 단, 면세사업자는 과세물품 및 서비스 판매 시 과세사업자로 전환
간이과세자(연매출 4,800만원 미만)	● 과세물품 및 서비스 : 신용카드매출전표, 현금영수증 ➜ 부가가치세 신고를 할 때 매입세액공제 불가능 ● 면세물품 및 서비스 : 신용카드매출전표, 현금영수증 ➜ 부가가치세 신고를 할 때 매입세액공제 불가능
비사업자	원칙적으로 아무런 증빙을 발행하지 못하므로 계좌이체로 대금을 지급하고, 소명자료를 보관한다. (예 : 농부, 어부 등과 거래할 때)

세금계산서 안 받은
인테리어비용

초기 자금 압박 때문에 부가세(10%)를 뺀 가격에 현금결제를 한다.

부가가치세를 10% 더 부담하고 세금계산서 발행을 받는 게 절세 측면에서 유리하다.

이유는

❶ 부가세 10%는 사업장 부가가치세 신고 시 매입세액 공제가 가능하여 환급받을 수 있다.

❷ 적격증빙 미수취로 사업비용으로 인정받지 못한다. 적격증빙으로 인정받지 못하면 부가가치세, 소득세 및 건보료가 상승하게 된다.

❸ 향후 세무조사 과정에서 세금계산서 관련 가산세가 부과될 수 있다.

지금 당장 이익보다는 계속적으로 기업을 유지할 생각이라면 세금계산서를 받는 걸 추천한다.

그럼 인테리어 공사를 하고 세금계산서를 받지 않았을 경우 지출된 공사대금은 비용처리가 안 될까? 그렇지는 않다.

인테리어 계약서/견적서, 통장 이체내역 등 실제 인테리어 공사대금으로 지출된 객관적인 증빙자료가 있다면 인테리어 자산으로 인정받아 감가상각비로 비용처리를 할 수 있다.

단, 적격증명서류 수취 불성실가산세로 인테리어 비용의 2%를 가산세로 부담해야 하고, 세무서 소명 및 현장 조사의 가능성이 있다.

인테리어 비용에 대해서 세금계산서를 안 받았다면, 인테리어 계약서, 견적서, 통장이체 내역을 꼭 챙겨놔야 장부에 인테리어 자산으로 계상해서 5년 동안 감가상각을 통해 비용처리 가능하다. 인테리어 계약서, 견적서, 통장이체 내역이 없다면 세법상 비용처리가 불가하니 유의해야 한다.

한국에서 사업하면서
사장님이 내야 하는 세금

사업을 하는 사람이 내야 하는 세금으로는 상품을 팔거나 서비스의 제공에 대해서 내는 부가가치세와 사업을 해서 얻는 소득에 대하여 내는 소득세 또는 법인세로 크게 구분한다.

1 주요 세금의 신고 및 납부

구분 세목	사업자			신고·납부 기한	신고·납부 할 내용
원천 징수	원천징수실적이 있는 사업자			다음 달 10일	매월 원천징수 한 세액
부 가 가치세	일반 과세 자	1기 예정		4월 1일~4월 25일	1월 1일~3월 31일간의 사업실적
		1기 확정		7월 1일~7월 25일	4월 1일~6월 30일간의 사업실적
		2기 예정		10월 1일~10월 25일	7월 1일~9월 30일간의 사업실적
		2기 확정		다음 연도 1월 1일~1월 25일	10월 1일~12월 31일간의 사업실적
		개인 일반과세자는 1기 확정과 2기 확정 때만 신고 · 납부를 하고, 1기 예정과 2기 예정 때에는 고지서(예정)대로 납부를 하면 된다.			
	간이 과세 자	1기 확정		7월 1일~7월 25일	예정부과액 납부. 단, 세금계산서 발행한 경우 신고 및 납부
		2기 확정		다음 연도 1월 1일 ~1월 25일	전년도 1월 1일~12월 31일간의 사업실적
	부가가치세 확정신고 · 납부를 할 때는 예정고지(개인 일반과세자, 영세법 인) 또는 예정부과(간이과세자)로 낸 세금을 차감한 후 납부한다.				
소득세	모든 개인 사업 자	확정신고		다음 해 5월 1일~5월 31일	1월 1일~12월 31일간의 연간 소득금액
		중간예납		11월 15일 고지 (11월 30일 납부)	전년도 부담세액의 1/2
면세 사업자 사업장 현황보고	개인사업자 중 부가가치세가 면세되는 사업자			다음 해 1월 1일~2월 10일	1월 1일~12월 31일간의 총면세수입금액

구분 세목	사업자	신고·납부 기한		신고·납부 할 내용
법인세	모든 법인사 업자	확정신고	사업연도 종료일로 부터 3월 이내(3월 1일~3월 31일)	1월 1일~12월 31일간의 연간 소득금액
		중간예납	8월 31일	• 법인세가 있는 경우 : 전년도 법인세 납부액의 절반을 신고 및 납부 • 법인세가 없는 경우 : 6개월 기간의 손익을 기준으로 신고 및 납부한다.

2 세금신고 기한 내에 신고를 안 한 경우

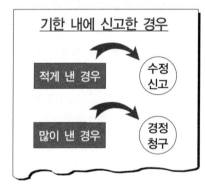

세금 신고를 잘못한
경우 처리방법

기한 내에 신고를 안 한 경우

세금을 기한 내에 신고하지
않았으면 기한후신고를 한다.

3 개인사업자 내야 하는 세금

🍄 소득에 대해서는 종합소득세

소득세란 어떤 세금인가?

소득세는 사업을 통해 얻은 소득에 대해서 내는 세금을 말한다. 여기서 소득은 1년간 총수입금액에서 수입을 얻기 위해서 들어간 원가 등 필요경비를 공제한 금액을 말한다.

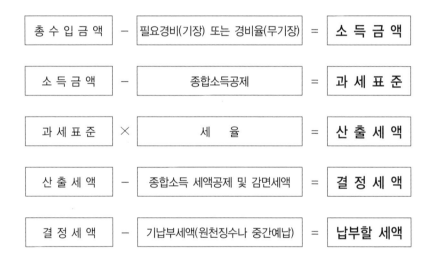

지방소득세의 납부

지방소득세는 소득세와는 별도로 소득세액의 10%를 더 내야 하는 지방세이다.

지방소득세는 매년 종합소득세 신고·납부기일인 5월 31일까지 소득세와 함께 신고·납부 해야 한다.

⑯ 물건을 팔면 부가가치세

부가가치세란 물건값에 부가가치세가 포함되어 있어 물건을 팔 때 받은 세금에서 물건을 살 때 지급한 세금을 차감한 차액을 납부한다.

> 매출액(과세판매 합계금액) × 10%(세율) ➡ 매출액 100% + 부가세 10%
> − 매입액(과세구매 합계금액) × 10%(세율) ➡ 매입액 100% + 부가세 10%
> = 부가가치세 납부세액

소득세는 사업 결과 얻어진 소득(이익)에서 내는 세금으로 소득이 없으면 세금을 내지 않을 수 있지만, 부가가치세는 소비자가 부담한 세금을 잠시 보관했다가 국가에 내는 세금이므로 소득이 없어도 물건만 팔면 내야 하는 세금이다.

⑯ 직원을 고용하면 급여 세금 원천징수

매월 급여를 지급할 때마다 간이세액표에 의해 소득세를 떼어 다음 달 10일까지 신고·납부하고, 다음 해 2월분 급여를 지급할 때(미지급 시는 2월 말일까지 지급한 것으로 봄) 1년간 소득을 정산해서 (= 연말정산) 3월 10일까지 신고·납부 해야 한다.

연말정산이란 1년간 지급한 급여총액에 대해서 내야 할 소득세를 계산한 후 매월 원천징수·납부 한 금액을 차감하여, 연말정산 금액보다 많으면(−가 나오면) 환급을 받고, 적으면(+가 나오면) 납부를 하는 것이다.

구 분	처리방법
매달 납부한 금액 〉 연말정산 금액	환급
매달 납부한 금액 〈 연말정산 금액	납부

절세 Tip 적자(손해)를 보고 있어도 종합소득세 신고는 해야 한다.

매출보다 매입 및 비용지출이 많은 경우 적자가 나게 된다. 적자가 나는 경우 어차피 당장은 세금을 내지 않아도 되고, 귀찮으니 종합소득세 신고를 안 하는 사업자가 많다.

그러나 이것은 잘못된 행동이다. 적자가 날수록 장부를 열심히 적어 적자난 사실을 증명해야 나중에 흑자가 나거나 세금 신고를 할 때 추가로 비용인정(= 세법상 이월결손금)을 받아 세금을 적게 내거나 안 내게 된다. 나중에 이월결손금을 인정받기 위해서 가장 중요한 것은 반드시 장부를 적고 증빙을 첨부해야 한다는 것이다.

장부를 적지 않고 추계(= 장부를 적지 않아 추정한 소득)로 신고(= 기준경비율, 단순경비율로 신고)를 하는 때는 인정받지 못한다.

이월결손금은 사업연도 소득금액의 범위 내에서 공제받을 수 있으며, 이월결손금의 공제시한은 해당 사업연도 개시일 전 15년 이내로 제한하고 있다. 따라서 15년이 지난 이월결손금은 공제받지 못한다.

4 법인사업자 내야 하는 세금

⑥ 소득에 대해서는 법인세

법인세란 어떤 세금인가?

법인세는 주식회사와 같이 법인 형태로 사업을 하는 경우 그 사업에서 생긴 소득에 대해서 내는 세금이다. 1년간 소득에 대해서 개인사업자는 종합소득세, 법인은 법인세를 낸다.

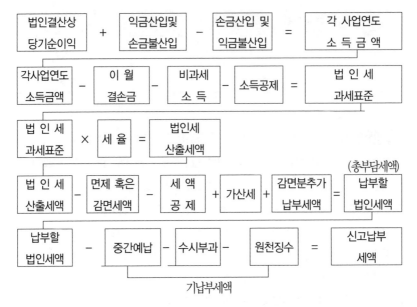

| 법인결산상 당기순이익 | + | 익금산입및 손금불산입 | − | 손금산입 및 익금불산입 | = | 각 사업연도 소 득 금 액 |

| 각사업연도 소득금액 | − | 이 월 결손금 | − | 비과세 소 득 | − | 소득공제 | = | 법 인 세 과세표준 |

| 법 인 세 과세표준 | × | 세 율 | = | 법인세 산출세액 |

(총부담세액)

| 법 인 세 산출세액 | − | 면제 혹은 감면세액 | − | 세 액 공 제 | + | 가산세 | + | 감면분추가 납부세액 | = | 납부할 법인세액 |

| 납부할 법인세액 | − | 중간예납 | − | 수시부과 | − | 원천징수 | = | 신고납부 세액 |

기납부세액

▩ **익금** : 사업에서 생기는 수입금액 외에 사업과 관련하여 발생하는 자산의 양도금액, 자산의 평가차익, 무상으로 받은 자산의 가액 등도 익금에 포함된다.

▩ **손금** : 제품의 원가 및 인건비 외에 사업과 관련하여 지출한 접대비, 복리후생비 등을 포함하며, 세법에서 특별히 인정하는 특정 손금이 있다.

지방소득세의 납부

개인사업자와 달리 사업연도 종료일로부터 4월 내에 법인세액의 10%를 사업장 소재지를 관할 하는 시·군·구에 신고·납부 해야 한다.

☞ 물건을 팔면 부가가치세

개인사업자와 같다. 다만, 개인사업자의 경우 간이과세를 적용받을 수 있고, 예정신고의무가 없으나(1년에 2번 신고 및 납부) 법인(1년에 4번 신고 및 납부)은 있다.

🖱 직원을 고용하면 급여세금 원천징수

직원에 대한 급여 세금은 개인사업자와 같다. 다만, 개인회사의 사장은 근로소득세를 신고·납부 하지 않고, 종합소득세 신고·납부를 한다. 반면, 법인의 대표이사는 일반 임직원과 같게 급여에 대해 근로소득세를 신고·납부를 하고 연말정산을 하는 점이 다르다.

재무제표로 살펴보는
기업 세금의 종류와 부담

우리나라의 세금은 다음과 같이 매우 다양하다.

세금의 분류를 보면 우선 국세와 지방세로 나누어진다. 이 중 기업과 관련된 세금은 어떤 것이 있을까?

구 분		세금의 종류
국세	내국세	소득세(종합소득세양도소득세 포함), 법인세, 상속증여세, 종합부동산세, 부가가치세, 특별소비세, 주세, 인지세, 증권거래세, 교통세, 농어촌특별세 등
	관세	화물이 국경을 통과하면 발생하는 세금
지방세		취득세, 등록면허세, 레저세, 지방소득세, 지역자원시설세, 지방교육세, 지방소비세, 담배소비세, 주민세, 재산세, 자동차세 등

우선 국세를 보면 개인회사가 내는 소득세, 법인이 내는 법인세가 있다. 이 세금들은 기업들이 벌어들인 이익에 과세가 되는 것들이다. 이외에 부가가치세와 특별소비세, 주세 등이 있고, 지방세에는 취득세와 등록면허세 그리고 재산세 등이 관련 있다.

그런데 이러한 세금 중 기업에 가장 비중이 있는 세금은 바로 법인세(개인회사는 소득세)와 부가가치세가 된다.

이하에서는 기업이 부담하는 세금을 재무제표를 통해서 알아보고자한다.

기업의 재무제표에는 재무상태표, 손익계산서, 현금흐름표 등이 있다. 이 중 재무상태표와 손익계산서는 세금과 아주 밀접한 관계를 유지하고 있는데 우선 이들의 모양새부터 관찰해보자.

〈재무상태표의 세금 관련 계정과목〉

자산 부가세대급금(부가가치세) 유형자산(취득세, 등록세 포함) (소득세 또는 법인세)	부채 소득세 등 예수금 (소득세 또는 법인세) 부가세예수금(부가가치세)
	자본

〈손익계산서의 세금 관련 계정과목〉

수익
　매출액
　영업외수익
－ 비용
　매출원가
　판매관리비
　　세금과공과(재산세, 종합부동산세, 사업소세, 법인세 등)
　영업외비용
＝ 당기순이익(법인세)

위의 재무상태표를 보면 부가세대급금과 부가세예수금, 그리고 소득세 등의 예수금이 있다.

그리고 손익계산서를 보면 세금과공과 중 재산세와 종합부동산세가 있고, 법인세와 연결되는 당기순이익이 있다. 궁극적으로 이러한 항목들이 기업의 세금과 관련이 있는데 구체적으로 어떤 식으로 과세가 되는지 알아보자.

1 부가가치세 신고와 납부

부가가치세란 기업이 창출한 부가가치에 대해 과세하는 세금이다. 그런데 각 기업이 창출한 부가가치를 직접 산출하는 것은 실무적으로 어려우므로 다음과 같이 부가가치세를 계산한다.

> **(공급가액 × 10%) − 매입세액 = 납부 또는 환급세액**

즉, 매출을 일으키면서 거래 상대방으로부터 받은 10%의 부가가치세(이를 부가세예수금이라 하며, 재무상태표의 부채 항목에 표시된다)에서 해당 기업이 물건이나 서비스를 구매하면서 부담한 부가가치세(이를 부가세대급금이라 하며, 재무상태표의 자산 항목에 표시된다)를 차감한 금액을 내거나 환급하는 것이다. 따라서 자재 등을 구매하면서 부담한 매입세액이 1,000만 원이고 물건을 제조해 판매할 때 발생한 부가가치세가 2,000만 원이라면 1,000만 원의 부가가치세를 내면 된다.

2 법인세 신고와 납부

기업의 법인세(개인회사는 소득세)는 기업이 벌어들이는 소득에 대해 과세하는 세금이다. 앞의 부가가치세는 오직 부가가치세만을 가지고 신고 및 납부를 하나, 법인세는 기업의 이윤에 대해 내는 세금이라고 할 수 있다. 물론 회사를 경영하는 주체가 개인이면 법인세가 아닌 종합소득세로 과세 된다.

법인세는 손익계산서상의 당기순이익에서 출발한다. 그런데 기업의 법인세(소득세)는 바로 손익계산서상의 이익에 대해 과세를 하는 것이 아니라 세법상의 과세소득에 대해 부과를 한다.

기업회계 상의 이익과 세무상의 과세소득의 범위가 여러 가지 이유로 일치하지 않는다.

그래서 부득이 회계상의 이익을 과세소득으로 바꾸는 작업인 세무조정이 필요하다.

기타 법인이 부담하는 세금 항목에 대해 살펴보면 다음과 같다.

⑥ 취득세 등

재무상태표 상의 자산 항목에 잡혀 있는 취득세는 부동산의 취득원가를 구성한다. 예를 들어 토지를 사는 경우 취득세와 등록세 등을 부담하는데 이때 지출하는 취득세 등은 토지의 원가를 이루게 된다는 것이다. 이는 일종의 자본적 지출이다.

⑥ 원천징수 세액

재무상태표 상의 부채란을 보면 소득세 등 예수금이라는 항목이 있다. 이 항목은 기업이 원천징수 대상 소득을 지급할 때 세금의 일부를 떼어 다음 달 10일까지 세무서에 내는 제도를 말한다. 예를 들어 급여를 지급할 때 소득세나 지방소득세를 원천징수하고, 다음 달 10일까지 세무서에 내야 한다.

🖱 재산세, 종합부동산세 등

기업이 이외에 부담하는 세금들은 대부분 손익계산서상의 판매관리비의 한 항목인 세금과공과로 처리된다. 이러한 비용들은 세법상 모두 비용으로 인정되나, 법인세(사업소득세) 지출액만큼은 비용으로 인정을 하지 않는다. 법인세는 기업이 영업을 위해 꼭 필요한 비용 성격이 아니라, 기업이 벌어들인 이익 중에서 국가에 나누어주는 것이라는 입장을 세법이 취하고 있기 때문이다.

한편 부동산을 많이 보유하고 있는 기업은 보유세인 재산세와 종합부동산세에 대한 대비를 철저히 할 필요가 있다.

가까운 사람과 거래할 때
특히 주의해야 한다.

우리는 일상에서 세금에 대해서 지나치게 무관심해서 무심코 범하는 실수들이 많이 있다. 특히 특수관계자와 거래에서 통상적인 거래와 비교해서 좀 더 좋은 조건 혹은 그 반대의 조건으로 거래하게 되면, 그 거래행위 자체가 인정받지 못하게 되어, 불시에 전혀 생각지도 않았던 피해를 볼 수 있다. 일상에서 범하기 쉬운 특수관계자와의 거래에서 발생할 수 있는 손실을 예방하기 위해서 이에 관한 사항을 점검해 봐야 한다.

1 │ 세금에서 말하는 특수관계자

❶ 당해 거주자의 친족

❷ 당해 거주자의 종업원 또는 그 종업원과 생계를 같이하는 친족

❸ 당해 거주자의 종업원 외의 자로서 당해 거주자의 금전 기타자산에 의하여 생계를 유지하는 자와 이들과 생계를 같이하는 친족

❹ 당해 거주자 및 그와 ❶ 내지 ❸에 규정하는 자가 소유한 주식 또는 출자지분의 합계가 총발행주식 수 또는 총출자 지분의 30% 이상이거나 당해 거주자가 대표자인 법인

❺ 당해 거주자와 ❶ 내지 ❸에 규정하는 자가 이사의 과반수이거나 출연금(설립을 위한 출연금에 한함)의 50% 이상을 출연하고 그중 1인이 설립자로 돼 있는 비영리법인

❻ ❹ 또는 ❺에 해당하는 법인이 총발행주식 수 또는 총 출자지분의 50% 이상을 출자하고 있는 법인

2 부당행위계산부인이 적용된다.

"부당행위계산의 부인"이란 사업소득·기타소득이 있는 자가

❯ 그와 특수관계에 있는 자와의 거래로 인해서

❯ 소득에 대한 조세의 부담을 부당하게 감소시킨 것으로 인정되는 때에는 사업자의 행위 또는 회계처리가 법률적으로나 기업회계기준상 잘못이 없다 하더라도, 이를 인정치 않고 세법에 따라 소득금액을 계산하는 것을 말한다.

위에 해당하는 경우는 이미 거래한 가격과 시가와의 차액을 소득금액에 가산한다. 여기서 "시가"란 이와 유사한 상황에서 일반적으로 제3자에게 파는 가격을 말한다.

3 조세의 부담을 부당하게 감소시킨 것으로 인정하는 때

❯ 특수관계자로부터 시가보다 높은 가격으로 자산을 매입하거나 특수관계자에게 시가보다 낮은 가격으로 자산을 양도한 때

❯ 특수관계자에게 금전 기타자산 또는 용역을 무상 또는 낮은 이율 등으로 빌리거나 제공했을 때. 다만, 직계존비속에게 주택을 무상으로 사용하게 하고 직계존비속이 당해 주택에 실제 거주하는 경우를

제외한다.

▶ 특수관계자로부터 금전 기타자산 또는 용역을 높은 이율 등으로 빌리거나 받는 때

▶ 특수관계자로부터 무수익자산을 매입해서 그 자산에 대한 비용을 부담하는 때

▶ 기타 특수관계자와의 거래로 인해서 당해 연도의 총수입금액(익금) 또는 필요경비(손금)의 계산에 있어서 조세의 부담을 부당하게 감소 시킨 것으로 인정되는 때

규모가 커지면 법인으로
전환하라

개인사업자로 어느 정도 사업영역을 구축한 사람들은 대부분 법인으로 전환하는 것을 고려하게 되는 경우가 많다. 이 경우 가장 많이 걱정하는 부분이 바로 세금에 관한 문제이다. 즉, 개인에서 법인으로 전환하면 개인회사에서 사용하고 있던 부동산과 기계장치 등을 법인 명의로 이전해야 하는데, 이러한 경우에 발생하는 세금 문제이다.

개인사업자의 경우 법인으로 전환 시 양도소득세, 부가가치세, 취득세와 같은 다양한 세금을 부과하게 되는데, 국세청은 법인전환을 쉽게 할 수 있도록 일정한 요건을 갖춘 경우에는 다양한 세금혜택을 주고 있다.

1 법인으로 전환하는 방법

법인으로 전환하는 방법에는 개인기업의 사업주가 사업용 고정자산을 법인에 현물출자 하는 방법과 사업을 양도·양수하는 방법이 있다.

⑥ 현물출자 방법

개인회사의 사업주가 금전이 아닌 부동산·채권·유가증권 등으로 출자하는 것을 말한다. 현금으로 출자하는 것이 아니므로 출자하는 자산의 평가문제가 까다로운 편이며, 현물출자의 경우 법원이 선임한 검사인 또는 공인된 감정평가기관의 조사를 받아야 하므로 절차가 복잡하고 비용 부담이 큰 편이다.

⑥ 양도·양수 방법

개인기업의 모든 자산과 부채를 법인에 포괄적으로 양도하는 것을 말한다. 쌍방 간에 적정한 가격이 형성되기만 하면 쉽게 전환할 수 있으므로 실무적으로도 양도·양수 방법을 많이 선호하고 있는 편이다.

2 법인전환 때 신경 써야 하는 세금

개인회사를 법인으로 전환하게 되면 개인에서 사용하던 부동산이나 기계장치 등을 법인 명의로 이전해야 한다. 그런데 개인과 법인은 실체가 다르므로 개인에서 법인으로 기계장치 등을 이전하게 되면 이에 대해서도 세금을 내야 한다. 즉, 부동산을 이전하는 데 대해서는 양도소득세가, 기계장치를 이전하는 데 대해서는 부가가치세가 과세 된다. 하지만 세법 규정을 잘 이용하면 세금을 내지 않고 자산을 이전할 수가 있다.

🖱 부가가치세

사업용 자산을 비롯한 물적·인적 시설 및 권리와 의무 등을 포괄적으로 승계하는 '사업양수도 방법'에 의해서 개인회사 자산을 법인으로 이전하는 경우는 재화의 공급으로 보지 않는다. 즉, 사업양수도 방법에 따라 법인으로 전환하면 부가가치세를 내지 않는다. 다만, 양수자는 반드시 일반과세자로 해야 하며, 양도·양수 계약서 사본도 함께 제출한다.

🖱 양도소득세

개인회사를 법인으로 전환함에 따라 사업용 고정자산을 법인 명의로 이전하는 경우, 이전 시점에서는 양도소득세를 내지 않고 이월과세를 한다. 여기서 이월과세란 현물출자나 사업양수도 방법에 따라서 개인회사를 법인으로 전환하면서 사업용 고정자산을 법인 명의로 이전하는 경우, 이전 시점에서는 양도소득세를 내지 않고, 이를 양수한 법인이 나중에 당해 자산을 처분할 때 개인이 종전 사업용 고정자산 등을 법인에 양도한 날이 속하는 과세기간에 다른 양도 자산이 없다고 보아 계산한 양도소득세 산출세액 상당액을 법인세로 납부한다.

🖱 취득세

개인회사를 법인으로 전환 시 현물출자 또는 사업 양수·도에 따라 취득하는 사업용 재산에 대해서는 지방세인 취득세도 면제된다.

폐업 시 깔끔한 세금 정리절차

폐업 신고 방법은 관할 세무서를 방문하는 방법과 홈택스로 폐업 신고 두 가지가 있다.

관할 세무서를 방문하는 방법은 관할 세무서에 있는 '휴업·폐업 신고서'를 작성해서 제출하면 되는데, 세무서 방문 시 사업자등록증 원본을 가지고 가면 된다. 혹시 사업을 포괄 양도·양수한 경우에는 사업양도·양수 계약서를 준비한다. 반면, 홈택스를 활용해 폐업신고를 하는 경우는 다음 화면과 같다.

사업자가 사업을 폐업하면 부가가치세 신고 및 사업장 현황 신고(면세사업자), 지급명세서 제출, 다음 해에 소득세 및 법인세 신고를 해야 한다.

사업자 폐업 시 신경 써야 하는 세금신고

- 사업장 현황 신고(면세사업자) : 다음 해 2월 10일까지
- 지급명세서 제출 : 폐업일이 속하는 달의 다 다음 달 말일까지
- 소득세 및 법인세 신고 및 납부 : 개인은 다음 해 5월 31일까지, 법인은 폐업 후에 청산 및 파산절차를 완료한 경우 3개월 이내에 법인세 신고를 하며, 청산이나 파산절차를 거치지 않은 경우는 다음 연도 3월 31일까지 법인세를 신고한다.
- 부가가치세 신고 및 납부 : 폐업일이 속하는 달의 다음 달 25일까지
- 4대 보험 사업장 탈퇴 : 폐업한 날로부터 14일 이내

---

1 부가가치세 신고 및 납부 방법

폐업 시 부가가치세 신고는 폐업일이 속하는 달의 다음 달 25일까지 신고한다.

1기 상반기 폐업 시	2기 하반기 폐업 시
1월 1일 ~ 폐업 일까지의 실적에 대한 부가가치세 신고	7월 1일 ~ 폐업 일까지의 실적에 대한 부가가치세 신고

그리고 부가가치세 폐업 신고 때 폐업 시 잔존재화에 대한 간주공급 규정을 몰라서 부가가치세 신고를 잘못하는 경우가 많은데, 이 규정은 아래와 같다.

🕮 폐업 시 잔존재화에 의한 간주공급이란?

부가가치세 간주공급이란 실제로 재화를 공급하지 않았지만, 세법상 판매한 것으로 간주(= 간주공급)해서 부가가치세를 과세하는 규정이다.

폐업 시 잔존재화에 대한 간주공급 규정은 폐업 시 남아 있는 재화를 실제로 외부에 판매하는 등 공급하지는 않았지만 공급한 것으로 보아 부가가치세를 매기겠다는 것이다.

이는 재화를 매입할 때 매입세액을 공제받았으면 이후 이를 소비자에게 판매해서 부가가치세를 내는 것이 일반적인데, 사업을 폐업하게 되면 더는 사업자가 아니므로 남아 있는 재화를 판매하더라도 부가가치세 납부를 안 하게 된다. 따라서 이를 방지하고자 사업자가 폐업할 때 남아 있는 재화가 있으면 이를 실제로 판매하지는 않지만 판매한 것으로 보아 부가가치세 10%를 과세하겠다는 것이다. 결과적으로 구매할 때 공제받은 매입세액을 납부하라는 것이다.

예를 들어, 도매업을 하는 사업자가 판매하기 위한 제품을 부가가치세액 포함 5천 5백만 원에 매입하면서 5백만 원을 매입세액공제 받았다고 가정하면, 이 재고 5천만 원에 대한 판매가가 1억 원일 때, 정상적으로 판매한다면 1억 원의 제품을 판매하면서 부가가치세액 1천만 원을 내야 한다.

하지만 만약 이 사업자가 제품을 판매하지 않은 채 사업을 폐업하게 되면 더는 사업자가 아니므로 나중에 이 제품을 판매하더라도 부가가치세를 내지 않아도 되고, 이는 불합리한 결과(매입세액공제 혜택만 봄)가 된다. 따라서 폐업할 당시 남아 있는 제품을 실제로 판매하지는 않았지만 판매했다고 간주하여 잔존재고의 시가 1억 원의 10%인 1천만 원을 부가가치세액으로 징수하는 것이 바로 폐업 시 잔존재화 간주공급 규정이다.

간주공급 규정은 최초 매입할 때 공제받은 매입세액에만 적용된다. 이는 부가가치세법상에 따른 규정이기 때문에 간주공급으로 세금이 매겨졌다고 해도 소득세나 법인세법상 매출액으로 과세하지는 않으니 이 부분을 제외하고 손익 결산을 하면 된다.

폐업 시 잔존재화 계산 시 공급가액 과세표준

폐업할 당시에 남아 있는 재화에 대해서 간주공급으로 과세할 땐 그 재화의 시가로 과세하게 된다.

위 사례처럼 제품의 판매 시가가 1억 원이라면 1억 원을 공급가액으로 하여 10%인 1천만 원을 과세하게 되는 것이다. 단, 남아 있는 재화가 비품이나 기계장치 등의 감가상각자산에 해당한다면 경과된 기간만큼의 감가상각 금액을 제외한 잔존 하는 가액에 대하여 10%를 과세하게 된다.

감가상각자산 잔존가액의 과세표준을 구하는 산식은 다음과 같다.

> 감가상각 자산 과세표준 = 해당 재화의 취득가액 × (1 - 체감율 × 경과된 과세 기간 수)

체감률은 과세기간 당 건축물의 경우 5%, 그 외는 25%씩이며, 건축물은 10년(총 20 과세기간), 그 외 기계장치 등의 자산은 2년(총 4 과세기간)이 지나면 잔존가치가 0이 되어 더는 간주공급 규정이 적용되지 않는다.

부가가치세 과세기간은 6개월이므로 1년이면 2 과세기간이다.

⑨ 폐업 시 잔존재화 간주공급 제외 대상

다음의 경우는 폐업 시 잔존재화 간주공급 규정을 적용하지 않는다.

❱ 동일 사업장 내에서 2 이상의 사업을 영위하다가 그중 일부의 사업을 폐지하는 경우

❱ 직매장을 폐지하고 자기의 다른 사업장으로 이전하는 경우

❱ 두 개 이상의 사업장을 가진 사업자가 하나의 사업장을 폐지하고 그 폐업 시 잔존재화를 다른 사업장으로 이전하는 경우

❱ 매입세액을 공제받지 않은 재화의 경우

2 종합소득세 확정신고 및 납부 방법

1월 1일~폐업일까지의 종합소득을 폐업일이 속하는 연도의 다음연도 5월 1일~5월 31일까지 확정신고·납부 한다.

이때 폐업한 사업과 관련된 소득 이외에 다른 소득이 있는 경우에는 모든 소득을 합산해서 신고 및 납부를 한다.

3 법인세 확정신고 및 납부 방법

법인은 폐업 후에 청산 및 파산절차를 완료한 경우 3개월 이내에 법인세 신고를 해야 한다. 청산이나 파산절차를 거치지 않은 경우는 다음연도 5월 31일까지 법인세 신고를 진행하면 된다.

4 지급명세서 제출 방법

지급명세서 제출은 근로소득뿐 아니라 퇴직소득이나 사업소득 등 원천징수 한 모든 소득이 해당하며, 폐업일이 속하는 달의 다음다음 달 말일까지 제출한다.

홈택스에서는 폐업 시의 지급명세서 전자 제출이 불가능하므로 관할세무서로 서면제출 해야 하며, 지급명세서 제출기한을 넘긴 경우 미제출로 인한 가산세를 내야 하므로 날짜를 꼭 알고 있어야 한다.

5 급여 신고와 퇴직소득세 신고 및 납부 방법

폐업 시 직원과 외주용역을 원천징수한 경우는 중도 퇴사 처리를 해야 하며, 세금 정산 후 4대 보험 상실 신고를 하여 지급명세서를 제출한다.

폐업하여 퇴직하는 경우 퇴직하는 달에 급여에 대해서는 중도정산 후 근로소득원천징수영수증을 발급해주어야 하며, 퇴직소득에 대해서는 퇴직소득세를 원천징수 후 신고·납부를 해야 한다.

반기별 납부자도 폐업한 경우는 폐업일이 속하는 해당 반기 동안 원천징수한 세액을 폐업일이 속하는 달의 다음 달 10일까지 반기가 개시하는 달부터 폐업일이 속하는 달까지의 징수세액에 대해 원천징수 이행상황신고서를 제출해야 한다.

지급명세서 제출은 폐업일이 속하는 달의 다음다음 달 말일까지 제출하여야 하며, 폐업한 사업자도 국세청 홈택스를 통하여 지급명세서를 수시로 제출할 수 있다.

6 폐업신고를 제때 하지 않았을 때 불이익

사업자등록을 한 사업자가 휴업이나 폐업을 하거나, 사업개시일 전에 등록한 자가 사실상 사업을 개시하지 않게 되는 때에는 폐업신고를 한다.

폐업에 따른 세금신고를 기간 내에 하지 않는 경우 예상치 못한 불이익을 받을 수 있다.

❱ 부가가치세 매입세액공제를 받지 못하거나, 가산세 등의 세금이 발생하여 폐업신고를 한 경우보다 많은 세금을 내야 한다.

❱ 사업자등록을 말소하지 않고 사업 인수자가 계속 사용하게 되면 사업자 명의대여가 되므로 불이익이 발생할 가능성이 크다.

❱ 매년 1월 1일을 기준으로 사업자 등록면허가 갱신되기 때문에, 등록면허세를 계속해서 내야 한다.

통합 고용 세액공제

통합고용세액공제는 종전의 고용증대세액공제, 사회보험료 세
액공제, 경력단절여성 세액공제, 정규직 전환 세액공제, 육아
휴직 복귀자 세액공제 등 5개의 지원제도를 하나의 세액공제로 통합
해 운영하는 세액공제이다.

대상 업종은 소비성 서비스업(유흥주점업 등)을 제외한 모든 사업자
다. 상시근로자 범위는 근로계약을 체결한 내국인 근로자로 근로계
약 1년 미만 근로자, 단시간 근로자, 임원·최대 주주 등은 제외된
다.

청년 등 상시근로자 범위는 청년 정규직 근로자(15~34세), 근로계
약 체결일 기준 60세 이상 근로자, 경력단절 여성, 장애인·상이자
등이다.

1 기본공제

기본공제는 고용증가 인원에 1인당 세액공제액을 곱해서 산출한다.

고용증가 인원 × 1인당 세액공제액				
구 분	공제액 (단위:만원)			
	중소(3년 지원)		중견 (3년 지원)	대기업 (2년 지원)
	수도권	지방		
상시근로자	850	950	450	–
청년 정규직, 장애인, 60세 이상, 경력단절여성 등	1,450	1,550	800	400

중소기업의 경우 상시근로자는 수도권 850만원, 지방 950만원을 3년간 지원한다. 청년 정규직이나 장애인, 60세 이상, 경력단절여성 등은 수도권 1,450만원, 지방 1,550만원이다. 청년 연령 범위는 15세~34세로 한다.

중견기업은 상시근로자 450만원, 청년 정규직, 장애인, 60세 이상, 경력단절 여성은 800만 원(대기업 400만 원, 2년 지원)을 3년간 지원한다.

공제받은 과세연도부터 2년 이내에 상시근로자 수가 감소할 경우에는 공제금액에 해당하는 금액을 추징하고, 정규직 전환 세액공제를 받은 근로자가 2년 이내에 퇴사할 경우에도 마찬가지로 추징 규정이 적용된다.

2 추가공제

아울러 정규직 전환·육아휴직 복귀자는 인원에 공제액을 곱해 추가

공제한다. 중소기업 1,300만 원, 중견기업 900만 원을 1년간 지원한다. 만약 전환일·복귀일로부터 2년 이내 해당 근로자와의 근로관계가 종료되면 공제금액 상당액을 추징한다.

추가공제 = 정규직 전환 · 육아휴직 복귀자 인원 × 공제액		
구 분	**공제액 (단위:만원)**	
	중소	**중견**
정규직 전환자(1년 지원)	1,300	900
육아휴직 복귀자(1년 지원)		

지방 중소기업 30세 근로자 1인 추가 고용 시(중소기업 평균임금(월 259만원) 가정)

[해설]

3년간 총 4,650만 원

통합고용세액공제 = 1,550만 원 × 3 = 4,650만 원

지방 중소기업 29세 근로자 1인 추가 고용 시(중소기업 평균임금(월 259만원) 가정)

[해설]

3년간 총 4,650만 원

통합고용세액공제 : 1,550만 원 × 3 = 4,650만 원

3 주의사항

첫째, 전년도 대비 상시근로자 수 등이 증가해야 한다.

상시근로자 수는 해당 과세연도의 매월 말일 현재 상시근로자(가족, 1년 미만 근무자, 일용직 등 제외) 수의 합을 해당 과세연도의 개월 수로 나눈다.

> 2022년 말에 5명, 2023년 10월에 2명을 채용하면 아래처럼 상시근로자 수를 계산한다.

[해설]

상시근로자 수 : Σ(5명 × 9개월 + 7명 × 3개월 = 66명) ÷ 12개월 = 5.5명

2023년도 고용증가 인원 = 5.5명 − 5명 = 0.5명

둘째, 통합고용세액공제는 2024년까지 매년 단위로 적용된다.

따라서 매년 상시근로자 수를 계산해 증가한 인원이 발생하면 당해 연도와 그 이후 2년간 추가공제 등 총 3년간 세액공제를 받을 수 있다.

한편 해당 연도에 결손이나 최저한세에 걸려 공제를 못 받은 경우 10년간 이월공제가 된다.

셋째, 공제받은 후 2년 내 고용이 감소된 경우는 추가공제가 중단되며, 당초 공제받은 세액도 추징이 된다(단, 2020년 고용 감소 시 사후관리 1년 유예). 이때 먼저 이월된 세액을 차감하여 계산한 세액으로 납부해야 한다.

근로소득을 증대시킨 기업에 대한 세액공제

1 세액공제 요건

① 해당 과세연도의 평균임금증가율 〉 직전 3개 과세연도 평균임금 증가율

② 해당 과세연도 상시근로자수 ≥ 직전 과세연도 상시근로자수

2 세액공제액

직전 3년 평균 초과 임금 증가분 = [해당 과세연도 상시근로자의 평균임금 − 직전 과세연도 상시근로자의 평균임금 × (1 + 직전 3년 평균임금 증가율의 평균)] × 직전 과세연도 상시근로자 수 × 20%(중견기업 10%, 대기업은 대상 아님)

3 중소기업 특례

① 해당 과세연도 평균임금증가율 〉 전체 중소기업 임금증가율(3.2%)

② 해당 과세연도 상시근로자 수 ≥ 직전 과세연도 상시근로자 수

③ 직전 과세연도 평균임금 증가율 ≥ 0

① + ② + ③ 충족시 위의 요건 및 공제액에 불구하고 평균임금 증가분의 20% 세액공제

전체 중소기업의 평균임금 증가분을 초과하는 임금 증가분 = [해당 과세연도 상시근로자의 평균임금 - 직전 과세연도 상시근로자의 평균임금 × (1 + 전체 중소기업 임금 증가율을 고려하여 대통령령으로 정한 비율 : 3.2%)] × 직전 과세연도 상시근로자 수

중소기업 특별 세액 감면

중소기업 중 제조업, 도소매업 등 법에서 열거한 감면 업종을 경영하는 기업에 대해서는 사업장에서 발생한 소득에 대한 세액을 일부 감면한다. 다만, 감면세액은 1억 원을 한도로 하며, 해당 과세연도의 상시근로자 수가 직전 과세연도의 상시근로자 수보다 감소한 경우는 1억 원에서 감소한 상시근로자 1명당 500만 원씩을 뺀 금액을 한도로 함에 유의할 필요가 있다.

창업중소기업 등에 대한 세액감면은 창업 후 5년간 감면적용되나 중소기업에 대한 특별세액감면은 감면기간의 제한이 없으므로 중소기업 요건을 충족하는 경우 조세특례제한법상 일몰도래기한(현재 '25. 12.31.)까지 감면을 적용한다.

1 세액감면액의 계산

$$감면세액 = 산출세액 \times \frac{감면소득}{과세표준} \times 감면율(5{\sim}30\%)$$

2 | 세액감면 대상과 감면 한도

🔖 세액감면 대상과 감면율

일반적 감면	알뜰 주유소
• 감면 대상 : 중소기업 중 제조업 등 「조세특례제한법」 제7조 제1항 제1호의 감면 업종을 영위하는 기업 • 감면금액 : 지역별(수도권)로 소기업은 법인세(소득세)의 10%~30%, 중기업은 5~15%	• 감면 대상 : 알뜰주유소를 영위하는 중소기업 • 감면금액 : 소기업(20%) 수도권 밖 중기업(15%), 수도권 안 중기업(10%)

기업 규모	지역 구분	업종 구분	감면율
소기업	수도권	도매, 소매, 의료업	10%
		수도권 안 통관대리업 등	10%
		그 외 해당 사업(제조업 등)	20%
	비수도권	도매, 소매, 의료업	10%
		수도권 밖 통관대리업 등	15%
		그 외 해당 업종(제조업 등)	30%
		알뜰주유소	20%
중기업	수도권	알뜰주유소	10%
	비수도권	도매, 소매, 의료업	5%
		수도권 밖 통관대리업 등	7.5%
		그 외 해당 업종(제조업 등)	15%
		알뜰주유소	15%

중소기업 특별세액감면제도는 해당 사업장에서 발생한 소득에 대한 법인세 등을 감면하는 사업장 단위 감면방식을 채택하고 있으나, 예외적으로 내국법인의 본점 또는 주사무소가 수도권에 있는 경우는 모든 사업장이 수도권에 있는 것으로 보고 감면비율을 적용한다.

예를 들어 제조업을 영위하는 중기업의 경우 본점이 수도권에 소재하면, 지방에 있는 사업장(공장)도 수도권에 소재하는 것으로 보아 지방 소재 사업장에서 발생한 소득을 감면대상에서 제외한다(예외적 기업 단위 감면방식).

수도권은 서울특별시, 인천광역시, 경기도 지역 전체(제외지역 없음)

⊛ 세액감면 한도

구 분	한도액
해당 과세연도의 상시근로자 수가 직전 과세연도의 상시근로자 수보다 감소한 경우	1억원 - (감소한 상시근로자 수 × 5백만원) 위 산식 금액이 음수인 경우 "0"으로 함
그 밖의 경우	1억 원
알뜰주유소 석유판매업 소득에 대한 감면 한도	없음

3 소기업 기준

중소기업기본법 시행령 [별표 3]에 따라 업종별 소기업의 규모 기준이 나뉜다.

업종	매출액
제조업 중 식품품, 음료, 의복 등, 가죽, 코크스, 화학물질, 의료용 물질 등, 전기·가스·수도사업 등	120억 원

업종	매출액
제조업 중 담배, 섬유제품, 목재 및 나무제품, 인쇄 등, 농업, 광업, 건설업 등	80억 원
도소매업, 출판업, 영상, 방송 통신 및 정보서비스업	50억 원
전문 · 과학 · 기술서비스업 등	30억 원
숙박, 음식점업, 교육서비스업, 보건업 및 사회복지서비스업, 수리업 등	10억 원

세무 기장료는 얼마를 주고 있나요?

기장이란 장부에 기록하는 것을 말하며, 회사의 매출/매입 내용을 장부에 정리한 후 이를 관리하는 것을 말한다.

기장대행을 맡기는 경우 세무 대리인은 매월 장부기장 및 증빙관리, 인건비(원천세) 신고, 각종 민원서류발급, 가결산, 4대 보험 기본신고, 세무상담 등의 업무를 대행해준다. 이때 관리비용을 기장료라고 한다.

기장료에는 인건비 신고와 부가가치세 신고는 보통 포함되어 있다고 보면 된다. 반면, 1년에 한 번 있는 종합소득세 신고 또는 법인세 신고는 조정료라고 해서 별도의 신고 수수료를 받는다.

기장료는 지역별, 업종별, 수입금액별, 인건비 신고 여부에 따라서 조금씩 달라질 수 있다.

아래의 표는 일반적인 기장료로 상황에 따라 달라질 수 있으므로 참고만 할 뿐 절대적인 것이 아니라는 것이다.

예를 들어 가맹점은 특정 세무사 사무실에서 많은 업체를 관리하고 기장료를 더 낮게 하는 경우들도 있다. 소규모사업자의 경우 국세청 홈택스에서 직접 신고가 가능하도록 계속적으로 업데이트가 되고 있으니 한번 직접 해보고 기장을 결정하는 것도 괜찮은 방법이다.

업종		월 보수기준	
		개인	법인
~1억 원 미만		100,000원	120,000원
1억 원 이상	3억 원 미만	120,000원	150,000원
3억 원 이상	5억 원 미만	130,000원	170,000원
5억 원 이상	10억 원 미만	150,000원	200,000원
10억 원 이상	20억 원 미만	200,000원	300,000원
20억 원 이상	30억 원 미만	250,000원	350,000원
30억 원 이상	40억 원 미만	300,000원	400,000원
40억 원 이상	50억 원 미만	400,000원	500,000원
50억 원 이상		500,000원	600,000원

개인사업자는 종합소득세 신고 때 종합소득세 신고 수수료를, 법인세 신고 때 법인세 신고 수수료를 기장료와 별도로 신고 대행 수수료라고 내야 한다.

개인보다 법인이 기본보수에 10만 원 정도 추가되며, 기장관리업체가 아닌 신고 때마다 소정 수수료 주고 신고만 맡기는 신고대리업체는 수수료가 조금 다를 수 있다.

표를 보면 수입금액에 따른 구간별 금액이 설정된 것을 알 수 있다. 기본금액을 삭제하고 표가 작성되어 있는데, 최소 기본보수에 따라서 모든 금액이 연동되게 되어있다. 최근 신고에 따른 금액이 어느 정도 되는지 보고 판단하면 되며, 보통 수수료 청구 때 해당 산출내역을 첨부하도록 하고 있다.

업종		보수기준
~5천만 원 미만		–
5천만 원 이상	1억 원 미만	0원 + (5천만 원 초과액× 20/10,000)
1억 원 이상	3억 원 미만	0원 + (1억 초과액× 15/10,000)
3억 원 이상	5억 원 미만	0원 + (3억 초과액× 12/10,000)
5억 원 이상	10억 원 미만	0원 + (5억 초과액× 10/10,000)
10억 원 이상	20억 원 미만	0원 + (10억 초과액× 6/10,000)
20억 원 이상	50억 원 미만	0원 + (20억 초과액× 3.5/10,000)
50억 원 이상	300억 원 미만	0원 + (50억 초과액× 3/10,000)
300억 원 이상 ~		0원 + (300억 초과액× 2.5/10,000)

– 원가계산 개인의 경우, 산출된 보수의 10%를 가산함

– 결산과 세무조정을 동시에 할 때 산출된 보수의 20%를 가산함

제3장

세금폭탄을 방지하는 꼼꼼한 증빙관리

- 세무 대리인은 증빙을 꼼꼼히 챙겨주지 않는다.
- 비용을 지출하면 꼭 챙겨야 하는 법정지출증빙 관리 방법
- (전자)세금계산서와 (전자)계산서의 발행대상
- 직원, 거래처 결혼 축의금은 얼마까지 줄 수 있나요?
- 접대비는 개인카드로 절대 지출하면 안 된다.
- 신용카드 결제를 할까요? 세금계산서를 받을까요?
- 사장님이나 직원 출장 일비는 어떻게 처리하나요?
- 거래처 현금 송금 전 꼭 확인할 사항과 거래 증빙 보관방법
- 사장님이 돈은 쓰고 증빙은 안 줘서 미치겠어요.

세무 대리인은 증빙을 꼼꼼히 챙겨주지 않는다.

회사를 운영하면서 세무 대리인에게 기장을 맡기고, 신고 대행을 맡기는 대다수 사람은 세금을 모르는 나보다 조금이라도 세금을 덜 내게 해주겠지 하는 마음일 것이다.

그러나 여기에 함정이 있다. 맡기면 다 알아서 해주겠지 하는 함정 사람의 마음은 다 같다. 일은 세무사사무실의 세무사가 하는 것이 아니라 대다수 그 밑의 직원들이 한다.

알면 기분이 안 좋지만 어쩌면 우리 회사 담당이 나보다 더 모르는 초보자일 수도 있다.

그리고 내가 일 적게 하고 돈 많이 받으면 좋은 것처럼 상대방도 일 안 하고 돈 받으면 너무 좋아할 직장인이다. 다만, 왠지 나보다 많이 알 것 같은 세무사사무실 직원이라는 차이일 뿐 똑같은 직장인이다. 이 점을 기장을 맡기는 사장님들은 모른다. 무조건 전문가라고 오해하는 함정. 이로 인해 나의 주머니에서 돈이 새 나갈 수 있다는 문제점을 잊고 산다.

상담이 올라오면 짜증 나는 경우가 많다. 왜냐하면, 세무사사무실 직원이 자기가 할 일을 해결해달라고 질문 게시판에 수없이 올리는 경우가 많기 때문이다. 왜 자기 일을 나한테 해달라고 하지 더 많은 수수료를 받으면서 책임감 없이 이런 생각이 들 때가 한두 번이 아니다.

이 정도인데, 사장님 영수증 받아서 봉투에 차곡차곡 넣어 던져주면 날짜에 맞춰 증빙처리 해주는 세무대리인이 얼마나 될까? 판단은 사장님이 하세요!

그런데 증빙마저 본인이 챙기지 않으면 누가 알아서 챙겨 절세해줄까?

이 사실을 좀 아는 사장님은 그나마 좀 더 잘 기장 해줄까 하는 기대감에 날짜별로 영수증을 철해서 정리해주는 사장님도 뵌 적이 있다.

결론적으로 말하고 싶은 것은 증빙은 빠트리지 말고 내 손으로 직접 챙겨야 그나마 한 푼이라도 세금을 덜 낼 수 있다는 것이다.

절세 Tip 절세를 위해 꼭 챙겨야 하는 증빙과 좀 더 편리한 증빙관리 방법

아래의 서류는 종합소득세(법인세) 신고 시 반드시 준비해야 하는 서류로, 만일 직접 안 하고 신고대행을 맡길 때는 홈택스 아이디와 비번을 가르쳐주고, 6~13번까지의 서류를 제출하면 된다.

1. 세금계산서, 계산서는 홈택스를 활용해 전자로 발행하고, 전자로 받는다.
2. 종이로 받은 세금계산서와 계산서는 반드시 회계프로그램이나 전자적 방법으로 저장해 둔다.
3. 신용카드는 법인의 경우 법인카드를 사용하고, 개인의 경우 사업용 신용카드를 사용한 다(신고대행 시에는 신용카드 거래내용을 엑셀로 내려받아 세무대리인에게 전달한다).
4. 현금영수증을 받을 때는 잊어버리지 말고 반드시 지출증빙용으로 발행받는다.
5. 전기요금, 전화요금 등 지로영수증을 보관한다. 별도로 지로 영수증을 받지 않고 통장에 서 자동이체를 하는 경우 이를 신용카드로 자동이체를 해놓는 것이 좋다.

6. 세무대행 시에는 본인 명의 계좌 출금 명세를 엑셀로 내려받아 세무대리인에게 제출한다.

7. 세무대행 시에는 연말정산 간소화 pdf 파일(홈택스)을 세무대리인에게 제출한다.

8. 세무대행 시에는 비품목록 (핸드폰, 컴퓨터, 책상 등)을 엑셀로 정리해서 세무대리인에게 제출한다. 이는 감가상각을 통해 비용인정을 받을 수 있다.

9. 인테리어비용, 권리금 등에 대한 세금계산서를 못 받았을 때 계약서와 계좌이체 내역을 보관해 둔다. 세무대행 시에는 세무대리인에게 제출한다.

10. 기부금 지출이 있는 경우 종교단체 등에서 기부금영수증을 발급받아 보관한다. 세무대행 시에는 세무대리인에게 제출한다.

    → 해당 단체의 사업자등록번호와 단체종류가 확인되는 자료

11. 자동차보험료 등 납입내역서(리스의 경우 리스상환스케줄)를 보관한다. 세무대행 시에는 자동차등록증 사본과 함께 세무대리인에게 제출한다. → 본인 명의 차량만 가능

12. 세무대행 시에는 주민등록등본, 가족관계증명서(가족 공제받을 사람에 대한 정보)를 세무대리인에게 제출한다. 제출 시 공제 안 받을 사람은 체크 후 제출한다. → 증명서는 주민등록번호 뒷자리까지 주민등록번호 전체가 나오게 발급받아야 한다.

13. 세무대행 시에는 화재보험이나 4대 보험 납부내역서를 세무대리인에게 제출한다. → 저축성보험은 비용인정 안 됨, 단, 개인과 관련된 암보험, 실비보험은 개인사업자는 적용되지 않는다.

14. 청첩장과 부고장을 보관한다. → 1장당 최대 20만 원까지 비용인정

15. 사업 관련 차입금의 이자비용 납입증명서 → 본인 주택 관련 대출이자 비용은 비용인정이 안 됨

16. 사무실 임차료에 대한 세금계산서는 문제없으나 건물주가 발행을 안 해주는 경우 계약서와 계좌이체 내역을 보관해 둔다. 세무대행 시에는 세무대리인에게 제출한다.

    → 증빙불비가산세를 부담하고 비용인정을 받는다.

12. 노란우산공제 납입증명서를 세무대행 시에는 세무대리인에게 제출한다.

13. 연금저축/퇴직연금저축 납입증명서를 세무대행 시에는 세무대리인에게 제출한다.

14. 인건비 지급내역을 원천징수 신고내용과 상호 대사해 본다.

비용을 인정받기 위한 법정지출증빙은 세금계산서가 대표적이며, 법정지출증빙을 챙겨야 하는 사업자와 금액 기준에 따른 종류를 살펴보면 다음과 같다.

모두 충족해야 하는 요건	
원칙	법인 또는 아래의 **①**, **②**에 해당하지 않는 개인사업자 **①** 단순경비율 적용대상자(추계신고자) **②** 직전 연도 수입금액 4,800만 원 미만
	영리와 관련한 지출
	① 경조사비를 제외한 비용(접대비 포함)은 3만 1원부터 **②** 거래처 경조사비는 20만 1원부터
	위에 모든 요건에 해당하면 세금계산서, 계산서, 신용카드매출전표, 지출증빙용 현금영수증 중 하나는 증빙으로 반드시 받아야 한다.

	구 분	인정되는 증빙
예외	인적용역 제공	원천징수영수증(지급명세서)
	금융기관과의 거래	송금명세서 등 관련 영수증
	세법상 원천징수 대상 거래	원천징수영수증
	연 매출 4,800만원 미만 간이과세자와의 거래	신용카드매출전표, 현금영수증 (연 매출 4,800만원 이상은 세금계산서 발행)
	개인과의 거래	계약서, 송금명세서 등 거래 사실을 소명할 수 있는 증빙
	전기요금, 전화요금, 가스요금, 수도 요금 지로 거래	지로 영수증

비용을 지출하면 꼭 챙겨야 하는 법정지출증빙 관리 방법

사업자가 다른 사업자로부터 건당 거래금액이 3만 원을 초과하는 재화 또는 용역을 구매하면서 비용(접대비 포함)을 지급한 경우 법정지출증빙을 받아서 5년간 보관해야 한다.

지출 내용	금액 기준	법정지출증빙
경조사비	한 차례 20만 원 초과(20만 1원부터)	세금계산서, 계산서, 신용카드매출전표, 지출증빙용 현금영수증, 필요적 기재 사항이 기록되어 있는 지로 영수증(영수증은 안 됨) [주] 청첩장, 초대장 등 경조사를 증명할 수 있는 서류는 법정지출증빙이 아니라, 소명용 증빙(20만 원까지만 인정)이다. 따라서 20만 원을 넘는 경조사비는 세금계산서 등 법정지출증빙을 받아야 비용인정된다.
경조사비를 제외한 비용(접대비 포함)	한 차례 3만 원 초과(3만 1원부터)	
원천징수 하는 세금	금액 기준 없음	원천징수영수증

1 법정지출증빙이 없어도 비용인정 되는 경우

구 분	면제 대상 거래의 종류
법정지출증빙 수취대상 제외 사업자	● 국가 및 지방자치단체, 비영리법인 ● 금융보험업 영위하는 법인 ● 국내사업장이 없는 외국 법인과 비거주자 ● 읍면지역 연 4,800만 원 미만 간이과세자(단, 읍면지역에 신용카드가맹점의 경우 신용카드매출전표를 받아야 한다.)
법정지출증빙 수취대상 면제거래	● 농어민으로부터 재화 또는 용역을 직접 공급받은 경우 ● 원천징수한 사업소득　● 사업의 포괄양도 ● 방송용역, 전기통신용역　● 국외거래 ● 공매, 경매 또는 수용에 의하여 재화를 공급받은 경우 ● 토지 또는 주택을 구입하거나 주택임대용역을 공급받은 경우 ● 택시운송용역을 제공받은 경우 ● 부동산의 구입(매매계약서 사본 제출) ● 금융 · 보험용역을 제공받은 경우 ● 입장권 · 승차권 · 승선권 등을 구입하여 용역을 제공받은 경우 ● 철도여객운송용역 또는 항공기의 항행용역을 제공받은 경우 ● 임차인이 간주임대료를 지급하는 경우 ● 연체이자를 지급하는 경우 ● 유료도로 통행료를 지급하는 경우
법정지출증빙 수취대상 면제거래 (반드시 경비 등 송금명세서 제출)	● 연 4,800만원 미만 간이과세자로부터 부동산임대용역을 제공받은 경우 ● 임가공용역을 제공받은 경우(법인과의 거래를 제외함) ● 연 4,800만 원 미만 간이과세자로서 운수업을 영위하는 자가 제공하는 운송용역을 제공받는 경우(택시운송용역 제외) ● 재활용폐자원 등을 공급받은 경우 ● 항공법에 의한 상업서류 송달용역을 제공받는 경우 ● 부동산중개업법에 의한 중개업자에게 수수료를 지급하는 경우 ● 우편주문판매 ● 인터넷, TV홈쇼핑 등을 통하여 재화 또는 용역을 공급받은 경우

2 증빙을 받지 않았을 때 세금 불이익

객관적인 자료에 의해 그 지출 사실이 확인되는 경우는 비용으로 인정되지만, 대신 증빙불비가산세를 내야 한다. 단, 접대비는 법정지출증빙을 받지 못한 경우 객관적인 자료에 의해서도 아예 비용인정 자체가 안 되며, 증빙불비가산세도 내지 않는다.

3 법정지출증빙을 보관해야 하는 기간

소득세 또는 법인세를 계산할 때 비용으로 처리하는 경비는 그 비용의 지출에 대한 증빙서류를 받아 확정 신고기한 종료일(발행일로부터가 아님)로부터 5년간 보관해야 한다. 다만, 결손금 소급공제 대상 회계연도의 증빙은 공제한 사업연도의 법인세 신고기한 이후 1년간 보관해야 한다.

예를 들어 2010년~2024년까지 15년간 결손이 발생한 법인이 2025년의 법인세 신고기간인 2026년 3월 31일에 2010년의 결손금에 대해서 소급공제를 받을 수 있고, 공제한 사업연도의 법인세 신고기한 이후 1년인 2027년 3월 31일까지 보관한다.

법정지출증빙의 종류

❯ 세금계산서, 계산서, 3만 원 이하의 간이영수증
❯ 신용카드매출전표, 지출증빙용 현금영수증
❯ 인건비 : 원천징수영수증
❯ 필요적 기재사항이 기재된 지로용지 등

(전자)세금계산서와
(전자)계산서의 발행대상

세금계산서와 계산서의 차이는 세금계산서는 부가가치세가 과세 되는 물품이나 서비스를 판매할 때 발행되는 것이고, 계산서는 부가가치세가 면세되는 물품이나 서비스를 판매할 때 발행되는 것이다. 반면, 신용카드매출전표는 모두 발행이 가능한데, 매출전표의 차이는 과세물품의 경우 매출전표 상에 부가가치세가 별도로 표기되어 있고, 면세 물품은 부가가치세가 별도로 표기되어 있지 않다.

전표를 받았는데, 부가가치세가 없어요? 라고 당황하는 때도 있다. 이는 해당 물품이 면세이거나 상대방이 간이과세자에 해당하기 때문이다.

구분		세무상 차이
발행가능 한 법정지출증빙	과세사업자	세금계산서, 신용카드매출전표(현금영수증 포함)(부가가치세 별도 표기)
	면세사업자	계산서, 신용카드매출전표(현금영수증 포함)(부가가치세 표기 없음)

구분		세무상 차이
세금계산서 발행	과세사업자	O 단, 연 매출 4,800만 원 미만 간이과세자는 발행하지 못함.
	면세사업자	X 단, 세금계산서 대신 부가가치세가 없는 계산서 발행
세금계산서 수취	과세사업자	O
	면세사업자	O 단, 매입세액공제를 받지 못함
부가가치세 신고 · 납부	과세사업자	O
	면세사업자	X 단, 2월 10일 사업장현황신고 의무(계산서발급 및 합계표 제출)
세금계산서 수취 시 매입세액공제	과세사업자	O
	면세사업자	X 따라서 실무상으로 면세사업자의 경우 세금계산서 수취 시 부가가치세를 부담하고도 매입세액공제를 받지 못하므로 거래처와 협의를 통해 부가가치세도 부담하지 않고 세금계산서 수취도 요구하지 않는 경우가 많다. 그러나 이는 잘못된 행동이다.

세금계산서는 종이로 발행하는 방법과 홈택스나 사설 전자세금계산서 업체를 통해 전자형태로 발행하는 방법이 있다. 다음에 해당하는 경우는 반드시 전자세금계산서를 발행해야 한다.

구분	(전자)세금계산서
발행대상	● 과세물품 판매 시 발행 ● 영세율에 대해서는 세율을 0%로 해서 세금계산서 발행

구분	(전자)세금계산서
필 수 적 기재사항	[세금계산서 발행 시 반드시 기록되어 있어야 할 사항] ● 공급하는 사업자의 등록번호와 성명 또는 명칭 ● 공급받는 자의 등록번호 ● 공급가액과 부가가치세 ● 작성 연월일(발행 일자를 말하며, 부가가치세법상 공급시기, 거래 시기를 말한다.)
발행종류	1. 전자세금계산서(반드시 발행해야 하는 사업자) ● 법인사업자 ● 직전 연도 공급가액(면세분＋과세분)이 2억 원 이상인 개인사업자 ➜ 2023년 7월부터는 8천만 원 이상인 개인사업자 2. 수기 (종이) 세금계산서(전자세금계산서를 발행해도 됨) ● 직전 연도 공급가액이 2억 원 미만인 개인사업자
발행금액	● 공급가액(판매금액) ＋ 부가가치세(공급가액의 10%)
구분	(전자) 계산서
발행대상	● 면세 물품 판매 시 발행
필 수 적 기재사항	[계산서 발행 시 반드시 기록되어 있어야 할 사항] ● 공급하는 사업자의 등록번호와 성명 또는 명칭 ● 공급받는 자의 등록번호 ● 공급가액 ● 작성 연월일
발행종류	1. 전자계산서(반드시 발행해야 하는 사업자) ● 법인사업자 ● 직전 연도 공급가액(면세분＋과세분)이 2억 원 이상인 개인사업자 ➜ 2023년 7월부터는 8천만 원 이상인 개인사업자 2. 수기 (종이) 계산서(전자계산서를 발행해도 됨) ● 직전 연도 공급가액이 2억 원 미만인 개인사업자
발행금액	● 공급가액

주 2022년 7월 1일 이후 공급분부터 2억원, 2023년 7월부터 8천만 원 이상 의무발행

절세 Tip 면세인데 세금계산서가 왔어요. 그냥 매입세액공제를 받아도 되나요?

1. 저는 교육용역은 모두 면세인지 알고 있는데, 직원연수 후 교육업체에서 세금계산서가 발행되었어요. 잘못된 것이 아닌가요?

2. 납품업체에서 도서를 대량 구매했는데, 세금계산서를 발행해 주었어요.

위 1의 경우 맞을 수도 틀릴 수도 있다. 쉽게 말해 부가가치세가 면제되는 교육용역이란 주무관청의 허가 또는 인가를 받거나 주무관청에 등록 또는 신고된 학교·학원·강습소·훈련원·교습소, 그 밖의 비영리단체 등을 말한다. 따라서 해당 업체가 주무관청에 교육기관으로 허가 또는 인가를 받지 않은 업체로서 면세가 아닌 과세일 수도 있다. 이 경우에는 누구도 그 업체의 사실을 알 수 없으므로 직접 전화를 걸어 확인해 보는 방법이 가장 빠르다.

반면, 2의 경우 도서는 면세이므로 해당 업체가 잘못 발생한 경우이므로 잘못 발행된 사실을 알리고 재발행받아 업무처리를 한다.

신용카드매출전표를 받았는데, 부가가치세 표시가 없어요?

신용카드매출전표도 세금계산서나 계산서의 성격을 따라간다. 즉, 파는 물품이 과세물품이면 신용카드매출전표에도 부가가치세가 따로 표시되고, 면세 물품이면 부가가치세가 표시되지 않는다. 또한, 연 매출 4,800만 원미만 간이과세자와 같이 원칙적으로 세금계산서를 발행할 수 없는 사업자도 신용카드매출전표에 부가가치세가 따로 표시되지 않는다.

비영리단체로부터 받은 세금계산서 매입세액공제 가능한가?

비영리단체는 고유목적의 사업만 하는 경우 고유번호를 가지고 세금계산서 등을 발행하지 못한다.

그러나 비영리법인 등 단체가 임대, 대관, 교육, 카페 운영, 주차장 운영 등 수익사업을 하는 경우 이는 부가가치세 과세 대상이다. 따라서 비영리법인으로부터 강의실을 대관한 경우 부가가치세를 부담하고, 세금계산서를 발급받아 매입세액공제를 받는다.

고유번호증만 있는 상가관리사무소 세금계산서 발행 가능

상가 또는 사무실을 임차해서 사용하고 관리사무실이나 사무소에 관리비 명목으로 전기세를 납부한다. 하지만 고유번호증만 가지고 있는 상가관리사무소의 경우 세금계산서 발행을 못 해준다고 하는 경우가 있다.

만약 관리 주체가 직접 관리하지 않고 따로 업체를 통해서 상가를 관리하면 사업자등록증이 있는 주체이므로 세금계산서 발행이 된다. 하지만 원칙상 고유번호증만 있으면 세금계산서 발급이 안 된다.

그러나 예외적으로 부가가치세법은 한 건물 단위로 부과되는 전기료 등 관리비에 대해서는 그 부과 금액의 한도 내에서 임차인의 사용분만큼의 세금계산서를 발행하도록 하고 있다.

예를 들어 A 건물에 한전에서 전기료 100만 원을 부과한 경우 이 중 30만 원이 임차인분이라면 A 건물은 한전으로부터 100만 원 분의 세금계산서를 받고, A 건물은 임차인에게 30만 원 분의 세금계산서를 발행해야 한다. 이는 고유번호증만 있는 경우에도 적용된다.

직원, 거래처 결혼 축의금은 얼마까지 줄 수 있나요?

경조사비는 크게 회사 임직원에 대한 경조사비와 거래처에 대한 경조사비로 구분된다. 이 중 임직원에 대한 경조사비는 회사의 지급 규정에 따라 너무 과도한 금액이 아닌 이상 비용으로 인정이 되나 거래처에 대한 경조사비는 접대비로 보아 그 금액을 20만 원으로 한정해 두고 있으므로 적절한 경조사비 지출이 필요하다.

1 임직원에 대한 경조사비는 회사 규정에 따라 지급하라

실무상 회사에서의 경조사비 지급은 경조사비 지급규정 등 사규상으로 해당 임직원의 경력, 직급, 회사에 대한 공헌도, 경사(慶事)와 조사 또는 애사에 따라 지급할 수 있는 금액을 달리 정하고 있으며, 이에 따라 경조사비를 지급하고 있다.

그리고 세무상으로는 경조사비 지급규정, 경조사 내용, 법인의 지급능력, 종업원의 직위, 연봉 등을 종합적으로 고려해서 지급한 금액이 사회적으로 타당한 금액이면 복리후생비로써 전액을 비용으로 인정해주겠다는 것이다.

따라서 회사는 각 임직원에 대해 타당한 지급 규정을 만들어 두는 것이 절세의 시작이다.

구 분	처리 방법
일반직원	지급 규정에 따라 경조사비가 사회 통념상 타당한 금액이면 비용으로 인정이 되고, 초과하는 경우 해당 직원의 급여에 포함해 근로소득세를 신고·납부 해야 비용으로 인정받는다.
임　원	임원상여금 지급 규정에 해당하면 비용처리가 되고, 규정에 없는 경우라면 비용으로 인정받지 못하며, 상여 처분 후 근로소득세를 신고·납부 해야 한다.

2 거래처에 대한 경조사비는 반드시 증빙을 첨부하라

거래처에 대한 경조사비도 원칙적으로는 접대비에 포함이 된다. 따라서 경조사비를 지출하는 경우 원칙은 접대비와 같게 3만 1원부터는 법정지출증빙을 받아야 한다. 다만, 경조사비에 대해서는 같은 접대비라도 예외적으로 20만 원까지는 법정지출증빙을 받지 않고 지출해도 비용으로 인정해주고 있다. 그러나 청첩장·부고장 등 객관적인 증빙을 갖추어야 한다. 즉, 축의금·부의금을 지급한 사람이나 받는 상대방, 장소, 일시, 지급을 확인한 내역이 있는 확인증과 함께 지출결의를 하고 지출하는 경우는 20만 원까지 비용으로 인정받을 수 있다. 따라서 20만 1원부터의 경조사비는 청첩장은 안 되고, 세금계산서 등 법정지출증빙을 받아야 비용으로 인정받을 수 있다.

법정지출증빙을 받지 못한 20만 원 초과 경조사비는 20만 원까지만 비용으로 인정받고 나머지 금액을 인정받지 못하는 것이 아니라, 전체 금액이 비용으로 인정되지 않는다. 즉, 20만 1원부터는 우리 사회의 관례를 벗어난 것으로 보아 법정지출증빙을 받지 않으면 20만 1원 전체 금액을 아예 비용으로 인정받지 못한다.

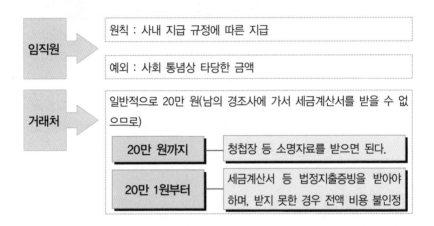

절세 Tip 청첩장(모바일 청첩장 포함) 1장은 최고 20만 원까지 비용인정된다.
청첩장은 1장당 최고 20만 원까지 비용인정이 된다. 예를 들어 거래처 결혼식에 참석해 30만 원을 부조한 경우 20만 원까지만 비용인정 되므로, 20만 원은 접대비, 10만 원은 해당 임직원의 급여처리로 비용인정을 받는 것이 좋다.
참고로 경조사 증빙으로는 청첩장, 부고장, 돌잔치 초대장 또는 경조사 장소, 일시 등의 구체적인 내용이 기재된 서류 사본 등도 가능하며, 모바일 청첩장의 경우 캡처를 해서 사본으로 보관해 두면 인정된다.

접대비는 개인카드로
절대 지출하면 안 된다.

대표이사가 종종 개인카드로 회사의 비용을 처리한다. 지갑에 여러 장의 카드가 있다 보니 구별하지 않고 사용했기 때문이다. 경리담당자는 조심스럽게 경비처리에 대한 어려움을 전하였고, 대표이사는 회사업무로 인한 접대비를 개인카드로 사용하였을 때는 손금으로 인정받지 못한다는 것을 알게 되었다.

1 개인카드로 회사 비용 사용 시 주의하라

원칙적으로 신용카드로 회사 비용을 처리할 땐 법인사업자의 법인명의나 개인사업자의 대표자 명의의 신용카드를 사용해야 하지만, 직원의 개인 신용카드로 긁었을 때의 세무처리는 어떻게 될까?
누이 좋고 매부 좋은 최고 방법은 회사로서는 카드로 긁은 금액을 비용으로 인정받는 것이고, 직원으로서는 카드 사용액을 연말정산 때 소득공제 받는 것이다.
그러나 안됐지만, 현행세법에서는 이 같은 중복혜택을 허용하지 않고 있다. 연말정산 때 회사에 '국세청 간소화 자료'를 제출할 때 신용카드 등 사용내역에서 회사비용으로 지출한 내역은 제외하고 제출해야 한다.

2 접대비와 접대비 외의 지출 세금처리 다르다.

직원이 회사 비용을 개인 신용카드로 처리했을 때는 접대비와 접대비 외의 지출로 나눠 각각 세무처리가 달라진다.

접대비 외 지출의 경우 국세청 유권해석은 종업원 개인 명의의 신용카드를 법인의 사업과 관련된 거래에 사용하고 그 증빙서류로써 신용카드매출전표를 받은 것이 확인되는 경우는 비용으로 인정되고, 증빙불비가산세도 부담하지 않는다.

반면, 접대비에 대한 국세청 유권해석에선 지출 건당 3만 원(경조금은 20만 원)을 초과하는 접대비는 법인카드로 사용한 경우에만 회사 비용으로 인정된다.

이에 따라 지출 건당 3만 원을 초과하는 금액에 대해서는 법인카드를 사용하지 않으면 비용으로 인정해주지 않는다. 이때 법인 개별카드(개인형 법인카드)는 법인카드로 간주한다.

결과적으로 개인카드로 사용한 일반비용은 문제없으나, 접대비는 그 금액이 3만 원을 초과하는 경우 비용으로 인정받지 못할 뿐만 아니라 대표자의 상여로 소득처분 되어 대표자의 세금 부담이 증가하게 될 수도 있으므로 주의해야 한다. 물론 이 경우에는 증빙불비가산세는 부담하지 않는다.

법인카드(사업자 카드)만으로 비용 집행이 어려운 사업주는 직원별로 '직원 이름의 법인카드 (사업자 카드)'을 발급해서 회사 비용지출 시 그 카드를 사용하도록 하는 방법도 고려해본다. 이와 관련해서 혹시 직원이 카드를 남용하지 않을까 우려되는 경우는 카드별 한도를 조정하는 등의 대책을 세우는 것도 좋은 방법이다.

구 분		비용인정과 매입세액공제
신용카드 매출전표	법 인 카 드	업무용으로 사용했을 때는 비용인정, 매입세액공제. 단, 접대비는 매입세액불공제
	개 인 카 드	업무용으로 사용했을 때는 비용인정, 매입세액공제. 단, 접대비는 비용 불인정, 매입세액불공제
현 금 영 수 증	지출증빙용	업무용으로 사용했을 때는 비용인정, 매입세액공제. 단, 접대비는 매입세액불공제
	소득공제용	원칙은 연말정산 시 개인의 소득공제 목적으로 활용. 단, 업무용으로 사용했을 때는 홈택스에서 지출증빙용으로 변경해야 비용으로 인정받으며, 개인은 연말정산 시 소득공제금액에서 제외처리

법인
- **법인카드** ─ 모든 비용에 대해서 법정지출증빙으로 인정
- **개인카드** ─ **일반비용** : 업무 관련 일반비용은 법정지출증빙으로 인정
  접 대 비 : 3만 원 초과 금액에 대해서는 법정지출증빙으로 인정하지 않음

개인 회사 ─ 개인카드에 대해서도 가사 관련 비용 등을 제외한 업무 관련성만 입증되면 모든 비용지출액을 법정지출증빙으로 인정. 단, 결제계좌를 사업용 계좌와 연결해야 함

▪ 신용카드 결제를 할까요? 세금계산서를 받을까요?

세법에서 증빙은 세금계산서와 신용카드매출전표, 지출증빙용 현금영수증이 모두 동등하게 부가가치세 매입세액공제가 가능하고, 비용으로 인정받을 수 있는 증빙이다. 따라서 어느 것을 받든 세금에 있어서 차이가 없다.

사장님이나 직원 출장 일비는
어떻게 처리하나요?

구매 혹은 계약, 정보수집 등으로 국내외에 임직원이 출장을 가는 경우 출장경비로 인정받기 위해서는 내부출장비 지급 규정을 사규에 명시해야만 교통비와 식비, 숙박비 등의 영수증을 첨부하여 일일이 실비로 정산하지 않고, 출장 거리와 출장 일수 등을 고려해서 출장 일비의 개념으로 정액 지급할 수 있다.

원칙적으로는 적격증빙 수취 의무 규정에 따라 거래 건당 3만 원을 초과하는 지출금액에 대해서는 해외 출장 시 국외에서 재화 또는 용역을 공급받는 경우처럼 지출증빙서류 수취 특례가 적용되는 거래를 제외하고는 세금계산서나 계산서, 신용카드매출전표 등 법정지출증빙을 수취하지 않았을 때 증빙불비가산세가 적용된다.

법인의 비용은 모두 지출증빙을 수취하여 업무 연관성을 증명할 필요가 있으나, 사규 혹은 상식적인 범위 내에서 증빙 없는 처리가 용인됨을 악용하여 출장 가공경비를 계상하여 이익을 축소한다든지, 비자금을 조성하는 사례도 있으므로 언제든지 국세청에서 실제로 법인의 업무수행과 관련 있는 지출이었는지를 확인할 수 있다.

그러므로 출장과 관련하여 실비정산이 아닌 사규에 의한 출장비 지급처리를 하는 경우라 할지라도, 법인 신용카드사용 등 해당 출장지에 체류했다는 사실을 증명할 수 있는 수취가 가능한 증빙서류는 완벽하지 않더라도 첨부해서, 내부품의서, 출장명령서, 출장여비정산서 등과 함께 제출할 수 있도록 준비할 필요가 있다.

구 분	세무 처리
3만 원 미만의 경우	품의서나 지출결의서, 출장명령서, 출장여비 정산 등 내규에 따라 해당 출장이 합리적으로 이루어졌음을 입증할 수 있는 서류 등이 필요하다. 그러나 보다 확실한 증빙은 법정지출증빙을 챙기는 일이며, 이것이 어려운 경우 최소한 대중교통 승차권이나 간이영수증이라도 받아두는 것이 좋다.
3만 원 초과 지출의 경우	3만 원 초과 지출은 법정지출증빙을 갖추는 것을 권하며, 요즘은 신용카드가 일반화되, 신용카드를 사용하는 경우 따로 영수증을 모으지 않아도 자동으로 증빙이 수취 되며, 신용카드매출전표를 증빙으로 첨부하는 경우 출장비를 허위로 쓴 것인지 의심받을 일이 없다.

귀 질의의 경우 법인이 임직원에게 지급하는 여비는 당해 법인의 업무 수행상 통상 필요하다고 인정되는 부분의 금액만 사용처별로 거래 증빙과 객관적인 자료를 첨부해야만 손금산입 가능하며, 증빙서류의 첨부가 가능하지 않은 경우는 사회 통념상 부득이하다고 인정되는 범위 내의 금액과 내부 통제기능을 고려해서 인정할 수 있는 범위 내의 지급은 손비로 인정되는 것이나, 이에 해당하는지는 합리적인 기준에 의거 회사의 규모, 출장목적, 업무수행 여부 및 정도에 따라 사실 판단할 사항임(법인 46012-3088, 1996.11.06.).

법인세법 기본통칙 2-3-31...9 [해외여비의 용인 범위]

임원 또는 사용인의 해외여행에 있어서 그 해외여행 기간에 걸쳐 법인의 업무수행에 필요하다고 인정할 수 없는 여행이 포함된 때에는 그 해외여행에 관련하여 지급되는 여비를 법인의 업무수행에 필요하다고 인정되는 여행의 기간과 인정할 수 없는 여행의 기간과의 비에 의해 안분한 후 업무수행과 관련 없는 여비는 이를 당해 임원 또는 사용인에 대한 급여로 처리한다. 이 경우 해외여행의 직접 동기가 특정 거래처와의 상담, 계약의 체결 등 업무수행을 위한 때에는 그 해외여행을 기회로 관광을 병행한 경우는 그 왕복 교통비(당해 거래처의 소재지 등 그 업무를 수행하는 장소까지의 것에 한함)는 업무수행에 관련된 것으로 본다.

법인세법 기본통칙 2-3-28...9 [해외여비의 손금산입 기준]

임원 또는 사용인의 해외여행에 관련하여 지급하는 여비는 그 해외여행이 당해 법인의 업무수행에 통상 필요하다고 인정되는 부분의 금액에 한한다. 따라서 법인의 업무수행 상 필요하다고 인정되지 아니하는 해외여행의 여비와 법인의 업무수행에 필요하다고 인정되는 금액을 초과하는 부분의 금액은 원칙적으로 임원 또는 사용인에 대해 급여로 한다. 다만, 그 해외여행이 여행 기간의 거의 전 기간을 통하여 분명히 법인의 업무수행에 필요하다고 인정되는 경우는 그 해외여행을 위해 지급하는 여비는 사회통념상 합리적인 기준에 의하여 계산하고 있는 등 부당하게 많은 금액이 아니라고 인정되는 한 전액은 당해 법인의 손금으로 한다.

법인세법 기본통칙 2-3-29...9 [업무수행에 필요한 해외여행의 판정]

임원 또는 사용인의 해외여행이 법인의 업무수행에 필요한 것인가는 그 여행의 목적, 여행지, 여행경로, 여행 기간 등을 참작하여 판단한다. 다만, 다음에 해당하는 여행은 원칙적으로 법인의 업무수행에 필요한 해외여행으로 보지 않는다.

1. 관광여행의 허가를 받아 행하는 여행
2. 여행알선업자 등이 행하는 단체여행에 응모하여 행하는 여행
3. 동업자단체, 기타 이에 준하는 단체가 주최하여 행하는 단체여행으로서 주로 관광 목적이라고 인정되는 것

거래처 현금 송금 전 꼭 확인할 사항과 거래 증빙 보관방법

1 거래처에 현금 송금 전 꼭 확인할 사항

거래처 통장으로 현금을 송금할 때는 다음의 사항을 확인한 후 송금하는 것이 안전하다.

❶ 매입상대방의 사업자등록증 사본을 받자

❷ 매입상대방의 예금통장 사본을 받자

❸ 사업자등록증 사본과 예금계좌의 명의인이 일치하는지 확인하자

❹ 국세청(www.nts.go.kr)에서 사업자 유형을 확인하자

❺ 송금하고 일반과세자라면 세금계산서를, 면세사업자라면 계산서를 꼭 받자

❻ 수표나 어음 사본을 반드시 보관한다.

2 거래 후 증빙을 보관하는 방법

1. 입출금 증빙

❶ 날짜별로 정리한다.

❷ 표지에 경리일보나 분개장을 철한다.

❸ 당사가 발행한 입금 영수증과 함께 철한다.

❹ 월 단위로 묶어 보관한다.

2. 거래명세서

❶ 매입과 매출 거래명세서는 별도로 정리한다.

❷ 날짜별로 정리한다.

❸ 월 단위로 표지를 해서 보관한다.

3. 세금계산서

❶ 월별로 집계표를 만들어 전면에 함께 철한다. 분기마다 부가가치세 신고 시 작성하는 매입·매출 세금계산서합계표로 대신할 수도 있다.

❷ 반복적으로 발생하는 거래처는 집계표에 거래처별로 미리 기장해 두고 세금계산서의 수취유무를 사전에 관리함으로써 빠뜨리는 일이 없도록 한다.

❸ 홈택스를 통해 조회가 가능한 세금계산서 등은 5년간 보관이 되므로 별도로 수기로 보관할 필요는 없다. 다만, 5년이 경과한 증빙을 가끔 필요로 하는 경우가 있으므로 별도로 출력해서 보관하는 실무자도 있다.

사장님이 돈은 쓰고 증빙은
안 줘서 미치겠어요.

체계가 제대로 서 있지 않고, 대표이사가 세법에 대해서 모르거나, 이건 내 회사니, 경리직원이 다 알아서 처리하겠지? 라는 막무가내 생각을 하는 회사는 나중에 세금 때문에 큰코다치게 된다.

▶ 회사의 대표이사가 개인용도로 회사의 자금을 가져다 사용하는 경우

▶ 자금지출은 발생했는데 영수증 등 지출증빙을 받아다 주지 않는 경우

▶ 부득이하게 접대나 사례를 하는 경우 금액이 과다하게 발생해 증빙을 처리하지 못하는 경우

이와 같은 모든 경우 세법에서는 이를 가지급금으로 구분하고, 대표이사나 법인은 이에 따른 불이익을 감수해야 한다.

이를 회계 처리상으로는 단기대여금이나 접대비 계정으로 계정과목을 마감해 버릴 수는 있으나 세법에서는 이는 결국 가지급금이 된다.

회사의 처지에서 보면 가지급금은 법인의 업무와 연관성이 없는 액수가 지출된 것이기 때문에 이자를 당연히 받아야 한다.

이렇게 발생한 금액을 인정이자라고 부르는데, 인정이자는 법인의 수익이 늘어난 것으로 판단되기 때문에 늘어난 수익만큼 법인기업은 법인세(소득세)를 추가로 내야 한다.

그뿐만 아니라 이것은 대표이사의 상여로 인정되기 때문에 대표이사의 근로소득세 납부액도 같이 늘어난다.

만일 대표이사가 회사를 그만두거나 법인이 해산 등으로 인해서 대표이사와 법인 사이의 특수관계가 종료되는 경우, 그 시점에 가지급금 회수가 이루어지지 않은 상태라면 대표이사에게 가지급금이 급여로 지급된 것으로 인정되어, 대표이사는 근로소득세를 내야 한다.

원래 받는 급여에다 회수되지 않은 대표이사 가지급금 금액까지 더해져서 나중에 다시 연말정산을 하게 되면 이후에는 건강보험료도 추가로 징수당한다.

이런 경우가 되면 액수 면에서 대표이사는 가지급금의 절반에 가까운 금액을 추징당하는 것과 마찬가지가 된다.

이와 같은 세무 불이익은 경리담당자가 막는다고 일시적으로는 막을 수 있을지 모르지만 결국 막대한 세금을 낼 수 있다는 점을 대표이사에게 상기시켜, 지출할 때는 반드시 증빙을 챙기도록 상기시켜야 한다. 물론 법인카드만 사용한다면 나중에 카드 명세서를 통해 담당자가 조정하는 방법을 사용하면 된다.

참고로 대표이사가 회사 자금을 가져가는 경우 가지급금을 발생시키지 말고, 처음부터 대표이사 급여처리 후 원천징수 세액을 납부하는 방법도 고려해보기를 바란다.

제4장

절세의 시작은
부가가치세 신고부터

- 부가가치세 신고가 기업에서 중요한 이유
- 일반과세자와 간이과세자의 부가가치세 계산방법
- 부가가치세 신고와 납부 방법
- 비용지출 시 놓치면 손해인 매입세액공제 필수체크
- 차량 매입세액공제와 임직원전용자동차보험 경비처리
- 차량을 현금으로 구입할까? 리스로 구입할까?
- 농산물은 의제매입세액공제를 받자
- 감춰도 드러나는 매출과 감추면 감춰지는 매출
- 환급받으려다 감춰진 세금 드러날 수 있다.
- 환급신청 때에는 주의해야 한다.
- 사적비용 회사 비용으로 처리해도 안 걸리는 이유
- 매출처가 부도났는데, 부가세 신고에서 빼면 안 되나?

부가가치세 신고가
기업에서 중요한 이유

기업이 부담하는 세금 중에서 부가가치세 세목이 차지하는 비중은 매우 크다. 왜냐하면, 이 제도는 근거과세의 기초가 되고 법인세나 소득세의 크기를 결정하는 역할을 하게 된다. 따라서 현행 부가가치세법은 근거과세를 확립하기 위해 다른 세목보다 규정이 복잡하게 되어있다.

예를 들어 부가가치세법에서는 세금계산서에 관련된 가산세 제재 조항이 있다. 세금계산서를 언제 발행해야 하는지도 법으로 규정되어 있는데 실무담당자가 법의 내용을 무시하고 세금계산서를 발행했다면 가산세뿐만 아니라, 거래 상대방이 사실과 다른 세금계산서 수취로 인해 부가가치세 매입세액공제를 받지 못할 가능성이 있다.

이외에도 지점이 여러 군데 있는 경우 사업자등록은 어떻게 하고, 신고 및 납부는 어떻게 해야 하는지 등 실무적으로 중요한 내용이 많다.

부가가치세와 기업회계 그리고 법인세와의 관계를 사례로 살펴보면 다음과 같다.

예를 들어 다음과 같은 거래가 있다고 하자. 부가가치세로 내야 할 금액과 회계상 이익 그리고 법인세는 얼마가 나올까? 단, 기초에 남아 있는 재고상품은 없었으며, 매입한 금액이 아래 기간에 모두 팔렸다고 가정한다.

날짜	내역	수입		지출	
		공급가액	부가세	지급금액	부가세
OO월 OO일	매입			5,000,000	500,000
OO월 OO일	매출	10,000,000	1,000,000		
OO월 OO일	인건비			3,000,000	
OO월 OO일	복리후생비			1,000,000	100,000
계		10,000,000	1,000,000	9,000,000	600,000

부가가치세는 위의 장부상에 기록돼 있는 것만을 대상으로 계산한다.

앞의 장부를 보면 100만 원의 부가가치세는 판매를 통해 받았고, 물건 구매와 복리후생비 지출로 부가가치세 60만 원을 부담했다. 따라서 이를 기준으로 부가가치세를 계산하면 다음과 같이 납부액이 발생한다.

　　매출세액　1,000,000원
－　매입세액　　600,000원
＝　납부세액　　400,000원

부가가치세는 사업자가 매출을 발생시키는 과정에서 거래 상대방으로부터 받은 부가가치세에서 본인이 부담한 매입세액을 차감한 금액을 내거나 환급받은 세금이라고 할 수 있다. 따라서 부가가치세가 붙지 않는 인건비 등의 항목은 부가가치세 제도와 전혀 관계가 없다.

한편 법인세(개인회사는 소득세)는 앞의 부가가치세와는 관계없이 계산되는 항목이다. 법인세는 어떻게 계산되는지 알려면 일단 회계상의 이익을 구해야 한다.

회계상의 이익

수익 : 10,000,000원(부가가치세는 불포함)

― 비용 : 9,000,000원(부가가치세는 불포함)

= 이익 : 1,000,000원

회계상의 이익은 벌어들인 수입에서 경비로 나간 돈을 뺀 이윤의 성격을 갖는다. 그래서 궁극적으로 법인세나 소득세는 이 이윤에 부과되는 세금이며, 다음과 같이 계산된다.

법인세는

회계상의 이익 : 1,000,000원

± 세무조정 :   ― 원

= 과세표준 :   1,000,000원

✕ 세율 : 9%, 19%, 21%, 24%(소득세는 6~45%)

= 산출세액 :   90,000원

일반과세자와 간이과세자의 부가가치세 계산방법

🧑‍🏫 부가가치세 납세의무가 있는 사업자는 크게 일반과세자와 간이
과세자로 분류된다.

1 부가가치세 납부액 계산 방법

🐚 일반과세자의 부가가치세 계산

우리는 마트에서 과자를 살 때나 옷을 사 입을 때 지급하는 금액은
본래 상품의 가격 + 부가가치세로 구성되어 있다. 반대로 물건을
파는 주인이 받는 금액은 상품의 가격 + 부가가치세이다.

가정에서와 마찬가지로 회사도 원재료를 구매하거나, 상품을 구입할
때 상품의 가격 + 부가가치세를 지급하며, 이를 제품으로 만들어
팔 때는 상품의 가격 + 부가가치세를 받고 판다.

그리고 팔 때 사는 사람에게 받는 부가가치세가 매출세액이 되는 것
이며, 구매할 때 지급하는 부가가치세가 매입세액이 된다.

결론적으로 부가가치세는 판매 때 상대방으로부터 받은 부가가치세에
서 살 때 상대방에게 지급한 부가가치세를 차감해서 내는 세금이다.

	매출액(과세판매 합계금액) × 10%(세율) → 매출액 100% + 부가세 10%
−	매입액(과세구매 합계금액) × 10%(세율) → 매입액 100% + 부가세 10%
=	부가가치세 납부세액

위의 표와 같이 회사는 상대방과 거래할 때, 가격만을 지급하는 것
이 아니라 부가가치세를 추가로 부담하므로 결국 110%를 지급하는
것이다. 따라서 부가가치세를 알 수 없는 경우에는 지급금액의 10
÷ 110이 부가가치세가 된다.

예를 들어 원재료를 사면서 110만 원을 지급한 경우 110만 원 ×
10 ÷ 110 = 10만 원이 부가가치세가 되는 것이다.

간이과세자의 부가가치세 계산

세액계산은 매출액에 업종별 부가가치율과 10%의 세율을 적용하여
납부세액을 계산한 다음에 발급받은 세금계산서 등에 의해 일정액의
매입세액을 공제하는 방식으로 부가가치세를 계산한다.

	매출액(과세 판매 합계금액) × 10%(세율) × 업종별 부가가치율
−	매입액(부가가치세가 포함된 공급대가) × 0.5%(세율)
=	부가가치세 납부세액

업종 \ 연도	업종별 부가가치율
1. 소매업, 재생용 재료수집 및 판매업, 음식점업	15%
2. 제조업, 농업 · 임업 및 어업, 소화물 전문 운송업	20%
3. 숙박업	25%

업종 / 연도	업종별 부가가치율
4. 건설업, 운수 및 창고업(소화물 전문 운송업은 제외), 정보통신업	30%
5. 금융 및 보험 관련 서비스업, 전문·과학 및 기술서비스업 (인물사진 및 행사용 영상 촬영업은 제외), 사업시설관리·사업지원 및 임대서비스업, 부동산 관련 서비스업, 부동산임대업	40%
6. 그 밖의 서비스업	30%

매출액은 각 과세기간 (1~6월, 7~12월) 중 물건을 팔거나 용역을 제공하고 받는 대가이다.

매입 시 세금계산서를 발급받으면 업종에 따라 세금계산서에 기재된 세액에 업종별 부가가치율을 곱한 금액을 납부할 세액에서 공제받을 수 있다. 또한, 일반과세자인 사업자로부터 상품 등을 사고, 공급받는 자의 사업자등록번호와 부가가치세액과 별도로 기재되어 있는 신용카드매출전표를 발급받은 사업자는 세금계산서와 마찬가지로 매입세액을 공제받을 수 있다.

신용카드 가맹 간이과세자(면세공급가액을 제외한 직전 연도 공급가액이 10억 원 이하인 개인 일반과세자도 해당)가 상품 또는 용역을 제공하고 신용카드매출전표를 발행하면 신용카드매출전표 발행금액의 1.3%에 해당하는 금액(연간 1,000만 원 한도)을 자기가 납부할 세금에서 공제받을 수 있다. 예를 들어 신용카드 매출금액이 5천만 원이라면 65만 원만큼 세액공제를 받을 수 있다.

음식점업을 하는 김음식의

매출액 = 6,000만 원

매입액 = 4,500만 원(공급대가 4,950만 원)

일 때 일반과세자의 경우와 간이과세자의 경우 부가가치세를 계산해보면 다음과 같다.

일반과세자일 경우 부가가치세 계산

매출 부가가치세 = 6,000만 원 × 10% = 600만 원

매입 부가가치세 = 4,500만 원 × 10% = 450만 원

최종 내야 할 부가가치세액 =

매출 부가가치세 − 매입 부가가치세 = 150만 원

간이과세자일 경우 부가가치세 계산

매출 부가가치세 = 6,000만 원 × 10% × 10%(음식점업 부가가치율) = 600만 원 × 10% = 60만 원

매입 부가가치세 = 4,950만 원 × 0.5% = 247,500원

최종 내야 할 부가가치세액 = 60만 원 − 247,500원 = 352,500원

계산해보면 일반과세자가 간이과세자의 10배의 부가가치세를 내야 한다. 그만큼 간이과세자는 부가가치세 측면에서는 큰 혜택을 받는 사업자라고 할 수 있다. 이만큼 혜택을 주는 만큼 그 반대급부로 간이과세자가 불리한 점도 있다. 가장 큰 것은 매출 부가가치세보다 매입 부가가치세가 더 높다고 해도 부가가치세 환급이 안 된다는 점이다.

2 부가세 신고는 소득세 신고에도 영향을 주므로 신중히

부가가치세의 총매출액은 종합소득세의 수입금액이 되고, 이를 근거로 부과되는 건강보험료도 올라갈 수 있다. 즉, 부가가치세 신고액은 결국 다른 소득 자료의 원천이 되므로 신고 때에는 항상 주의가 필요하다.

종합소득세 신고 때에는 각 과세기간 부가가치세 신고 때 신고한 부가가치세 신고서상의 금액란의 합계액이 수입금액이 된다. 즉, 세액을 포함하지 않는 금액의 합계가 수입금액이 된다.

예를 들어 원재료를 110만 원에 사면서 제품을 만들어 165만 원에 판매한 경우 종합소득세 수입금액은 다음과 같다.

	총수입금액	:	1,500,000원 = 165만원 × 100/110
−	필요경비	:	1,000,000원 = 110만원 × 100/110
=	종합소득세 수입금액	:	500,000원

부가가치세
신고와 납부 방법

사업자에 대한 세금을 적용할 때, 회사를 사업 형태에 따라 또는 부가가치세 과세 여부에 따라 나눈다. 또한, 과세사업자는 일정 매출에 따라 일반과세자와 간이과세자로 구분한다.

구 분		책임과 납세의무
사업형태에 따라	개인사업자 (종합소득세)	개인이 사업 주체이며, 소득과 부채 모두 개인이 책임진다.
	법인사업자 (법인세)	법인이 사업 주체이기 때문에 소득과 부채 모두 대표이사 개인의 것이 아닌 법인 책임이다.
부가가치세 과세 여부에 따라	과세사업자	면세사업자를 제외한 모든 사업자로, 부가가치세, 소득세 모두 납부한다.
	면세사업자	부가가치세가 면제되는 재화 또는 용역을 공급하는 사업자로, 부가가치세 납부의무가 없다. 소득세는 납부한다.
과세사업자 중 일정 매출액에 따라	간이과세자	주로 소비자를 대상으로 하는 업종으로 연간매출액이 8,000만 원 미만인 소규모 개인사업자이다.
	일반과세자	간이사업자를 제외한 모든 과세사업자를 말한다.

1 일반과세자의 부가가치세 신고 방법

일반과세자는 1년의 매출액 + 부가가치세(= 공급대가)가 8,000만 원 미만인 사업자로서 간이과세자를 제외한 사업자를 말한다.

개인과 법인의 부가가치세 신고·납부

구 분		신고사항	신고 기간	신고의무	납부의무
예 정 신 고	1기	1.1~3.31까지의 매출과 매입	4.1~4.25	법인	법인 및 개인사업자
	2기	7.1~9.30까지의 매출과 매입	10.1~10.25	법인	법인 및 개인사업자
		개인사업자 중 일반과세자는 예정신고 의무는 없고, 관할 세무서에서 부과하는 예정고지 금액에 대한 납부의무만 있다. 즉, 신고는 안 하고 납부만 하면 된다.			
확 정 신 고	1기	4.1~6.30까지의 매출과 매입	7.1~7.25	법인 및 개인사업자	법인 및 개인사업자
	2기	10.1~12.31까지 의 매출과 매입	다음 해 1.1~1.25	법인 및 개인사업자	법인 및 개인사업자

● **개인사업자 중 연 매출 8,000만 원 미만 간이과세자**

세금계산서 발행 내역이 없는 경우 1기 확정신고는 안 해도 되며, 관할 세무서에서 부과하는 예정부과 금액에 대한 납부의무만 있다. 즉, 신고는 안 하고 납부만 하면 된다 (7월 25일 납부).

2기 확정신고는 1월 1일~12월 31일까지의 매출 - 매입에서, 1기 확정신고 시 납부한 예정부과 금액을 차감한 금액을 신고 및 납부한다(다음 해 1월 25일).

연 매출이 4,800만 원이 되지 않는 간이과세자는 신고는 반드시 해야 하지만, 세금은 0원이라서 내지 않아도 된다.

- 개인사업자 중 일반과세자(세금계산서 발행 내역이 있는 간이과세자 포함)

1기 확정신고 · 납부 및 2기 확정신고 · 납부를 모두 한다.

1기 확정신고는 1월 1일~6월 30일까지의 매출 – 매입에서, 1기 예정신고 시 예정고지서에 따라 납부한 금액을 차감한 금액을 신고 및 납부한다.

2기 확정신고는 7월 1일~12월 31일까지의 매출 – 매입에서, 2기 예정신고 시 예정고지서에 따라 납부한 금액을 차감한 금액을 신고 및 납부한다.

- 법인(직전기(6개월) 공급가액이 1억 5천만원 미만인 법인사업자 예정고지)

1기와 2기 예정신고 및 납부, 1기와 2기 확정신고 및 납부 모두를 한다.

날짜	신고해야 할 사업자	납부해야 할 사업자
1월 25일(확정)	법인, 개인 일반과세자, 간이과세자	법인, 개인 일반과세자, 간이과세자
4월 25일(예정)	법인	법인, 개인 일반과세자(예정고지)
7월 25일(확정)	법인, 개인 일반과세자, 세금계산서 발행내역 있는 간이과세자	법인, 개인 일반과세자, 간이과세자(예정부과)
10월 25일(예정)	법인	법인, 개인 일반과세자(예정고지)

절세 Tip 부가가치세 신고철인데, 예정고지서가 오지 않아요?

다음의 경우에는 예정고지가 되지 않으니 걱정하지 마세요.

❶ 납부해야 할 금액이 30만 원 미만인 경우

❷ 예정신고 기간에 신규로 창업을 한 경우

❸ 총괄납부 및 사업자 단위 과세사업자인 경우

당해 과세기간 개시일 현재 간이과세자에서 일반과세자로 변경된 경우는 예정고지가 생략되고, 나중에 확정신고 때 한꺼번에 신고 및 납부를 하면 된다.

위 상황에 해당하지 않는데, 예정고지서를 받지 못한 경우, 홈택스(www.hometax.go.kr)에서 예정고지 금액을 직접 조회하고 납부할 수 있다.

홈택스 로그인 후, 조회/발급 – 세금 신고 납부 – 부가세 예정고지 세액조회로 이동한다. 사업자등록번호나 주민등록번호를 입력하고 조회하기 버튼을 클릭하면 예정 세액을 확인할 수 있다. 하단의 가상계좌를 통해 손쉽게 납부할 수도 있다.

참고로 예정고지가 되었는데, 마음대로 나중에 확정 때 한꺼번에 낸다고 납부를 안 하는 경우 가산세를 부담해야 하니 주의해야 한다.

홈택스로 부가가치세 신고하기

부가가치세 신고를 직접 혼자서 하는 경우, 네이버 등 검색 사이트에서 부가가치세 홈택스 신고방법을 검색하면 신고방법을 자세히 가르쳐주고 있으며, 국세청 TV(http://webtv.nts.go.kr)에서도 동영상으로 자세히 설명해주고 있다. 따라서 홈택스 아이디와 비번만 있으면 누구나 손쉽게 신고 및 납부를 할 수 있다.

전자신고 시 입력 서식 선택에는 입력 서식 도움말을 이용하거나 아래의 신고할 때 제출할 서류를 참고하기 바란다.

신고할 때 제출할 서류

일반과세자는 부가가치세 신고·납부를 할 때 다음의 서류를 관할 세무서에 제출해야 하므로, 전자신고 시 입력 서식에 해당하는 서식을 조사해서 빠뜨리는 일이 없도록 해야 한다.

항목	신고서류
일반과세자 기본서식	일반과세자 부가가치세 신고서, 매출처별세금계산서합계표, 매입처별세금계산서합계표, 매입자발행세금계산서합계표

항목	신고서류
카드매출	신용카드매출전표발행금액 집계표
부동산 임대 매출	부동산임대공급가액명세서
면세매출 및 면세매입	매출처별계산서합계표, 매입처별계산서합계표
수출	수출실적명세서
카드매입	신용카드매출전표 등 수령명세서
고정자산 취득	건물등감가상각자산취득명세서
매입세액불공제 대상인 매입세금계산서	매입세액불공제분계산근거
음식점	사업장 현황명세서
음식점 : 면세농수산물 구입	의제매입세액 공제신고서
재활용폐자원 및 중고물품사업자	재활용폐자원 등 매입세액공제 신고서
부도어음	대손세액공제(변제) 신고서
전자화폐사용	전자화폐결제명세서
현금매출명세서(주민등록번호로 발행한 세금계산서내역분과 순수 현금매출 분(현금영수증미발행분))	• 변호사업, 심판변로인업, 변리사업, 법무사업, 공인회계사업, 세무사업, 경영지도사업, 기술지도사업, 감정평가사업, 손해사정인업, 통관업, 기술사업, 건축사업, 도선사업, 측량사업, 공인노무사업, 의사업, 한의사업 (약국 및 수의업은 제출 대상에서 제외) • 예식장업, 부동산중개업 • 병원, 의원(부가가치세 과세대상 즉, 성형 및 미용 목적의 시술인 경우)

항목	신고서류
건물관리	건물관리명세서(주거용 건물관리의 경우는 제외)

2 간이과세자의 부가가치세 신고 방법

간이과세자는 연간매출액이 8,000만 원 미만인 소규모사업자에 해당하며, 그 외의 개인사업자 모두는 일반과세자이다.

그러나 연간매출액이 8,000만 원 미만인 소규모사업자라고, 모든 업종의 사업자가 간이과세자가 되는 것은 아니며, 광업·제조업·도매업(소매업 겸업자 포함) 및 부동산매매업, 상품중개업, 전기·가스·증기 및 수도사업, 건설업, 전문과학 및 기술서비스업(인물사진, 행사용 영상 촬영업 등 제외), 사업시설 관리, 사업지원 및 임대서비스업을 영위 하는 사업자는 간이과세자가 될 수 없다. 다만, 제조업 중 주로 최종소비자와 거래하는 양복·양장·양화점 등은 간이과세 적용이 가능하다.

1년에 1번 신고, 2번 낸다.

7월 1기 부가가치세 확정신고·납부 기간에는 관할 세무서에서 부과한 예정부과액만 내면 된다(세금계산서 발행내역이 있는 경우는 신고).

그리고 다음 해 1월 2기 부가가치세 확정신고·납부 기간에는 1월~12월(7월 신고자는 7월~12월)까지의 거래실적을 사업장 관할 세무서에 신고 및 납부를 하면 된다. 이때 7월에 낸 부가가치세는 차감한다.

구분	신고 기간		신고의무	납부의무
1기	7월 1일~7월 25일	예정부과 금액 납부	×	○
	세금계산서 발행내역이 있는 경우는 신고한다.			
2기	다음 해 1월 1일~1월 25일	확정신고 및 납부	○	○

홈택스로 부가가치세 신고하기

부가가치세 신고를 직접 혼자서 하는 경우, 네이버 등 검색 사이트에서 간이과세자 부가가치세 신고 방법을 검색하면 신고 방법을 자세히 가르쳐주고 있으며, 국세청 TV(http://webtv.nts.go.kr)에서도 동영상으로 자세히 설명해주고 있다. 따라서 홈택스 아이디와 비번만 있으면 누구나 손쉽게 신고 및 납부할 수 있다.

전자신고 시 입력 서식 선택에는 입력 서식 도움말을 이용하거나 아래의 신고할 때 제출할 서류를 참고하기를 바란다.

신고할 때 제출할 서류

간이과세자는 부가가치세의 신고·납부 때에는 다음의 서류를 관할 세무서에 제출해야 한다.

항목	신고서류
간이과세자 기본서류	간이과세자 부가가치세 신고서, 매출처별 세금계산서 합계표, 매입처별 세금계산서 합계표, 매입자발행세금계산서합계표
카드매출	신용카드매출전표발행금액 집계표

항목	신고서류
부동산 임대매출	부동산임대공급가액명세서
면세매출	매출처별계산서합계표
수출	수출실적명세서
카드매입	신용카드매출전표 등 수령명세서
고정자산 취득	건물등감가상각자산취득명세서
매입세액불공제 대상인 매입세금계산서	매입세액불공제분계산근거
음식점	사업장현황명세서
면세매입	매입처별계산서합계표
재활용폐자원 및 중고물품사업자	재활용폐자원 등 매입세액공제 신고서
부도어음	대손세액공제(변제) 신고서

절세 Tip 현금매출도 누락 없이 꼭 신고하라(현금 누락 세무조사 사례)

현금매출의 경우 고객이 현금영수증 발행해 가지 않는 경우 상호 체크가 되지 않아 빠뜨려도 안 걸릴 것 같은 생각이 든다.

그러나 세금 신고를 빠뜨리는 경우 낭패를 볼 수 있다. 물론 안 걸릴 수도 있지만, 국세청 전산망의 발달로 주위에 유사한 업종의 현금신고율 등을 분석해 현금신고율이 낮은 경우 세무조사를 받을 수 있다.

❶ 탈세 제보를 통해 걸리는 경우가 많다.

❷ 거래처와의 입출금 내역을 살펴보다 걸릴 수 있다.

❸ 부동산 거래나 부채상환 과정에서 걸릴 수 있다.

❹ 차명계좌로 거래한 내역이 걸리는 경우가 많다.

❺ 매입 대비 매출 규모를 추정해 걸리는 경우가 많다.

현금매출 누락과 관련한 세금추징 사례를 살펴보면 다음과 같다.

1. 현금매출 누락 한 오픈마켓 사업자

인터넷 오픈마켓에 입점한 통신판매업자 A는 소비자에게 물품을 판매하고 신용카드 외에 은행 계좌 등을 통해 현금으로 대금을 결제받음.

세금계산서. 수수 내역 등을 검토한 결과 오픈마켓 사업자에게 지급한 판매수수료 규모에 비해 매출을 현저히 적게 신고한 혐의가 있어 분석대상자로 선정함.

월별 판매수수료 정산 내역, 신용카드·현금영수증 발행 내역, 인터넷 인지도 정보수집 내용 등을 구체적으로 확인한 결과 은행 계좌를 통해 받은 현금 매출액을 신고 빠뜨린 것으로 확인되어 가산세와 함께 부가가치세를 추징함.

2. 개인 돈, 접대비 공제받은 도매업자

도매업을 영위 하는 법인사업자 B는 대표자가 개인적으로 사용하거나 거래처 접대를 위해 사용한 법인 신용카드 결제금액을 사업용 신용카드 사용액으로 매입세액공제를 받음.

국세청이 법인 신용카드 결제 내역을 검토한 결과 가사 용도 사용금액, 유흥주점·골프장 이용금액 등이 과다하여 분석대상자로 선정함.

신용카드사용 목적, 사업과의 관련성 여부, 거래처 접대성 비용의 지출 여부 등을 구체적으로 확인한 결과 매입세액이 공제되지 않는 개인적 사용 또는 접대성 경비가 포함된 사실을 확인하여 법인사업자 B에 대해 가산세와 함께 부가가치세를 추징함.

3. 주거용 오피스텔 상가로 위장 신고한 임대사업자

부동산임대업자 C는 역세권 근처에 있는 오피스텔 여러 채를 분양받아 상가(사무실용) 건물로 신고하여 부가가치세를 환급받음.

위 오피스텔에 주방·화장실 등을 갖추고 주거용으로 임대하면서 임차인이 전입신고를 하지 못하게 하는 등 상가임대로 위장하여 부당환급 받은 혐의가 있어 분석대상자로 선정함. 주거용 임대는 면세사업으로 건물매입 관련 부가가치세를 환급받을 수 없음.

오피스텔 입주자 현황, 임차인 사업자등록 여부, 인터넷 임대매물 정보를 수집하여 확인한 결과 실제 주거용으로 임대하고 있음이 확인되어 임대사업자 C에 대하여 가산세와 함께 부가가치세를 추징함.

4. 토지 관련 매입세액공제 받은 부동산 시행사

부동산 시행사 D는 대형 상가건물을 분양 대행 사업자를 통해 분양하면서 분양대행수수료를 지급하고 관련 매입세액으로 전액 공제받음.

이 건 분양 대행 수수료는 건물(과세)과 토지(면세)의 분양과 관련된 공통매입세액으로, 토지 관련 매입세액은 공제되지 않음에도 부당하게 공제받은 혐의가 있어 분석대상자로 선정함.

분양대행계약서, 건축물 신축 인·허가 자료, 부동산등기 사항 전부 증명서 등 자료를 수집하여 매입세액공제 적정 여부를 확인한 결과, 분양 대행 수수료 매입세액 중 공제되지 않는 토지 관련 매입세액이 포함된 사실을 확인하여 부동산 시행사 D에 대해 가산세와 함께 부가가치세를 추징함.

> ### 신용카드매출전표와 세금계산서 중복 발급을 했을 때 부가가치세 신고는 어떻게 하나요?

고객이 신용카드를 통해서 결제하게 되면 신용카드 영수증이라고 할 수 있는 신용카드 매출전표가 법정지출증빙 역할을 하게 된다. 그런데도 일부 고객이 세금계산서를 요청하는 때도 있다.

그래서 어쩔 수 없이 또는 몰라서 세금계산서를 발행한 경우 부가가치세 신고를 할 때 둘 중 세금계산서로만 해당 거래 건에 대해서 신고하면 된다. 공급받는 자로서도 향후 부가가치세 신고를 할 때 세금계산서를 기준으로 매입세액공제를 받아야 하며, 신용카드매출전표까지 중복해서 매입세액공제를 받지 않도록 하면 된다. 고객이 동일 거래 건에 대하여 중복해서 매입세액공제를 받게 되면 가산세를 추징당할 수 있다.

> ### 쇼핑몰 마일리지와 관련한 부가가치세 신고·납부 방법은?

물품을 판매하는 사업자가 구매 고객에게 매출액의 일정 비율에 상당하는 마일리지를 적립해주고, 추후 거래 시 고객이 적립한 마일리지(mileage)를 정상 공급가액에서 차감하고 재화를 공급하는 경우 동 마일리지 상당 금액은 과세표준에 포함되는 것이다. 즉, 처음 매출 시점에 적립되는 마일리지를 차감해서 부가가치세를 내는 것이 아니라 마일리지를 포함해서 부가가치세를 내고, 나중에 적립된 마일리지를 사용하여 물품구매 시점에 해당 마일리지를 부가가치세 과세표준에서 차감시키는 것이다. 여기서 마일리지란 재화나 용역의 구입 등 고객의 일정한 행위에 대한 대가로 사업자가 거래대금의 일정액을 적립시켜 주고, 일정 기준에 도달한 경우 특정한 재화를 구매하거나 용역을 이용할 수 있도록 하는 것으로서 포인트(Point), 적립금, 사이버머니(Cyber Money), 쿠폰(Coupon) 등 다양한 형태로 사용되고 있다.

마일리지의 과세 시기는 마일리지의 수령(적립) 시점이 아니라, 실제 마일리지를 사용하여 재화를 공급받는 시점으로 본다.

쇼핑몰에서 부가가치세 신고자료 조회 방법

쇼핑몰에서 기간별로 제공하는 세금신고용 자료에 따라 신고하면 문제없다.

• 나이스페이 : 정산조회 〉 세금계산서 〉 부가세 참고자료 〉 거래 기간설정 후 엑셀 다운로드
• 이니시스 : 정산내역 〉 세금계산서 〉 세무신고조회 〉 거래 기간설정 후 엑셀 다운로드
• 카카오페이 : 정산조회 〉 정산보고서 〉 거래일 선택 〉 기간설정 후 조회 〉 엑셀 다운로드
• 유플러스 : 통합정산 내역조회 〉 부가세신고자료 조회 〉 기간선택 매출 조회
• 다날 : 일별/월별 매출 〉 기간선택 조회 〉 엑셀 다운로드
• 네이버페이 : 정산관리(네이버) 〉 부가세 신고 〉 기간선택 후 조회 〉 엑셀 파일 다운로드
• 배달의 민족 : 배달의 민족 사장님 광 〉 우리가게관리 〉 정산·주문 〉 부가세 신고자료(https://bznav.com/kb/revenue, 요기요도 여기서 조회가능)
• 요기요 : 요기요 사장님 광장 〉 내 업소 관리 〉 부가가치세 신고자료

비용지출 시 놓치면 손해인 매입세액공제 필수체크

1 | 매입세액공제 되는 증빙과 안 되는 증빙

구 분	종 류
받아도 매입세액공제가 안 되는 증빙	○ 과세 가액과 부가가치세만 구분되어 기재되어 있는 일반영수증 ○ 간이영수증 ○ 거래명세서 ○ 연 매출 4,800만 원 미만 간이과세자로부터 받는 신용카드매출전표, 현금영수증 ○ 면세사업자로부터 받는 계산서, 신용카드매출전표, 현금영수증
받으면 매입세액공제가 되는 증빙	○ 세금계산서 ○ 일반과세자로부터 받는 신용카드매출전표, 지출증빙용 현금영수증 ○ 세금계산서 대용 지로용지
세금계산서를 받아도 매입세액공제가 안 되는 경우	○ 업무와 관련 없는 비용의 지출 ➜ 가사 관련 비용의 지출 ○ 접대비 지출액 ○ 비영업용소형승용차의 취득과 유지 관련 비용 ➜ 제조업, 도·소매업 등 승용차의 취득과 유지비용 ○ 세금계산서의 필요적 기재 사항 부실기재

2 매입세액공제는 안 돼도, 비용처리는 가능하다.

앞서 설명한 표에서 매입세액공제가 안 된다고 비용인정이 안 되는 것은 아니다. 즉, 매입세액공제는 부가가치세 신고 때에만 적용되는 것이며, 매입세액공제가 안 돼도 비용으로는 인정되어 종합소득세나 법인세를 신고할 때 세금을 줄여주는 역할을 한다.

예를 들어 간이영수증의 경우 3만 원 미만을 지출할 때, 비용으로 인정받는 증빙이 되며, 3만 원을 초과하는 때도 업무용 지출의 경우 가산세를 부담하고 비용으로 인정받는 증빙이 된다. 또한, 간이과세자의 신용카드매출전표와 면세 물품을 사면서 받은 계산서는 매입세액공제가 안 되지만 법에서 인정하는 증빙이 되므로 비용으로 인정받을 수 있다.

구 분			매입세액공제	비용처리
일반과세자	세금계산서 등 법정지출증빙	필요적 기재 사항 기재	○	○
		필요적 기재 사항 누락	×	○
	법에서 인정하지 않는 증빙 (간이영수증, 거래명세서)		×	○
간이과세자	모든 증빙		×[주]	○

주 업무용으로 지출한 경우 비록 매입세액공제는 받지 못하더라도, 종합소득세 신고나 법인세 신고 때에는 비용으로 인정받을 수 있다.

주 연 매출 4,800만 원~8,000만 원 미만 간이과세자로부터 받은 세금계산서는 매입세액공제가 가능하다.

절세 Tip 매입세액불공제 부가가치세는 비용으로 처리하자

부가가치세 신고를 할 때 매입세액불공제 대상으로 매입세액공제를 받지 못했다면, 소득세(법인세) 비용처리 시에는 부가가치세를 포함 전체 금액을 기준으로 비용처리가 가능하다. 이를 살펴보면 다음의 경우를 예로 들 수 있다.

- 부가가치세가 면제되는 사업자가 부담하는 매입세액
- 부가가치세 간이과세자가 낸 부가가치세액

매입 시 징수당한 부가가치세는 매입 부대비용으로 처리한다.

- 비영업용소형승용차의 유지에 관한 매입세액 : 주유비, 세차비, 수선비 등
- 영수증을 발급받은 거래분에 포함된 매입세액으로서 공제 대상이 아닌 금액
- 접대비 및 이와 유사한 비용의 지출에 관련된 매입세액
- 부동산 임차인이 부담한 전세금 및 임차보증금에 대한 매입세액

구 분	매입세액	세무 처리
손금산입	비영업용소형승용자동차의 구입·유지에 관련된 매입세액	❶ 구입 관련 매입세액 : 자본적 지출 ❷ 유지 관련 매입세액 : 차량유지비(손금)
	접대비 관련 매입세액	접대비로 보아 접대비 한도 시부인 계산
	토지조성을 위한 자본적 지출 관련 매입세액	토지에 대한 자본적 지출
	영수증 (간이세금계산서)분 매입세액	지출 내용에 따라 손금 또는 자본적 지출
	간주임대료 매입세액	임차인이나 임대인 중 부담한 자의 손금
손금불산입	등록 전 매입세액	손금불산입
	사업과 관련 없는 매입세액	손금불산입
	세금계산서 미수취·미제출 부실기재 분 매입세액	손금불산입

3 직원 식대도 매입세액공제가 가능하다.

직원 식대를 보조해주는 경우 월 20만 원 이내의 금액은 비과세 된다. 그리고 이는 인건비에 해당하므로 매입세액공제 대상이 아니다. 반면, 식비를 지급하지 않고 구내식당에서 음식을 제공하거나 외부 음식점에서 음식을 제공하고 법인카드 등으로 결제한 경우 이는 매입세액공제가 가능하다.

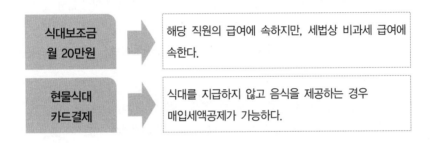

| 식대보조금
월 20만원 | ➡️ | 해당 직원의 급여에 속하지만, 세법상 비과세 급여에 속한다. |
| 현물식대
카드결제 | ➡️ | 식대를 지급하지 않고 음식을 제공하는 경우 매입세액공제가 가능하다. |

절세 Tip 개인사업자 식대는 비용인정 안 되고, 법인 대표이사는 인정된다.

개인사업자의 식대는 매입세액공제도 안 되고, 비용으로도 인정되지 않는다.

따라서 개인사업자가 직원 2명과 사무실 앞의 식당에서 식사하고, 카드로 결제한 경우, 직원 2명의 식사비는 매입세액공제도 되면서, 비용으로도 인정된다. 그러나 사장의 식사비는 매입세액공제도 안 되고, 비용인정도 안 되는 것이 원칙이다. 하지만 직원과 같이 식사한 사장 식사비도 복리후생비로 처리하는 경우가 많다. 원칙은 사장 혼자 식사비용은 반드시 비용처리를 하면 안 된다.

4 복리후생비도 매입세액공제가 가능하다.

종업원의 회식비 또는 사외 회의비를 법인카드를 이용하여 지출하고 신용카드매출전표에 공급받는 자와 부가가치세액이 별도로 기재되어 있는 경우, 매입세액으로 공제할 수 있다. 물론 복리후생 목적의 커피나, 음료, 문구 등을 사고, 법인카드로 결제한 경우 매입세액공제를 할 수 있다.

절세 Tip 회식비, 식대, 야유회 비용도 매입세액공제를 받자

1. 사업자가 직원의 회식비, 식대를 부담하고 세금계산서, 신용카드매출전표, 지출증빙용 현금영수증 중 하나를 받았으면 매입세액공제가 가능하다.

구 분	부가가치세 매입세액공제 여부
직원 식대	공제 가능
거래처와 식대	공제 불가
개인사업자 대표 식대	공제 불가
법인사업자 대표 식대	공제 가능

2. 직원들의 사기 진작과 복리를 위해 야유회 등을 개최하면서 지출하는 버스 임차료, 도시락 비용 등은 복리후생비로 매입세액을 공제한다.

3. 종업원 복리후생 목적으로 취득한 콘도회원권, 골프회원권을 과세사업에 사용한 경우 매입세액공제가 가능하다.

사업자가 골프회원권을 취득한 경우, 그 회원권의 사용실태 등을 고려해서 사업상 종업원의 복리후생을 목적으로 취득할 때는 매입세액공제가 가능한 것이나, 거래처 등을 접대하기 위해서 취득할 경우는 사업과 직접 관련이 없는 지출에 대한 매입세액으로 보아 공제되지 않는다.

4. 사업자가 그 종업원에게 무상으로 제공하는 사택으로 국민주택규모를 초과하는 주택과 이에 부수되는 복리후생시설에 관련된 매입세액도 공제된다.

5 매입세액공제 되는 공과금과 안 되는 공과금

공과금은 전기요금, 수도요금, 가스요금, 핸드폰 요금, 전화료, 인터넷사용료가 대표적이다.

이중 수도요금은 면세이므로 세금계산서가 아닌 계산서를 받게 되며, 이는 매입세액불공제가 된다. 반면, 전기요금, 가스료, 핸드폰 요금, 전화료, 인터넷 사용료는 필수적 기재사항이 기재되어 있는 지로용지의 경우 매입세액공제가 가능하다.

참고로 요즘은 공과금을 자동 이체하는 경우가 많은데, 자동이체를 통장으로 하지 않고 카드로 해두면 증빙 수취 및 관리가 편리하다.

법인의 경우 가입자 명의가 모두 법인명으로 되어있어 문제가 없으나, 개인사업자의 경우 필수적 기재 사항 중 사업장 미등록으로 인해 공급받는 자의 등록번호가 기재되지 않아 매입세액불공제 되는 경우가 많음으로 해당 기관에 전화해서 사업자 명의로 변경해줘야 한다.

전기요금의 경우 전기사용변경신청서, 임대차계약서 사본, 주민등록증 사본, 사업자등록증 사본 등이 필요하며, 해당 회사 고객센터에 절차를 문의해보면 된다.

절세 Tip 건물주에게 공과금 세금계산서를 받자

납부통지서에 명의자가 건물주로 되어있거나 이전 임차인의 명의로 되어있는 경우 요금 납부를 본인이 했더라도 매입세액공제를 받지 못한다. 이 경우 우선 한전을 통해 명의변경을 신청한 후 본인 명의로 납부자를 변경해야 한다. 납부자 명의가 건물주로 되어있는 상태에서 명의변경이 불가능한 경우에는 건물주로부터 세금계산서를 발급받아 매입세액공제를 받으면 된다.

집이 사무실인 경우에도 공과금은 공제된다.

최초 창업을 하면서 창업비용을 아끼려고 집 주소 지에 사업자등록증을 내는 경우 인터넷 사용료나 전화요금 등 그 용도를 명확히 구분할 수 있는 것은 매입세액공제가 가능하다. 반면, 전기요금이나 가스요금 등 업무용과 가정용의 구분이 명확하지 않은 비용은 매입세액공제가 불가능하다고 보면 된다.

6   인건비는 매입세액공제가 안 된다

인건비는 매입세액공제 대상에 해당하지 않는다. 즉, 인건비 지급에 대해서는 소득세나 법인세 신고 시 비용처리가 가능하다. 물론 4대 보험 사업주 부담액에 대해서도 비용인정을 받을 수 있다.

7   국내외 출장에 사용한 여비교통비의 매입세액공제

업무 관련 항공, 철도, 고속버스 운임 등 국내외 출장 등을 위해 사용한 항공기 운임, KTX 등 철도운임, 고속버스, 택시 등의 여객운임은 영수증 발행업종으로 매입세액불공제가 되는 항목이다. 단, 호텔 등 숙박의 경우는 업무 관련의 경우 매입세액공제가 가능하다. 공제가 안 되는 경우 전표는 일반전표를 발행하면 된다.

매입세액공제가 안 돼도 세금계산서는 받자

거래하면서 추가로 부가가치세를 요구한다고 해서 부가가치세가 아까워 세금계산서를 안 받는 경우가 있다. 이것이 과연 절세를 위해 현명한 선택일까?
세금계산서를 안 받는 경우 부가가치세 신고 때, 매입세액공제를 못 받는 것을 넘어서 소득세나 법인세 신고를 할 때 비용으로도 인정받지 못하게 된다. 즉, 100만 원인 물품을 사면서 10만 원의 부가가치세를 부담하기 싫어 세금계산서를 안 받은 경우 다음과 같다.

구 분	세금계산서를 받은 경우	세금계산서를 안 받은 경우
부담한 금액	(−)100,000원	0원
매입세액공제	(+)100,000원	0원
비용처리 효과 (세율 15% 가정)	(+)15,000원 1,000,000원의 15%	0원
절세효과	15,000원	0원

(+)는 이익 금액, (−)나간 금액

가사 관련 개인용도 지출은 매입세액공제도 비용처리도 안 된다.

사업자가 자기의 사업과 관련된 재화 또는 용역을 공급받고 부가가치세액이 별도로 구분 가능한 신용카드매출전표를 받으면 그 부가가치세액은 매출세액에서 공제할 수 있는 것이나, 자기의 사업과 관련 없이 가정에서 사용하기 위해서 구매한 가정용품 등에 관련된 매입세액은 공제할 수 없다. 물론 비용처리도 안 된다.

그리고 부동산임대업을 하는 법인이 임대에 사용하지 않고 있는 오피스텔 및 연립주택에 설치한 홈시어터 및 와인 냉장고 매입 관련 세금계산서는 사업과 직접 관련 없는 자산으로 보아 매입세액불공제 한다.

절세 Tip 고객 또는 거래처 방문 주차비는 매입세액공제를 받자

고객이 서비스를 받거나 매장 또는 회사를 방문하는 동안의 주차비를 회사에서 부담하고 세금계산서를 받는 경우 동 주차료는 매입세액공제가 가능하다.

절세 Tip 한국에 파견 온 임직원에게 호텔을 사택으로 제공한 경우 공제 가능

사업자가 호텔을 임차해서 외국인 대표이사에게 사택으로 제공하고 호텔운영업자로부터 세금계산서를 받으면 사업과 관련해서 사용된 것이라면 매입세액공제가 가능하다.

직원 전용 주차장 임차료는 매입세액불공제 된다.

사업자가 직원의 출·퇴근용 또는 회사업무용으로 사용하는 비영업용소형승용자동차를 주차하는 주차장 임차료와 관련된 매입세액은 매입세액불공제 되는 것이다. 부가가치세 과세사업자가 사원의 복리후생을 위해 사원의 소형승용차 유지관리비를 지원하는 경우 당해 지원비에 관련된 매입세액은 비영업용소형승용차의 유지에 관한 매입세액이므로 매입세액불공제 하는 것이다.

회사 승용차 매각 시 부가가치세가 과세 된다.

과세사업자가 사업용 자산인 소형승용차를 매각하는 경우 거래 당사자의 매입세액공제 여부를 불문하고 부가가치세가 과세 된다. 즉, 매입세액불공제 되었더라도 매각 시 재화의 공급으로 과세된다. 다만, 개인적 공급, 사업상 증여 등 자가공급 시에는 매입세액공제를 받지 않았으면 과세 되지 않는다.

그리고 종합소득세 납부와 관련해서는 개인사업자 중 복식부기의무자는 차량의 양도가액은 총수입금액에 더하기 하고, 양도 당시의 장부가액은 필요경비에 가산 함으로써 처분손익이 사업소득으로 과세된다.

부동산 중개수수료는 매입세액공제를 받을 수 있나?

1. 부동산 취득 시 중개수수료 등에 대한 매입세액공제

토지 및 건물 취득 시 사업자가 지급한 부대비용(중개수수료 등)의 매입세액 중 토지 취득에 관련한 매입세액은 공제되지 않는 것이며, 토지 관련 매입세액이 구분되지 않는 때에는 공통매입세액으로 안분 계산한다.

2. 부동산 매각 시 중개수수료 등에 대한 매입세액공제

부동산임대업자가 과세사업에 사용하던 건물과 부속 토지를 양도하기 위해서 부동산 컨설팅 및 중개수수료를 지출하면서 부담한 매입세액은 공제된다.

> **회사 진입도로 공사비용은 매입세액공제가 가능하다.**

차량운수업을 영위하기 위해서 임차한 토지에 콘크리트 포장공사를 한 경우 당해 공사에 관련된 매입세액 및 사업장에 진입하는 도로 건설을 위해서 타인의 토지 위에 포장공사를 하고 지출한 공사비에 대한 매입세액은 공제된다.

사업자가 토지 위에 공장용지 조성공사(축대벽 등), 진입도로공사(포장·통신 시설·상하수도 등)를 하고 이와 관련된 비용이 토지와 구분되는 감가상각대상 자산과 별도의 구축물일 때는 당해 매입세액이 공제되는 것이나, 공장용지 정리공사 비용 등과 같이 별도의 구축물에 해당하지 않는 때는 토지 관련 매입세액으로 공제되지 않는다.

절세 Tip 총괄납부제도를 활용하면 금융이자 만큼 이익을 볼 수 있다.

총괄납부승인을 받았더라도 신고는 각각의 사업장에서 해야 하므로, 주된 사업장에서 신고 및 납부를 한 경우 종된 사업장은 무신고에 해당하여 무신고가산세를 내게 되며, 납부는 주된 사업장에서 했으므로 납부불성실가산세는 내지 않는다.

총괄납부는 납부, 환급만 총괄하고 세금계산서 발급은 각각의 사업장별로 해야 하므로 종된 사업장은 세금계산서 미발급 및 신고불성실가산세를 낸다.

사업장별로 납부를 하는 경우 환급 발생 시 환급액을 받는 데 일정한 시간이 소요된다. 그러나 어느 사업장은 납부가 발생하고 어느 사업장은 환급이 발생하는 경우 총괄납부 시 이를 상계하고 납부를 하게 되므로 환급 발생 사업장의 환급금을 조기에 환급받는 효과가 발생하며, 동 금액의 금융이자 비용만큼 이익이 발생하는 효과가 있다.

각각 사업장별 소모품 등 경비를 본점에서 일괄 경비로 처리하는 경우 총괄납부대상자라면 내부 거래명세서를 작성해야 하며, 총괄납부대상자가 아니라면 사업장별 거래로서 세금계산서를 받아야 한다.

주사업장총괄납부와 사업장 단위 과세제도의 차이점

구 분	주사업장총괄납부제도	사업장단위과세제도
적용요건	신청만으로 적용가능	사업자단위로 등록
주사업장	본점(주사무소)으로 하되, 법인은 지점(분사무소) 가능	본점(주사무소)만 가능
효력	❶ 납부만 주된 사업장에서 하고, 신고는 각 사업장에서 한다. ❷ 내부거래에 대해서 세금계산서를 발급하지 않는다.	❶ 신고와 납부를 본점 또는 주사무소에서 한다. ❷ 내부거래에 대해서 세금계산서를 발급하지 않는다.
사업자등록의 세금계산서 발급과 수취	사업장별 사업자등록을 하고 그 등록번호로 세금계산서 발급과 수취	본점에서 사업자등록하고 그 등록된 번호로 세금계산서 발급과 수취
신고 및 납세지	사업장 관할 세무서장	사업자 단위 과세 적용사업장 관할 세무서장
과세표준 및 세액신고	납부만 주된 사업장에서 총괄하므로 경정, 수정, 불복청구의 관할은 사업장 관할 세무서임	신고와 납부를 모두 주사업장 또는 본점에서 총괄하므로 경정, 수정, 불복청구의 관할은 본점 또는 주된 사업장 관할 세무서임

차량 매입세액공제와
임직원전용자동차보험 경비처리

1 비영업용소형승용차는 안 되고, 트럭은 된다.

부가가치세법상 비영업용소형승용차의 구입과 유지 관련 비용은 매입세액공제가 안 된다.

많이들 헷갈리는데, 업무용과 영업용은 엄연히 다르다. 즉, 부가가치세 매입세액공제가 되는 영업용과 흔히 회사업무를 하면서 사용하는 영업용 또는 업무용과는 엄연히 다른 의미로 사용된다.

"회사에서 차량을 운행하면 모두 영업용차량 아닌가요? 따라서 영업용차량이니까 공제받을 수 있는 거 아닌가요?"라고 물어보는 경우가 있는데, 회사에서 운영하는 차량은 세법상 말하는 영업용이 아닌 업무용이다.

부가가치세법에서 말하는 영업용차량이란 운수업(택시, 버스), 자동차판매업, 자동차임대업(리스, 렌트카업), 운전학원업, 출동서비스업 등의 업종을 하는 법인이나 사업자가 자동차를 영업에 직접 이용하는 것을 의미하므로 업무용과는 다르다. 차량으로 노란색 번호판을 달고 있다.

따라서 도소매업, 제조업 등 일반 법인이나 개인사업자의 경우 영업용차량에 해당하지 않아 매입세액공제를 받을 수 없다.

그리고 관련 비용도 차와 묶어서 같은 규정이 적용되는데, 관련 비용은 수리비, 주차비, 주유비, 리스비, 렌트비 등 명칭과 관계없이 모든 승용차 관련 비용을 포함한다.

해당 업종(운수업(택시, 버스), 자동차판매업, 자동차임대업(리스, 렌트카업), 운전학원업, 출동서비스업 등의 업종, 장례 식장 및 장의 관련업을 영위하는 법인차량과 운구용 승용차)이 아닌 법인이나 개인사업자의 경우 개별소비세 과세대상 차량의 구입, 유지, 임차에 관한 비용은 매입세액공제를 받지 못한다. 자가 소유, 리스, 렌트 차량 구별 없이 같게 적용된다.

구 분	공제 가능 차량
영업용으로 인정되는 경우	○ 운수업　　　　○ 자동차 판매업 ○ 자동차임대업　　○ 운전학원업 ○ 「경비업법」 제2조 제1호 라목에 따른 기계 경비업무를 하는 경비업. 이 경우 법 제10조 제2항 제2호에서의 자동차는 「경비업법」 제16조의3에 따른 출동 차량에 한정하여 적용한다. ○ 장례식장 및 장의 관련업을 영위하는 법인차량과 운구용 승용차
공제가능 차량	○ 화물차 : 화물칸이 따로 구별되어 짐을 실을 수 있는 차량 ○ 벤 승용차 : 운전석과 조수석 외에는 좌석이 없는 차량으로 운전석 뒷 칸에 물건을 실을 수 있게 좌석시트 대신 공간으로 구성된 차량 ○ 경차 : 1000cc 미만 차량으로 모닝, 스파크, 레이 등 ○ 125cc 이하의 이륜자동차 ○ 정원 9인승 이상의 승용차 : 카니발 9인승 등
차량유지비용	하이패스 단말기 구입비용, 네비게이션, 세차, 수리 비용, 주유비, 주차 비용 등

명 칭		정 원	공제 여부	차 종	비 고
쌍용	렉스턴	5, 7	×	승용	
	로디우스	9,11	O	승용, 승합	
	무쏘	5	×	승용	
	무쏘 – 밴, 스포츠	2, 5	O	화물	
	액티언	5	×	승용	
	액티언 스포츠	5	O	화물	
	카이런	7	×	승용	
	코란도 – 밴	3	O	화물	
	코란도(패밀리)	4, 5, 6	×	승용	
	이스타나	11,12,14,15	O	승합	
	이스타나 – 밴	2, 6	O	화물	
	체어맨	5	×	승용	
르노 삼성	QM3, QM5	5	×	승용	
	SM7, SM5, SM3	5	×	승용	
쉐보 레(G M대 우)	다마스 – 밴	2	O	화물	국민차
	다마스 – 코치	7	O	승용	국민차
	라보	2	O	화물	국민차
	레조	7	×	승용	
	마티즈	5	O	승용	국민차
	마티즈 – 밴, 스파크 – 밴	2	O	화물	국민차
	윈스톰	5, 7	×	승용	
	티코	5	O	승용	국민차
	젠트라, 칼로스, 라로스, 라세티, 누비라, 에스페로, 토스카, 매그너스, 레간자, 프린스, 슈퍼살롱, 브로엄, 알페온, 베리타스, 스테이츠맨	5	×	승용	

	명 칭	정 원	공제 여부	차 종	비 고
현 대	갤로퍼	5, 6	×	승용	
	갤로퍼-밴	2	○	화물	
	그레이스-미니버스	9, 12	○	승용, 승합	
	그레이스-밴	3, 6	○	화물	
	베라크루즈	7	×	승용	
	산타모	5, 6, 7	×	승용	
	산타모	9	○	승용	
	산타페	7	×	승용	
	스타렉스	7	×	승용	
	스타렉스	9	×	승용	
	스타렉스-밴	6	○	화물	
	아토스	4	○	승용	국민차
	테라칸	7	×	승용	
	투싼	5	×	승용	
	트라제XG	7	×	승용	
	트라제XG	9	○	승용	
	포타	3	○	화물	
	베르나, 엑센트, 엑셀, 아반떼, i30, 엘란트라, 쏘나타, 마르샤, 에쿠스, 제네시스, 그랜져, 다이너스티, 제네시스쿠페, 투스카니, 티뷰론, 스쿠프, 아슬란, 벨로스터	4, 5	×	승용	
기 아	레토나, 록스타	5	×	승용	
	레토나-밴, 모닝-밴	2	○	화물	
	레이, 모닝	5	○	승용	국민차
	모하비	5	×	승용	
	비스토	5	○	승용	국민차
	쏘렌토	7	×	승용	
	스포티지	5, 7	×	승용	
	스포티지-밴	2	○	화물	

명 칭	정 원	공제 여부	차 종	비 고
카니발, 카렌스	7	X	승용	
그랜드 카니발, 리무진	11	O	승합	
카니발	9	O	승용	
카니발 - 밴	6	O	화물	
타우너-코치,밴,트럭	7, 2	O	승용, 화물	국민차
프레지오	9, 12, 15	O	승용, 승합	
프레지오 - 밴	6	O	화물	
프라이드, 리오, 쏘울, 포르테, 쎄라토, 스펙트라, 슈마, K3, K5, 로체, 옵티마, 크레도스, 오피러스, K7, 엔터프라이즈, K9	5	X	승용	

기
아

2 경유 차는 되고, 휘발유 차는 안 된다

주유할 때 경유는 공제가 되고, 휘발유는 공제가 안 된다고 생각하는 실무자들이 많다.

그러나 매입세액공제는 주유하는 기름의 종류에 따라 공제가 되고, 안 되고가 결정되는 것이 아니라, 법적으로 업종과 차종에 따라 공제 가능 여부가 결정된다. 다만, 주유를 휘발유로 하는 차종의 대다수는 매입세액공제가 안 되는 일반승용차(경차를 제외한 모든 승용차라고 보면 됨)가 많고, 매입세액공제가 되는 차종이 상대적으로 경유를 주유하는 차종(다마스, 트럭, 9인승 승합차 및 운수업 사용 차종)이 많다 보니, 이런 오해를 가질 수 있다.

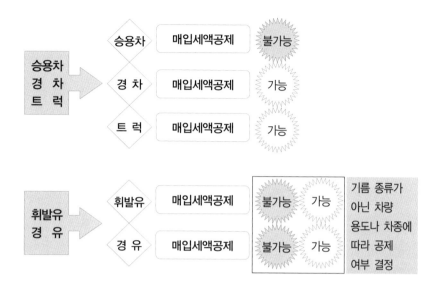

3 매입세액공제는 안 돼도, 경비처리는 된다.

회사업무를 위하여 사용하였으나 부가가치세 공제 차량에 해당하지 않는다면 매입세액공제는 받지 못하나, 비용처리는 가능하다. 단, 임직원전용자동차보험 가입과 운행기록부 작성 여부에 따라 비용인정 조건이 달라진다.

❶ 임직원 전용자동차보험에 가입하지 않았을 때는 전액 비용으로 인정받지 못한다.

❷ 임직원 전용자동차보험에 가입하고 운행기록부를 작성하지 아니한 경우, 연 1,500만 원까지만 비용으로 인정된다. 즉 1,500만 원 이하인 경우는 운행기록을 작성, 비치하지 않아도 연 1,500만 원(감가상각비 포함)까지는 비용이 인정된다.

❸ 임직원 전용 자동차보험에 가입하고 운행기록부를 작성한 경우, 차량 업무 사용 비율만큼 비용으로 인정돼 연 1,500만 원을 넘는 때

도 비용인정을 받을 수 있다. 여기서 업무사용 비율이란 총 주행거리에서 업무용 사용 거리가 차지하는 비율을 의미한다.

⌨ 임직원전용자동차보험에 가입

법인이 법인차량 관련 비용을 회사경비로 처리하려면 먼저 임직원전용자동차보험에 가입해야 한다(개인은 2021년부터). 이 경우 운전자의 범위는 법인의 임직원으로 한정된다(당해 법인과 계약관계에 있는 업체의 임직원도 포함되지만, 임직원의 가족·친족은 반드시 제외해야 함).

법인차량 중 임직원전용자동차보험에 가입해야 하는 자동차는 승용차다. 택시나 화물차 등은 사적 용도로 사용할 개연성이 낮아 동 보험에 가입하지 않더라도 세법상 비용으로 인정된다. 렌터카 회사에서 차량을 빌려 사용한다면 렌터카 회사에서 임직원전용자동차보험에 가입해야 한다. 개인사업자는 2021년부터 성실신고 확인 대상자(업종별 일정 수입 이상인 개인사업자)와 전문직 종사자는 2대 이상인 때는 의무가입 대상이다.

⌨ 차량운행일지의 작성·비치

회사는 차량운행일지를 작성·비치한 경우에만 비용으로 인정받을 수 있다. 업무 이외의 목적으로 사용한 금액은 경비로 인정받지 못한다. 원칙적으로 운행기록을 작성해 업무사용 비율을 계산하고 모든 경비를 그 비율만큼만 인정한다. 업무사용 비율이란 업무용 사용 거리 ÷ 총 주행거리의 비율을 의미한다.

임직원전용자동차보험에 가입했지만, 운행기록을 작성하지 않으면 연간 1,500만 원까지만 비용으로 인정된다. 단, 해당 사업연도의 업무용 승용차 관련 비용이 대당 1,500만 원 이하인 경우는 운행기록을 작성, 비치하지 않아도 업무사용 비율을 100%로 인정해준다.

구 분	법 인	개 인
임직원전용 자동차보험	의무가입, 미 가입 시 전액 손금불산입	2021년부터 가입대상
	개인사업자 중 성실신고확인대상자, 전문직 업종은 2대 이상의 경우 가입 대상이며, 미가입시 50%만 필요경비로 인정된다.	
운행기록일지	의무 작성	의무 작성
	운행기록일지를 작성하지 않으면 연간 1,500만 원까지만 비용으로 인정된다.	
업무사용 제외 금액 소득처분	상여 등 귀속자에 따라 처분	인출로 처분

개인사업자의 경우 간편장부대상자는 운행일지 작성 의무대상이 아니다.

업무용 승용차가 여러 대라면 감가상각비·임차료·유류비·수선비 등을 차량별로 분류해 두는 게 필요하다. 보험에 가입했을 때 임직원이 아닌 가족 등이 사적으로 사용하다 사고가 난 경우 보상을 받을 수 없으므로 임직원의 가족이 회사의 업무용 승용차를 운전해서는 안 된다.

렌트 차량은 해당 사업연도에 속한 임차 기간 전체가 임직원 전용 자동차보험에 가입된 경우에만 비용 혜택을 받을 수 있으므로 렌터카 회사가 보험에 가입했는지 반드시 확인해 불이익을 받지 않도록 주의할 필요가 있다.

🖐️ 법인과 개인사업자의 차량 관련 비용처리

임직원 전용 자동차보험에 가입이 안 되어있으면, 전액 비용으로 인정받는 것이 불가능하다.
임직원 전용 자동차보험에 가입 후 운행기록부 작성 여부에 따라 비용인정 금액이 결정된다.

구 분	매입세액 공제여부	비용인정(승용차 1대당)		
❶ 차종 : 경차, 트럭 등 화물차, 9인승 이상의 승합차 업종 : 운수업, 자동차 판매업, 자동차임대업, 운전학원업, 경비업법, 장례식장 및 장의 관련업을 영위하는 법인차량과 운구용 승용차	공제가능	비용인정		
❶ 이외의 모든 차종	불공제	임직원전용자동차보험에 미가입		불인정
		임직원전용자동차보험에 가입	운행기록부 작성	인정(업무사용 비율만큼)
			운행기록부 미작성	인정(1,500만 원까지)

개인사업자의 경우, 2021년부터 임직원 전용자동차보험에 가입도 되고, 운행기록부 작성 여부에 따라 비용인정 금액이 결정된다.

구 분	매입세액 공제여부	비용인정(승용차 1대당)		
❶ 차종 : 경차, 트럭 등 화물차, 9인승 이상의 승합차 업종 : 운수업, 자동차 판매업, 자동차임대업, 운전학원업, 경비업법, 장례식장 및 장의 관련업을 영위하는 법인차량과 운구용 승용차	공제가능	비용인정		
❶ 이외의 모든 차종 : 성실신고 확인 대상자와 전문직 종사자는 2대 이상인 경우 임직원전용자동차보험 의무가입대상	불공제	임직원전용자동차보험에 미가입		50%만 필요 경비로 인정
		임직원전용자동차보험에 가입	운행기록부 작성	인정(업무사용 비율만큼)
			운행기록부 미작성	인정(1,500만 원까지)

절세 Tip 고정자산 등록 안 된 차량 유지비용도 비용처리 가능하다.

차량을 업무용으로 사용하고 있더라도 장부에 고정자산으로 올려야 감가상각비를 비용으로 계상할 수 있다. 다만, 고정자산으로 등록이 되어있지 않은 차량이라도 해당 차량을 업무용으로 이용하는 경우 개인사업자든 법인이든 상관없이 비용처리는 가능하다.

그리고 비용처리를 위해서는 업무용으로 이용한 사실을 소명할 필요가 있으므로 운행일지를 반드시 작성해 두는 것이 좋다.

4 통행료도 공제되고, 안 되는 곳이 있다.

도로공사는 조세특례제한법 시행령에 따라 정부의 업무를 대행하는 단체로 보아 부가가치세가 면제되므로, 도로공사에 지급하는 통행료는 부가가치세를 내지 않는다. 따라서 매입세액공제가 불가능하다.

그러나 한국도로공사 이외의 민간 사업자가 징수하는 유료도로 통행료의 경우는 부가가치세를 면세한다는 규정이 없으므로, 당연히 과세 된다. 따라서 그 이용자가 신용카드매출전표나 세금계산서를 발급받았으면 매출세액에서 공제(이 경우 비영업용소형승용자동차의 유지비로서 매입세액을 불공제하는 것은 제외) 할 수 있다.

이때 도로 및 관련 시설운영업은 영수증 발급 대상 사업으로 공급받는 사업자가 사업자등록증을 제시하고 세금계산서의 발급을 요구하지 않는 한 영수증을 발급해야 하므로, 공급받는 사업자가 매입세액공제를 받기 위해서는 사업자등록증을 제시하고 별도로 세금계산서의 발급을 요구해야 한다.

법인카드로 하이패스 · 하이플러스 카드 충전 후 한국도로공사, 민자 고속도로를 사용했을 경우

➜ 한국도로공사 : 부가가치세 면세대상으로 매입세액불공제

➜ 민자고속도로 : 부가가치세 과세대상으로 영수증을 발급받은 경우 매입세액공제(비영업용소형승용자동차의 유지비로서 매입세액을 불공제하는 것은 제외)

➜ 한국도로공사와 민자 고속도로 동시사용 : 사용처를 구분해서 민자 고속도로 부분만 매입세액공제

회사 출퇴근 통근용 차량은 매입세액공제가 가능한가요?

개별소비세 과세대상이 아닌 9인 이상의 승합차의 구입 및 유지비용은 부가가치세 공제가 가능하다. 따라서 통근용 차량이 일반 승용차가 아닌 통근버스나 9인승 이상의 승합차의 경우 공제가 가능하다.

차량을 현금으로 구입할까?
리스로 구입할까?

법인이 업무용 차량이 필요할 때 소유권을 취득하는 형태로 구입할지 아니면 리스 형태로 살지에 대한 의사 결정 문제가 발생할 수 있다. 즉, 법인차량의 구입과 리스에 따라 세무적인 측면도 달라지므로 세무상 어떻게 달라지는지 살펴보도록 하자.

1 법인차량을 직접 구입하는 경우 절세효과

법인이 차량을 살 때 법인 명의로 소유권이전등록을 하는 경우 현행 세법상 차량운반구로 자산으로 계상한 후 감가상각 절차로 비용처리를 할 수 있다. 차량의 취득금액은 수익이 발생하는 연도에 1/n으로 비용처리 할 수 있다.

또한, 차량구입 시 현금구매와 할부 구매 두 가지 조건으로 살 수 있는데, 현금구매의 경우 초기 구매비용이 많이 소요되나 이자비용이 없다는 장점이 있는 반면에 할부 구매의 경우엔 초기 구매자금이 적게 드나 이자 부담이 있다는 점에 유의해야 한다.

2 | 법인차량을 리스로 구매하는 경우 절세효과

차량을 법인 명의로 소유권이전등록 하지 않고 리스로 취득할 수가 있는데, 리스는 리스회사가 차량의 사용권을 리스 이용자에게 이전하고 리스 이용자는 사용료를 지급하는 계약이다. 이는 리스 이용자 입장에서 초기에 거액의 돈을 들여 자산을 취득하기는 법인의 재무상태가 안 좋을 때 매달 소정의 사용료 지급만으로 필요로 하는 차량을 이용할 수 있다는 점이다.

리스의 방식에는 금융리스 방식과 운영리스 방식이 있다.

금융리스로 차량 구매

금융리스는 소유권 이전, 염가구매선택 등 만료 시점에 법인의 차량이 되는 것으로 리스 이용자는 리스자산을 자산으로 계상해서 감가상각할 수 있고, 리스료는 원금상환 부분과 이자비용 부분으로 구분해서 부채상환과 이자비용으로 비용처리 할 수 있다. 금융리스의 경우 자산과 부채가 계상되고 재무제표의 부채비율 등에 영향을 준다.

운영리스로 차량 구매

운영리스는 소유권 이전 등은 하지 않고 렌털처럼 사용만 하는 것으로 법인의 자산 계상 없이 리스료 전액에 대해서 비용처리 할 수 있다. 즉, 별도로 자산과 부채로 계상되지 않고 비용(= 리스료)만 발생하게 된다.

3 수익효과와 절세효과 고려 후 차량구매 방법 선택

법인은 현금구매와 할부구매 및 운용리스구매와 금융리스구매 등 여러 형태를 놓고 각각 총소요 비용(원금, 이자비용, 리스료 등)을 계산하고 그에 따른 법인세 효과를 확인해야 한다. 이렇게 비교·확인해서 총 소요 비용이 적게 들고 절세효과가 높은 형태를 선택해야 한다. 다만, 비용이 많아지면 소득에서 차감되므로 절세효과는 있지만, 비용이 많이 들기 때문에 그만큼 회사의 수익은 적어지게 된다. 따라서 법인의 이익이 큰 경우 비용증가를 통한 절세효과가 중요한지, 법인세를 줄이는 효과보다 법인의 총소요 비용을 줄이고 수익을 늘리는 효과가 더 필요한지 등 회사의 상황에 맞춰 선택해야 한다.

4 법인차량 취득 및 보유 등에 따른 세금 지출

법인의 차량을 취득하는 경우 취·등록세 및 개별소비세가 부과되며, 보유 시 자동차세와 유류세(제품별로 교통·에너지·환경세, 개별소비세, 교육세, 주행세, 부가가치세, 석유 부과금 등)등이 부과된다. 또한, 비업무용 소형승용차의 구입과 유지에 관한 매입세액은 공제하지 않으므로 주의해야 한다. 즉, 차량운수업, 자동차 대여업 등 자동차를 이용해서 용역을 제공하는 사업 및 자동차판매업 등 자동차를 제공하는 사업을 영위하는 자가 그 자동차를 직접 영업에 사용하는 것을 제외한 모든 승용자동차는 공제되지 않으며, 리스에 따른 리스료 등도 매입세액공제를 받을 수 없다. 다만, 비영업용이라도 경차(1,000cc 이하) 또는 9인승 이상의 승합차, 트럭의 경우에는 예외적으로 매입세액이 공제되므로 매입세액공제 대상 여부의 확인이 필요하다.

구 분	현금구매	자동차 리스	렌터카
명의	이용자	리스사	렌터카업체
초기비용	차량 가격, 등록면허세, 취득세, 개별소비세, 공채매입, 연간 보험료	보증금	없음
유지비용	자동차세, 소모품비, 정비비, 검사비	월이용료	이용료(일 또는 월)
비용손비처리	감가상각비(정률법, 정액법)	리스료 전액	렌터비 전액
유지관리	이용자	리스사	렌터카업체
번호판	자가용	자가용	'허' 넘버
사고정비 시	대차 시 별도 비용	대차 무료제공	대차 시 별도 비용 (본인 과실 사유 시)
정비	이용자 직접처리	도어 to 도어 서비스	정비지원 서비스

농산물은
의제매입세액공제를 받자

1 면세농산물은 의제매입세액공제를 반드시 받자

의제매입세액공제의 대상은 영세율적용사업자를 포함하여, 과세 사업자이어야 하며, 법인 및 개인 일반과세자가 공제받을 수 있다. 단, 업종과 공제율에서만 차이가 있을 뿐이다.

공제요건은 다음과 같다.

❯ 사업자등록 된 부가가치세 과세사업자(간이과세자 제외)

❯ 부가가치세 면세로 공급받은 농산물, 축산물, 수산물, 임산물

❯ 농산물 등을 원재료로 하여 재화를 제조·가공 또는 용역을 창출해야 한다.

❯ 제조·가공한 재화 또는 창출한 용역의 공급이 부가가치세가 과세되어야 한다.

의제매입세액 공제액 = ❶과 ❷ 중 적은 금액

❶ 농 · 축 · 수 · 임산물 매입가액 × 공제율

❷ 공제한도액

[의제매입세액 공제율]

구 분			공제율
❶ **음식점**	과세유흥장소의 경영자		2/102
	과세유흥장소 외의 음식점을 경영하는 사업자	개인사업자 연 매출 2억 원 이하	9/109
		연 매출 2억 원 초과	8/108
		개인사업자 외의 사업자(법인사업자)	6/106
❷ **제조업**	개인사업자	과자점업, 도정업, 제분업 및 떡류 제조업 중 떡 방앗간을 경영하자	6/106
		위 외의 제조업 경영자	4/104
	개인사업자 외의 사업자(법인사업자)	중소기업	4/104
		중소기업 외의 사업자	2/102
❸ 위 ❶ · ❷ 외의 사업			2/102

[의제매입세액 공제한도]

구 분		한도 율	
		음식점업	기타업종
❶ 개인사업자	과세표준이 1억 원 이하인 경우	75%	65%
	과세표준이 1억 원~2억 원인 경우	70%	
	과세표준이 2억 원 초과인 경우	60%	55%
❷ 법인사업자		50%	

따라서 음식점을 운영하는 사업자는 농산물 등을 사는 금액에 대해
서도 매입세액을 공제받을 수 있으니, 앞으로는 계산서를 철저히 챙

겨 받아두어야 다음과 같이 의제매입세액공제를 받을 수 있다.

예를 들어 음식점을 운영하는 개인사업자가 6개월간 채소류·생선·육류 등을 4,360만 원어치 샀다고 하면 360만 원 (❶ 4,360만 원 × 9/109, ❷ 한도 : 4,360만 원 × 75% = 3,270만 원)을 공제받을 수 있으므로 그만큼의 세금을 줄일 수 있다.

2 의제매입세액공제 대상과 방법

구 분	내 용
공제 대상 품목	❶ 농·축·수·임산물 ❷ 김치·두부 등 단순 가공식품과 광물인 소금 ❸ 농·축·수·임산물의 1차 가공 과정에서 발생하는 부산물
공제대상 사업자	면세농산물 등을 원재료로 해서 제조·가공해서 공급하는 재화·용역이 부가가치세가 과세되는 모든 업종(면세 포기 사업자 포함)
매입가액	의제매입세액 공제 대상이 되는 원재료의 매입가액은 운임 등의 부대비용을 제외한 매입원가로 한다.
관련 서류의 제출	의제매입세액을 공제받기 위해서는 공급받은 사실을 증명하는 서류를 제출해야 하므로 면세사업자로부터 원재료를 사야 하고, 계산서나 신용카드 영수증(또는 직불카드 영수증)을 받아야 한다. 제조업의 경우에는 농어민으로부터 직접 살 경우에도 의제매입세액을 공제받을 수 있으나, 의제매입세액공제신고서를 제출해야 한다. 의제매입세액공제신고서를 제출하는 경우 공급한 농어민의 성명, 주민등록번호, 건수, 품명, 수량, 매입가액을 기재해서 제출하면 된다.

감춰도 드러나는 매출과
감추면 감춰지는 매출

1 감춰도 드러나는 매출

부가가치세는 판매자가 증빙을 발행하면 구입자에게 각종 혜택을 줘서 받은 증빙을 신고하도록 유도하고 있다. 즉, 판매자와 구입자의 상호 증빙 체크를 통해 탈세 여부를 찾아내는 방식이다.

따라서 판매자는 증빙을 발행하면 무조건 세금 신고를 해야 한다. 즉, 다음의 거래는 무조건 매출이 드러나므로 신고 및 납부를 해야 한다.

❶ 세금계산서 발행분 ➡ 거래 상대방이 매입으로 신고한다.

❷ 계산서 발행분 ➡ 거래 상대방이 매입으로 신고한다.

❸ 신용카드 결제분 ➡ 국세청에 바로 통보된다.

❹ 현금영수증 발행분 ➡ 국세청에 바로 통보된다.

❺ 지로영수증 청구분 ➡ 거래 상대방이 매입으로 신고한다.

❻ 앱 매출분 ➡ 거래 상대방이 매입으로 신고한다.

❼ 인터넷 전자상거래 분 ➡ 거래 상대방이 매입으로 신고한다.

따라서 위의 매출분은 부가가치세 신고를 할 때 편리하게 하려면 각각 별도로 합계를 관리하는 것이 좋다.

2 감추면 감춰지는 매출

현재는 워낙 국세청이 전산망을 촘촘히 해놔서 매출을 감추기가 힘들다. 그나마 감출 수 있는 매출은

❶ 현금을 받고 현금영수증을 발행하지 않은 경우

❷ 아는 사업자끼리 남는 자료나 모자라는 자료를 맞추는 정도이다.

판매하고 현금을 받는 경우, 아예 업종 특성상 현금매출이 발생할 확률이 미미하고 규모가 작은 경우에는 현금매출을 빠뜨려도 커다란 문제가 생길 확률이 낮으나, 심심치 않게 현금거래가 발생하는 마트 등 소비자를 상대하는 업종이 현금매출이 전혀 없는 것처럼 신고한다면 문제가 될 가능성이 크다. 따라서 전체를 신고하지 않더라도 적절히 조정해서 신고는 해야 한다.

특히 유사한 업종을 운영하는 다른 회사나 점포보다 현금매출 비율이 낮거나, 매출과 비교해서 자료가 과다한 경우에는 부가가치세 신고 때에 안내장이 오므로 주의해야 한다.

절세 Tip 규모가 작으면 세무조사 등에 걸릴 확률도 낮다.

국세청 세무조사는 원칙적으로 탈세 혐의가 높은 경우 및 금액이 큰 경우 먼저 실시된다. 따라서 규모가 작은 경우에는 확률이 낮다. 또한, 세무공무원이 신고자료를 들여다볼 확률도 특별한 경우가 아니면 소규모사업자는 넘어가는 경우가 많다. 즉, 우려하는 만큼 걸릴 확률은 낮다는 것이다.

그러나 확률만 가지고 세무 관리를 할 수는 없다. 요즘 국세청 전산망이 잘 되어있어 혹시 모를 계기로 회사의 신고자료를 들여다보다 탈세가 발각될 수도 있음을 항상 주의해서 장부관리를 하고, 신고해야 한다.

환급받으려다 감춰진 세금 드러날 수 있다.

매입세액이 매출세액보다 크면 환급이 발생한다. 내 세금을 돌려받을 수 있으니 얼마나 행복한 일인가?

그런데 대다수 자영업자는 고민에 빠지게 된다. 왠지 납부할 금액이 아니라 환급을 받아도 되는지 기분이 찜찜하다.

그래서 매입, 매출을 약간 조작해 결국 얼마라도 납부할 세액이 나오게 하는 경우가 많다.

이게 맞는 방법일까?

내가 증빙에 따라 원칙적으로 신고하고 있다면 틀린 방법이다.

내 신고사항에 문제가 없는데 군이 환급을 포기할 이유는 없다.

그러나 마음속에 약간의 찜찜함이 있다면 환급받는 금액이 추가로 납부해야 할 금액보다 크지 않는 경우, 오히려 포기하는 것이 유리할 수 있다.

내 회사의 규모가 작아서, 환급액이 얼마 안 돼서 그냥 환급해줄 거로 생각했다가는 큰코다칠 수 있다.

평소에는 신경 쓰지 않던 소규모 회사도 환급이 발생하면 관할 세무서 담당자는 환급이 절차상, 금액상 문제가 없는지 규모가 작아서 그냥 넘어갔던 신고내용을 자세히 들여다볼 수 있다.

그러면 의심 가는 내용을 찾아보고, 대조해봐 오히려 과소신고 사항
이 적발되어 더 많은 세금을 내는 사례도 있다.

따라서 환급을 받을지, 안 받을지는 사장 본인이 잘 판단해서 결정
한다.

> 부가가치세 환급이 나오면 그냥 신고된 내용대로 관할 세무서에서 환급해주지는
> 않는다.
> 신규사업자의 경우, 사업을 준비하는 과정으로 아직 매출이 발생하지 않기 때문
> 에 적은 금액이 환급될 경우 환급 조사가 안 나올 수도 있다.
> 하지만 그렇다 하더라도 금액이 클 때 혹은 담당 조사관의 성향에 따라 신규사
> 업자임에도 불구하고 충분히 조사가 나올 수 있다.
> 따라서 환급과 관련된 조사 또는 유선상 질문이 오기 전에 어떠한 이유로 부가
> 가치세 환급이 이루어지게 되었는지 즉, 매입세액이 왜 크게 나오는지에 대한
> 합리적인 답변과 소명자료가 필요하다.

부가가치세 환급은 일반환급과 조기환급으로 나누어진다.

1 일반환급

일반환급은 환급세액을 그 확정 신고기한(7월 25일, 1월 25일) 경과
후 30일 이내에 사업자에 환급해준다.

2 조기환급

조기환급은 일반환급보다 더 빨리 환급해주는 제도로, 아래의 일정
한 요건을 갖추는 경우 해당 환급세액을 각 과세기간 또는 각 예정

신고 기간별로 신고기한의 경과 후 15일 이내에 사업자에게 조기환급 해준다.

❶ 재화 또는 용역의 공급에 대하여 영세율이 적용되는 때

❷ 사업 설비(건물, 기계장치 등의 감가상각 자산을 말함)를 신설, 취득, 확장 또는 증축하는 때

❸ 재무구조 개선계획 이행사업자(법원의 인가 결정을 받은 회생 계획, 기업개선계획의 이행을 위한 약정 및 특별약정을 이행 중인 사업자)

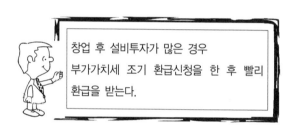

창업 후 설비투자가 많은 경우
부가가치세 조기 환급신청을 한 후 빨리
환급을 받는다.

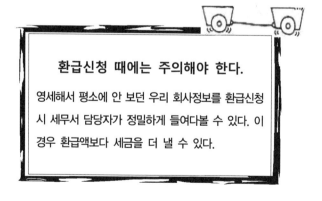

환급신청 때에는 주의해야 한다.

영세해서 평소에 안 보던 우리 회사정보를 환급신청 시 세무서 담당자가 정밀하게 들여다볼 수 있다. 이 경우 환급액보다 세금을 더 낼 수 있다.

사적비용 회사 비용으로 처리해도 안 걸리는 이유

1 가사비용을 회사 비용으로 처리하면 무조건 걸리나?

가사비용을 회사 비용으로 처리하는 것도 요령이 필요할 수 있다. 그러나 이런 요령도 불법이지만 전적으로 규모가 크지 않은 회사에만 예외적으로 허용될 수 있는 부분이라고 생각하면 된다. 즉, 결과적으로는 절세가 아닌 탈세 부분이다. 단, 그 금액이 소액으로 인해 조사인력을 투입해 추징하는 경우 그 실효성이 떨어지므로, 대대적인 단속을 통해 적발하지 않을 뿐이다. 이는 단지 요행을 바라는 행위에 불과하므로 판단은 사장님이 직접 해야 한다.

❶ 도·소매, 서비스, 건설, 병원 등 제조와 전혀 관계없는 회사가 마트에서 사는 원재료 영수증은 가사 관련 비용으로 볼 가능성이 높음으로 절대 회사 비용으로 처리하면 안 된다.

❷ 반면, 회사나 가정에서 모두 사용하는 컴퓨터, 프린트, 스캐너 등 전자기기와 책상, 의자, 책꽂이, 문구 등 사무용품은 신용카드로 결제 후 회사 비용으로 처리해도 해당 건이 회사 규모보다 자주 발생하지 않으면 문제가 되지 않을 수 있다. 물론 걸려도 회사 비품이라고 우길 수 있는 품목이다.

❸ 식대의 경우 평일 점심시간에 발생하는 식비나, 가끔 저녁 시간에 발생하는 식비는 복리후생비 또는 회식비로 문제없이 처리할 수 있다. 그러나 너무 자주 발생한다거나, 근무를 안 하는 토요일 오후 시간대나 일요일 식비 지출액은 가사 관련 비용으로 문제가 발생할 수 있다.

2 국세청에 가장 많이 적발되는 탈세 사례

참고로 국세청에 가장 많이 적발되는 사례를 살펴보면 다음과 같다.

❶ 접대성 경비를 복리후생비 등으로 분산처리

❷ 근로를 제공하지 않은 기업주 가족에게 인건비를 지급하고 비용처리

❸ 신용카드 사적(업무 무관, 가사비용) 사용

❹ 재고자산 계상 누락 등을 통해서 원가를 조절하는 경우

❺ 세무조사 후 신고소득률 하락 등

국세청은 기업소득 유출, 수입금액 누락, 소득 조절, 조세 부당감면 등으로 세금을 탈루할 우려가 있는 자영업 법인, 취약·호황 업종의 신고내용을 개별 정밀 분석한 자료로 성실신고를 별도로 안내한다.

❻ 소비지출 수준을 통해 소득 추정분석

소득신고보다 해외여행 등 소비지출이 상대적으로 많은 경우 세무조사 대상이 될 수 있다.

❼ 원가를 과대 계상한 경우

상호 증빙이 없이 세무조사만 안 받으면 걸리지 않을 거라는 생각에 마음대로 원가를 과대 계상해 세금을 탈루하는 행위는 세무조사를 받을 확률이 높다.

❽ 일요일에 마트를 가서 장을 보고 법인카드로 결제한 경우

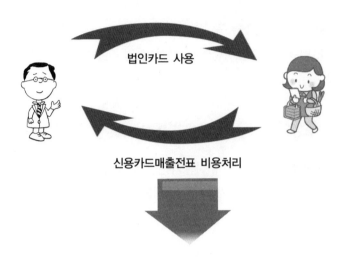

법인카드 사용

신용카드매출전표 비용처리

"가사 관련 비용 법인카드 사용액의 회사경비처리 시 지금 당장은 걸리지 않아도 나중에 걸리면 세금을 추가로 내고, 가산세 부담까지 지게 된다."

주말(일요일) 법인카드 사용 소명해야 한다.

국세청에서는 비록 법정지출증빙에 의한 지출이라고 해도 업무와의 관련성 여부를 체크하므로 주말 및 공휴일에 지출의 경우는 업무와의 관련성을 생각하고 가급적이면 법인카드 및 사업용 카드를 사용하지 않는 것이 현명하다. 만일 업무와 관련한 지출이면 지출증빙 영수증에 누구와 무슨 목적으로 어디서 먹었는지와 상대방의 연락처를 기록해두는 습관을 길러야 한다. 또한, 접대성 경비는 반드시 접대비로 회계처리하여 부가가치세 매입세액 공제는 받지 못할지라도 필요경비로 인정받을 수 있도록 해야 한다. 특히 법인의 경우 접대비 한도금액을 초과해서 사용한 금액은 손금부인을 받더라도 최소한 업무무관경비로 상여 처분을 받는 것은 피해야 한다.

매출처가 부도났는데,
부가세 신고에서 빼면 안 되나?

외상으로 물품을 대주고 대금은 외상으로 했는데, 거래처가 갑
자기 부도가 나는 바람에 상품 대금 회수는 말할 것도 없고,
이에 대한 부가가치세마저 떠안게 되어 억울하다는 생각이 들어 손
해를 최소화하는 방법을 찾고 있다.

부가가치세는 대금 회수와 관계없이 공급 시기에 신고·납부 해야 하
므로, 외상으로 재화·용역을 공급하고 부가가치세를 낸 후에 대금을
받지 못했을 때, 세액은 이미 낸 결과가 된다.

사업자는 받지도 못한 부가가치세를 냈으므로, 받지 못한 외상 대금
과 부가가치세 등 이중으로 손해를 볼 수밖에 없다. 이러한 이중의
손해를 방지하기 위해서 대손이 확정된 날이 속하는 과세기간의 매
출세액에서 받지 못한 부가가치세를 공제해 주는 제도가 있는데, 이
를 대손세액공제라고 한다.

1 외상 대금은 떼어도 세금은 손해 보지 말자

대손세액공제를 받으면 된다. 즉, 부도가 발생해서 부도어음이나 수
표 금액에 포함된 매출세액을 부가가치세 확정신고 때 매출세액에서

차감받으려면 대손세액공제신고서와 대손 사실(부도 발생 사실)을 증명하는 서류를 첨부해서 관할 세무서에 제출한 후 대손세액공제를 받는다.

2 대손세액공제 신청은 언제 해야 할까?

대손세액이 확정된 날이 속하는 과세기간의 매출세액에서 차감한 후 신고해야 한다. 다만, 다음의 대손 사유가 인정되는 경우에만 매출세액에서 공제할 수 있다.

❶ 「상법」, 「어음법」, 「수표법」에 의한 소멸시효가 완성된 채권(외상매출금 및 미수금, 어음, 수표)

❷ 「채무자 회생 및 파산에 관한 법률」에 따른 회생계획인가의 결정 또는 법원의 면책 결정에 따라 회수불능으로 확정된 채권

❸ 「민사집행법」에 의해서 채무자의 재산에 대한 경매가 취소된 압류채권

❹ 물품의 수출 또는 외국에서의 용역제공으로 발생한 채권으로서 외국환거래에 관한 법령에 따라 한국은행 총재 또는 외국환은행의 장으로부터 채권회수의무를 면제받은 것

❺ 채무자의 파산, 강제집행, 형의 집행, 사업의 폐지, 사망, 실종, 행방불명으로 인해서 회수할 수 없는 채권

❻ 부도 발생일부터 6월 이상 경과한 수표 또는 어음상의 채권 및 외상매출금(중소기업의 외상매출금으로서 부도발생일 이전의 것에 한정함). 다만, 당해 법인이 채무자의 재산에 대해서 저당권을 설정하고 있는 경우 제외

❼ 회수기일을 6월 이상 경과한 채권 중 회수비용이 당해 채권가액을 초과하여 회수실익이 없다고 인정되는 30만 원 이하(채무자별 채권가액의 합계액을 기준)의 채권

❽ 금융회사 등의 채권 중 금융감독원장으로 부터 대손금으로 승인을 받은 것

❾ 중소기업투자회사의 창업자에 대한 채권으로서 중소기업청장이 기획재정부장관과 협의하여 정한 기준에 해당한다고 인정한 것

❿ 중소기업의 외상매출금·미수금으로서 회수기일이 2년 이상 지난 외상매출금·미수금. 다만, 특수관계인과의 거래로 인하여 발생한 외상매출금·미수금은 제외한다.

3 대손세액공제 신청을 하는 방법

부도 사실을 증명하기 위해서는 거래처로부터 받은 세금계산서 사본과 부도어음 수표 사본(차후 원본 필요)을 갖춰야 하며, 이를 대손세액공제신고서와 함께 부가가치세 확정신고 때 제출하면 된다.

대손세액공제 자체 보고서가 증빙서류

채무자의 사업 폐지, 사망, 실종, 행방불명, 파산, 강제집행, 형의 집행으로 인하여 회수할 수 없는 채권은 채권 회수가 불가능함을 입증할 수 있는 객관적인 증빙서류를 갖추어야 대손금으로 처리할 수 있다.

그러나 실무적으로는 채권 회수가 불가능함을 입증할 수 있는 객관적 증빙서류를 만드는 것은 시간과 비용도 많이 소요될 뿐만 아니라 완벽하게 채권 회수의 불가능함을 입증한다는 것은 매우 어렵다. 따라서 국세청은 이러한 무재산 증명과 같은 객관적 증빙서류의 확보에 어려움이 있다는 것을 고려하여 회사 채권 관리부서의 자체 조사보고서를 증빙서류로 인정하기로 하였다.

[조사보고서 필수 사항]

대손금 처리를 위한 증빙서류인 조사보고서에는 다음과 같은 사항이 기재 되어야 한다.

① 개인사업자의 경우 : 채무자의 본적지, 최종주소지, 직전 주소지와 사업장소재지를 관할 하는 관서(등기소, 시·군·구청 등을 말함)의 공부(公簿, 부동산등기부등본, 토지대장,

건축물 관리대장 등을 말함)상에 등록된 소유재산의 유무

② 법인사업자의 경우 : 법인등기부 상의 소재지와 사업장소재지(지점, 공장 포함)를 관할하는 관서의 공부상에 등록된 소유재산의 유무

③ 채무자가 보유하고 있는 동산에 관한 사항

④ 다른 장소에서 사업을 하고 있는지

⑤ 채무자의 거래처, 채무자의 거래 은행 등의 탐문 조사내용 등 채권 회수를 위한 조치사항

⑥ 보증인이 있는 경우에는 보증인에 대해서도 같은 내용을 조사하여 기재

4 얼마나 절세혜택을 볼 수 있나?

부도어음 수표 금액의 10/110에 해당하는 금액을 부가가치세 확정신고 때 공제받을 수 있다. 또한, 요건을 충족한 경우 나머지 못 받은 금액(100/110)은 대손상각비로 법인세 또는 소득세 신고 시 비용처리가 가능하다.

참고로 10/110을 공제해 주는 이유는 부가가치세는 판매금액 100%에 대해 10%가 세금이 된다. 따라서 총금액은 110%가 된다.

이를 역으로 보면 총금액에서 부가가치세는 10/110만 되는 것이고 100/110은 판매금액이 되는 것이다. 여기서 110/110(판매금액 + 부가가치세)을 부가가치세법에서는 공급대가라고 하고, 100(판매금액)/110을 공급가액이라고 한다. 예를 들어 부가가치세 포함 110만 원을 받지 못한 경우, 110만 원 × 100/110 = 100만 원은 판매금액, 110만 원 × 10/110 = 10만 원은 부가가치세가 된다.

구 분	처리 방법
판매금액 100만 원	종합소득세 또는 법인세 신고 때 대손상각비로 비용인정
부가가치세 10만 원	부가가치세 신고 때 대손세액공제

제5장

소득에 대한 세금
종합소득세와 법인세 절세

- 월매출 1,000만 원에 종합소득세 얼마나 낼까?
- 복식 장부와 간편장부 중 어떤 걸 작성해야 하나?
- 종합소득세 신고안내문 받고 놀라지 마라
- 국세청은 사소한 금액까지 모두 조사할 수 없다.
- 가족에게 월급도 주고 세금도 줄이자(가족회사 업무처리)
- 복리후생비 지출 절세도 되고, 임직원도 좋다.
- 회사가 돈을 빌리고 빌려주는 경우 세무처리
- 비영업대금의 이익과 세무 처리
- 가지급금을 해결하는 방법
- 접대비도 인정받을 수 있는 한도금액이 있다.
- 주·정차 등 주차위반 과태료는 비용인정 안 된다.
- 콘도 회원권 구입과 이용 시 세무 처리
- 업무추진비의 관리방법
- CEO가 알아야 할 세금 포인트

월매출 1,000만 원에
종합소득세 얼마나 낼까?

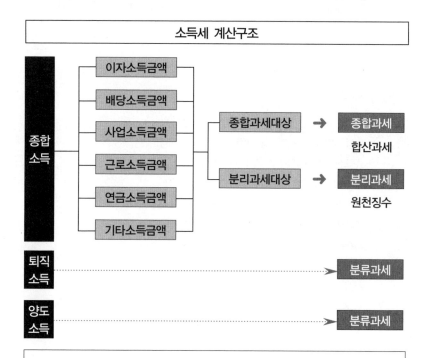

종합과세 : 종합소득세 계산 시 합산해서 과세하는 것

분리과세 : 소득을 받을 때 상대방이 지급총액에서 공제(원천징수)해서 납부한 세금으로 모든 세금 문제가 끝나는 것

분류과세 : 소득을 각각 분리해서 과세한다는 것

저의 월 소득은 1,000만 원입니다. 종합소득세는 얼마나 나올까요? 라고 묻는 질문자에게 얼마가 나옵니다. 하고 정확히 답하는 것은 잘못된 답변이다.

왜냐하면, 종합소득은 개인 사정을 세세히 알지 못하면 수입이 얼마인데, 얼마의 세금을 낸다고 확정하기가 곤란하다. 즉, 종합적인 여러 사항 중 한 가지만 빼고 물어봐도 세금이 달라질 수 있기 때문이다.

앞서 표에서 본 바와 같이 종합소득을 구성하는 소득의 종류도 다양하다. 내가 종합과세 되는 소득이 무엇이 있는지부터 파악하는 것부터 시작해서, 이중 비용은 얼마를, 소득공제와 세액공제는 얼마를 받을 수 있는지까지 다양한 공제 항목을 일일이 적용해야 정확한 계산이 가능하다.

[사업소득의 계산구조]

총 수 입 금 액	−	필요경비 또는 경비율	=	소 득 금 액
소 득 금 액	−	소득공제	=	과 세 표 준
과 세 표 준	×	세 율	=	산 출 세 액
산 출 세 액	−	세액공제 및 감면세액	=	결 정 세 액
결 정 세 액	−	기납부세액	=	납 부 할 세 액

개인사업자가 내는 사업소득세의 계산구조는 위와 같다. 사업소득만 있는 개인사업자는 수입금액에서 각종 비용을 차감하고, 본인 공제와 국민연금 공제, 표준공제만을 차감한 금액에 세율을 적용한 후 혹시 원천징수 당한 금액이 있으면 이를 차감한 금액이 낼 수 있는 최대금액이 된다. 즉, 이렇게 계산한 금액 이상은 내지 않는다.

참고로 개인사업자의 사업소득 금액은 사업자가 기장했느냐, 기장을 안 한 상태에서 신고하느냐에 따라 달라지므로, 여러 가지 변수가 다양하다.

그러나 기장을 한 후 신고하는 종합소득세가 대체로 저렴하고, 혹시 적자가 나도 다음 종합소득세 신고할 때 공제받을 수 있다.

옆집 사장님의 소득이 저희보다 많은데, 세금은 왜 적게 내요

친구는 월급도 나보다 많고, 옆집 사장님과 이야기하다 보니 연 매출도 우리 회사보다 많던데, 세금은 적게 내요. 이거 세법이 잘못된 거 아닌가요?

이런 일이 가능한 걸까! 충분히 가능하다.

1. 장부를 기장했느냐, 안 했느냐?
2. 비용을 누가 더 인정받았느냐?
3. 공제 가능한 가족의 수는 누가 더 많은가?
4. 공제 가능한 가족에 대한 지출을 누가 더 많이 했느냐?
5. 공제 대상 금융상품을 누가 더 납부했느냐?
6. 국민연금 납부액은 누가 더 많은가?

등등 각 개인의 상황에 따라 종합소득세가 다르게 나올 수 있다.

건강보험료가 갑자기 오를 수 있다.

개인사업자는 세금뿐만 아니라 4대 보험에 대한 의무도 있으므로 해당 보험료 부담도 함께 생각해야 한다.

물론 직원들의 인건비 신고에 따른 보험료 부담도 신경 써야 하지만, 사업자 본인의 보험료도 연 단위의 정산과정에서 큰 부담이 될 수 있어 주의해야 한다.

예를 들어 건강보험은 5월에 종합소득세 신고를 하고 나면 사업자가 건강보험공단에 종합소득금액으로 보수총액신고를 하고, 공단에서는 그 금액을 기준으로 부과할 건강보험료를 책정하는데, 이 경우 월별 건강보험료 산정기준이 달라지는 상황이 된다.

2023년 기준으로 보면 1~5월 건강보험료는 2021년 소득을 기준으로 부과됐고, 6~12월 건강보험료는 5월에 신고한 2022년 소득으로 부과되는 것이다.

이에 따라 매년 종합소득세 신고가 끝난 후 6월이 되면 이미 낸 보험료를 정산하는 절차를 거치는데, 해마다 소득이 오르는 경우 앞서 적게 낸 보험료를 몰아서 한 번에 부과받게 된다. 6월에 정산한 보험료는 7월이나 8월에 부과되는데, 이때 사업자들이 보험료 폭탄을 맞게 되는 것이다.

물론 건강보험료는 10개월 분할납부도 가능하지만, 종합소득세를 신고할 때부터 전년도 대비 소득증가분에 따른 건강보험료 정산에 대해서도 자금관리를 통해 대비해두는 것이 좋다.

복식 장부와 간편장부 중 어떤 걸 작성해야 하나?

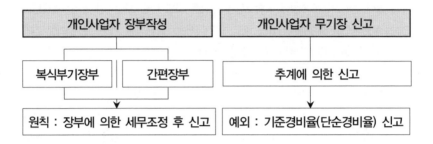

개인사업자 장부작성	개인사업자 무기장 신고
복식부기장부 간편장부	추계에 의한 신고
원칙 : 장부에 의한 세무조정 후 신고	예외 : 기준경비율(단순경비율) 신고

소규모 자영업자의 경우 장부를 적는 것조차 부담일 수 있다. 다만, 문제는 종합소득세 신고 시 원칙적으로 복식부기에 의해 작성한 장부를 근거로 신고 및 납부를 해야 한다는 점이다.

그러나 1인이 하는 소규모 회사의 경우 기장 능력이 없어 장부를 못 적는 것이 현실이다. 따라서 국세청은 일정 규모 이하의 사업자들은 간편장부라는 세금에서만 인정해주는 장부를 만들어 기장을 유도하고, 이를 기장한 것으로 인정해주고 있다.

우선 장부의 작성 여부를 결정하고, 장부를 적는다면 우리 회사는 복식부기 장부를 적어야 할지, 간편장부를 적어도 되는지부터 파악한다.

개인사업자는 간편장부와 복식부기에 의한 기장을 모두 장부로 인정해주고 있다. 다만, 규모에 따라 간편장부를 기장할 경우 장부로 인정을 안 해주는 경우가 있으므로 회사의 규모를 가지고 판단해보기를 바란다.

구 분	복식부기 의무자	간편장부 대상자
가. 농업·임업 및 어업, 광업, 도매 및 소매업(상품중개업을 제외한다), 부동산매매업, 아래에 해당하지 아니하는 사업	3억 원 이상자	3억 원 미만자
나. 제조업, 숙박 및 음식점업, 전기·가스·증기 및 공기조절 공급업, 수도·하수·폐기물처리·원료재생업, 건설업(비주거용 건물건설업은 제외), 부동산개발 및 공급업(주거용 건물 개발 및 공급업에 한정), 운수업 및 창고업, 정보통신업, 금융 및 보험업, 상품중개업, 욕탕업	1.5억 원 이상자	1.5억 원 미만자
다. 부동산임대업, 부동산업(부동산매매업 제외), 전문·과학 및 기술서비스업, 사업시설관리·사업지원 및 임대서비스업, 교육서비스업, 보건업 및 사회복지 서비스업, 예술·스포츠 및 여가 관련 서비스업, 협회 및 단체, 수리 및 기타 개인서비스업, 가구 내 고용 활동	75백 만 원 이상자	75백 만 원 미만자

위 표에서 금액은 직전 연도 (올해 5월 신고기준 전전 연도) 수입금액 기준이다. 즉 2023년 5월 종합소득세 신고의 경우 2021년 기준이다.

업종의 규모에 따라 간편장부를 작성할지, 복식부기로 기장을 할지 결정을 하면 된다.

예를 들어 도·소매업을 운영하는 갑의 직전 연도 수입금액이 3억 원이상이라고 하면, 복식부기로 기장을 했다면 기장을 한 것으로 인정해주지만, 간편장부로 기장한 경우 기장한 것으로 인정해주지 않는다.

그리고 도저히 장부를 적을 수 없는 경우에는 기준경비율에 의해 종합소득세를 신고 및 납부를 하면 된다. 무기장에 의한 신고는 수입금액을 추정치로 신고한다고 해서 추계에 의한 신고라고 한다.

구 분	기준경비율 적용대상자	단순경비율 적용대상자
가. 농업 · 임업 및 어업, 광업, 도매 및 소매업(상품 중개업을 제외한다), 부동산매매업, 아래에 해당하지 아니하는 사업	6천만 원 이상자	6천만 원 미만자
나. 제조업, 숙박 및 음식점업, 전기 · 가스 · 증기 및 공기조절 공급업, 수도 · 하수 · 폐기물처리 · 원료재생업, 건설업(비주거용 건물 건설업은 제외), 부동산 개발 및 공급업(주거용 건물 개발 및 공급업에 한정), 운수업 및 창고업, 정보통신업, 금융 및 보험업, 상품 중개업, 욕탕업	3천6백만 원 이상자	3천6백만 원 미만자
다. 부동산임대업, 부동산업(부동산매매업 제외), 전문 · 과학 및 기술서비스업, 사업시설관리 · 사업지원 및 임대서비스업, 교육서비스업, 보건업 및 사회복지 서비스업, 예술 · 스포츠 및 여가 관련 서비스업, 협회 및 단체, 수리 및 기타 개인서비스업, 가구 내 고용 활동	2천4백만 원 이상자	2천4백만 원 미만자

예를 들어 도·소매업을 하는 경우 종합소득세 신고 시 다음의 기준이 적용된다.

구 분		기장 인정 범위
기장에 의한 신고	직전 연도 수입금액이 3억 원 이상자	복식부기 장부에 의해 기장
	직전 연도 수입금액이 3억 원 미만자	간편장부에 의해 기장
무기장 (추계)에 의한 신고	직전 연도 수입금액이 6천만 원 이상자	기준경비율 적용 신고
	직전 연도 수입금액이 6천만 원 미만자	단순경비율 적용 신고

종합소득세 신고안내문 받고 놀라지 마라

종합소득세 기간에 국세청으로부터 오는 종합소득세 확정신고 안내문을 받으면 괜히 세금 문제가 생긴 것 아닌지 당황할 수가 있는데, 이는 문제가 있어서 오는 것이 아니라 종합소득세 신고에 앞서 안내 형식으로 발송하는 일종의 안내문이니 안심해도 된다. 다만, 신고 시에는 이를 참조하는 것이 좋다.

안내문 유 형	신고 안내 대상	기장유무	신고방법
(A)	전년도 외부조정대상자	복식부기 간편장부	• 전년도 세무사에게 세무신고 대리를 맡긴 사업자(외부조정대상자의 경우 반드시 종합소득세 신고를 세무사에게 위탁해야 한다.) • 장부를 기장해서 신고해야 하는 사업자(기준경비율로 신고할 경우 가산세 부과, 단순경비율로 신고 불가)
(B)	전년도 기장신고자 (자기조정, 간편장부)	복식부기 간편장부	• 전년도에 직접 세무신고를 한 경우이고, 장부를 기장해서 신고해야 하는 사업자(기준경비율로 신고할 경우 가산세 부과, 단순경비율로 신고 불가)

안내문 유 형	신고 안내 대상	기장유무	신고방법
(C)	• 전년도 복식부기 – 추계신고 (기준경비율) • 신규 전문직 사업자	복식부기	• 전년도에 복식부기 의무자였으나 장부를 기장하지 않고 기준경비율로 신고한 경우 • 복식부기로 기장해서 신고해야 하는 사업자(기준경비율로 신고한 경우 가산세 부과, 단순경비율 신고 불가)
(D)	• 기준경비율 적용 신고안내자 • 현금영수증 미가맹, 신용카드 등 상습발급 거부자 • 수입금액 일정 규모 이상인 신규사업자	간편장부	간편장부를 기장하여 신고해야 하는 사업자(기준경비율로 신고한 경우 가산세 부과, 단순경비율 신고 불가)
(E)	• 복수소득 또는 복수사업장 단순경비율 적용대상자 • 단일소득 + 타 소득이 있는 자	간편장부	• 사업장 2개 이상으로 단순경비율로 신고할 수 있는 사업자 • 단순경비율보다 유리할 경우, 장부를 기장하여 신고할 수 있는 사업자
(F)	단일소득 단순경비율 적용대상자 중 과세사업자	간편장부	• 단순경비율 대상자 • 단순경비율보다 유리할 경우, 장부를 기장하여 신고할 수 있는 사업자
(G)	단일소득 단순경비율 적용대상자 중 과세미달자 소득금액 150만 원 이상	간편장부	단순경비율 대상자 중 납부할 세액이 없는 사업자

안내문 유형	신고 안내 대상	기장유무	신고방법
(H)	단일소득 단순경비율 적용대상자 중 EITC · CTC 안내 대상자	간편장부	단순경비율 대상자 중 근로장려세제 또는 자녀장려세제 혜택을 받기 위해 반드시 신고해야 하는 사업자
사전 안내 (K)	성실신고 지원 안내문	–	• 전년도 신고 시 불성실한 부분이 전산으로 분석되어 사전에 성실하게 신고하도록 안내하는 사업자 • 세무대리인을 통해 성실하게 신고하길 권장해주는 사업자
(S)	성실신고확인대상자	복식부기 간편장부	매출액이 높아서 세무사를 통해 장부기장 및 세무신고를 해야 하는 사업자
(V)	주택임대	복식부기 간편장부	주택임대사업자 중 종합소득 과세대상자
(W)	연금소득	비사업자	종합과세대상 사적연금소득 및 타소득이 있는 공적연금자
(X)	복수근로	비사업자	근무지가 2곳 이상이면서 주현 근무지에서 종전근무지 근로소득을 합산하여 연말정산 하지 않은 근로소득자
(Y)	기타소득	비사업자	기타소득금액 300만 원 초과자
(Z)	금융소득	비사업자	금융소득 종합과세대상자

국세청은 사소한 금액까지 모두 조사할 수 없다.

세금구조를 보면 수입 – 지출(법인세 또는 소득세), 즉 이익에 대해서 세금을 부과하거나 매출세액 – 매입세액(부가가치세)에 대해서 세금을 내게 되는데, 구조상 수입이나 매출세액은 적어야 하고, 지출이나 매입세액이 많으면 그만큼 세금을 적게 내게 된다. 따라서 대다수 납세자는 세금신고 때 수입이나 매출은 적게 잡히게 하려 하고, 지출이나 매입은 많이 잡히게 하려 한다.

경리직원은 회사 재무와 관련된 원천자료를 만들고 주무르는 장본인이므로 원천데이터의 정확성은 경리직원의 전문적인 지식 및 마음가짐과 사장의 마음에 달려있다고 보면 된다.

그리고 경리직원은 항상 내가 처리한 방법이 법에 어긋나지 않는지, 혹시 불법인지 알면서 처리한 것이 걸리지 않을까 불안해한다.

1 소액이나 단순 기장 오류는 넘어갈 수 있다.

결론적으로 세무서는 특정 회사의 직원이 아니므로 그 회사에서 발생하는 모든 거래내용을 알 수가 없다. 따라서 전적으로 회사에 대한 원천자료를 기장하고 신고하는 경리담당자 또는 이를 대행해주는 회계사나 세무사 등 전문가들의 신고사항에 의존할 수밖에 없다.

그렇다고 국세청이 납세자의 신고내역을 무조건 100%로 믿을 수도 없고, 공무원을 일일이 모든 회사에 파견해 감시할 수도 없는 것이 현실이다.

2 국세청이 회사의 탈세를 찾아내는 기본적 장치

그러므로 첫 번째, 감시 도구로 활용하는 것이 증빙이다. 즉, 회사와 회사 또는 회사와 개인 간의 거래를 할 때 얼마에 팔았고, 얼마에 샀는지? 를 부가가치세 신고를 할 때 판매자와 구매자가 서로 나누어 가진 2장의 세금계산서를 각각 제출하도록 하고 있다.

이 경우 매출자는 몰라도 매입자는 세금을 적게 내기 위해 반드시 증빙을 제출할 것이므로 판매자가 세금을 적게 내고자 하는 행위를 사전에 방지할 수 있다.

참고로 이와 같은 상호 증빙의 역할을 해주는 것이 세금계산서, 계산서, 신용카드 매출전표, 현금영수증이다. 따라서 이를 빠뜨릴 때는 반드시 걸리게 되어있다.

또한, 두 번째로 활용되는 것이 공익제보다. 즉, 내부고발자에게 일정액의 포상금을 주는 방식으로 공익제보를 유도하고 있다.

공익제보를 받으면 내부적으로 타당한 경우 정기세무조사와 별도로 세무조사를 해서 세금을 추징하게 된다.

세 번째로 국세청 전산망을 통해 탈세 의심 사업자를 추려내어 특별 세무조사 등을 통해 세금을 추징한다.

3 금융거래보다 납세성실도 관리가 우선

법인의 경우 법인통장, 개인의 경우 사업용 계좌 등 금융거래를 이용하는 것이 좋다. 물론 최근에는 금융거래 조작 등을 통해서 가공거래를 합리화시키려고 노력하는 업체가 많다. 이로 인해 세무공무원이 불성실 신고가 발생하는 경우 금융거래의 신뢰보다는 해당 업체의 납세 신뢰성을 먼저 판단한다. 따라서 평소에 세금과 관련된 문제를 손쉽게 해결하기 위해서는 평소에 기업의 납세성실도를 높여두는 것도 실무기술 중의 하나로 보인다. 즉, 납세성실도가 높지 않은 기업은 특정 사안이 발생하는 경우 납세성실도가 높은 기업에 비해 금융거래에 대해서도 신뢰를 받지 못하고 세금을 추징당할 수 있다.

> ## 세무조사에 대비하는 핵심 세무 전략

세무조사에 대비한 핵심 세무 관리전략은 다음과 같다.

첫째, 나중에 발생할 세무조사에 대비해 증빙자료를 반드시 구비하라

둘째, 모든 현금거래는 금융거래를 우선으로 한다.

셋째, 기업의 납세성실도를 잘 관리한다.

> ## 개인사업자는 반드시 사업용 계좌와 사업용 신용카드를 이용하라

개인사업자의 경우 창업 초기부터 홈택스에 사업용 계좌와 사업용 신용카드를 등록한 후

입출금은 사업용 계좌를 이용하고, 카드는 사업용 신용카드를 이용하는 것이 좋다. 물론 사업용 계좌를 이용하지 않은 지출에 대해 그 지출 사실이 확인되는 경우 비용으로 인정받을 수는 있다.

사업용 계좌는 복식부기 의무자에 해당하는 과세기간의 개시일로부터 6개월 이내에 해야 한다. 예를 들어 2022년도 수입금액 기준으로 2023년 현재 복식부기 의무를 지는 사업자는 과세기간의 개시일인 2023년 1월 1일부터 6개월 이내인 2023년 6월 30일까지 사업용 계좌를 신고해야 한다.

개인사업자 사업용 신용카드사용 내역은 매월 사업용 신용카드사용 내역을 조회할 수 있다.

구 분	개인사업자	법인
통장	사업용 계좌	법인통장
신용카드	사업용 신용카드	법인카드

가족에게 월급도 주고
세금도 줄이자(가족회사 업무처리)

동일세대원 가족을 직원으로 채용할 경우는 최저임금 적용대상에서 제외가 되며, 고용보험이나 산재보험도 원칙은 가입하지 않아도 된다. 즉, 건강보험과 국민연금만 가입하면 된다.

결론적으로 사용자(법인 대표, 개인사업자)의 친족은 근로자인지와 무관하게 국민연금과 건강보험만 사업장 가입 대상자이다.

반면, 고용보험에 가입하고자 하는 경우 근로자성 여부(해당 사업장에 근로하고 있는 사용자의 친족이 근로기준법상 근로자에 해당하는지)에 따라 고용보험, 산재보험 적용대상자 여부가 결정된다. 여기서 친족은 민법상 친족을 말하며, 동거 여부 및 친족 여부는 주민등록표나 가족관계증명서 등의 증빙서류를 통해 판단한다.

공단에서는 가족을 직원으로 채용하고 종업원 인건비 신고가 제대로 되지 않을 경우는 그 가족 직원을 비 채용한 것으로 간주하여 직장 가입에서 지역가입자로 전환 시켜 정산해서 고지를 하게 된다. 따라서 가족 직원을 고용하더라도 모든 세무 업무를 정확하게 이행하고 급여를 지급할 경우 현금이 아닌 계좌이체로 지급해야 한다.

만약 인건비 신고를 하지 않는다면 일을 한 가족들의 소득이 증명되지 않을 수 있다.

또한 무소득자가 되어 차후 금융기관과의 대출 거래 등에서 불이익을 받을 수도 있고 경력증명에도 영향을 미친다.

중소기업의 경우 가족 중의 한 명이 사장이고, 다른 가족이 직원인 경우가 상당수이다. 이 경우 가족을 직원으로 신고하는 것이 유리한지 아니면 귀찮으니 신고를 안 하는 것이 유리한지 판단해볼 필요가 있다.

절세효과를 극대화하기 위해서는 개인사업체가 이익이 많아야 하며, 소득세 과세표준 구간이 높은 세율을 적용받을수록 절세효과가 커진다.

기억해야 할 가장 중요한 사실은 가족에게 급여를 주기 위해서는 실제로 가족이 사업장에서 노동하고 있어야 하며, 동일 직책의 다른 직원에 비하여 많은 급여를 받은 때에는 부당하게 더 받은 급여에 대해서는 추후 비용을 부인당할 수 있다는 것을 기억해야 한다.

나중에 세무조사를 받을 때 가족 인건비에 대한 소명을 요구할 수 있으므로 근로소득 원천징수영수증, 4대 보험 납입영수증, 급여지급 통장 사본, 이체명세, 근로소득원천징수부, 근무일지 등 급여지급과 실제 근무 여부가 증명될 수 있는 증빙을 잘 챙겨야 한다.

1 가족회사 직원 1명 상시근로자 수

사업주의 직계가족과 배우자는 원칙적으로 근로자에 해당하지 않기 때문에 가족끼리만 일하는 경우는 상시근로자 수 산정 의미가 없지만, 직계가족과 배우자가 아닌 직원이 1명이라도 있는 경우에는 직계가족과 배우자도 포함하여 상시근로자 수를 산정해야 한다. 즉, 동거 가족 4명과 일반 근로자 1명인 사업장은 동거 가족 4명까지도 상시근로자 수에 포함되므로 상시근로자 5인인 사업장에 해당한다. 예를 들어 사업주 외에 자녀 2인과 배우자 그리고 가족이 아닌 직원이 2인이 있는 경우에는 상시근로자 수가 5인이 되어 근로기준법 전면 적용사업장이 된다. 따라서 연차휴가 및 시간외 근로수당, 법정공휴일을 부여해야 하므로 인건비가 상승하게 된다.

참고로 단순히 고용보험 가입자 수로 상시근로자수를 계산하면 앞 예에서 가입자는 직원 2명밖에 없으므로 상시근로자수는 2명으로 보이지만 근로기준법상 상시근로자 수는 고용보험 가입자 수와 관계없이 직원이 1명이라도 있는 경우 직계가족과 배우자도 상시근로자 수에 포함하므로 5인이 된다.

2 상시근로자에 대표의 가족도 포함이 되나요?

근로기준법은 동거하는 친족만을 사용하는 사업 또는 사업장에는 적용하지 않는다(근기법 제11조 단서).

'동거'란 세대를 같이 하면서 생활을 공동으로 하는 것을 의미하며, '친족'이란 민법 제767조에서 규정하는 친족 즉, 8촌 이내의 혈족, 4촌 이내의 인척과 배우자를 말한다.

따라서 동거의 친족 이외의 근로자가 1명이라도 있으면, '동거의 친족만을 사용하는 사업장'이 아니므로 근로기준법이 적용된다.

예를 들어 대표이사의 친족 외 근로자가 1명 이상이 있는 사업장은 근로기준법이 적용되며, 배우자나 자식 등 친족들이 법인 대표의 지휘·명령하에 임금을 목적으로 근로를 제공하는 경우라면 근로자에 해당하므로 동거의 친족을 포함하여 5인 이상인지를 판단해야 한다.

3 가족회사 가족의 세금

배우자가 가족이 사장의 회사에서 근무하고 급여를 지급하는 경우 해당 배우자 또는 가족도 일반근로자(가족이 아닌 종업원)와 동일하게 급여에 대한 원천징수 후 신고 및 납부를 하면 된다. 또한, 사장 입장에서는 가족 급여라도 해당 급여가 나중에 종합소득세(법인세) 신고 및 납부 시 필요경비로 인정되어서 세금을 줄여주는 역할을 한다. 다만, 주의해야 할 사항은 배우자나 가족이라고 해서 동일한 직급이나 업무를 하는 다른 직원과 차별적으로 급여를 주어서는 안 된다. 즉, 동일한 업무를 하는 경우 가족이라고 더 주는 것이 아니라 제3자인 종업원에게 주는 급여와 같아야 한다는 점이다.

결과적으로 가족이라도 남에게 급여를 지급하는 것과 같이 지급해야 한다는 의미다.

가족 인건비를 계상하면 사장인 가족은 비용이 늘어 실질적인 과세소득이 줄어들고, 해당 비용으로 사용한 만큼 수익이 분산되기 때문에 세금이 절약된다.

많은 사업주가 가족 인건비를 비용 처리하여 세금을 줄여보려고 시도를 해보다가 4대 보험 납부액 발생과 장부기장의 번거로움 때문에 포기하시는 경우가 많다.

이러한 번거로움과 비용 때문에 실제 근무하는 가족에게 지급하는 인건비에 대해서 경비처리를 하지 않는다면, 종합소득세 신고 시 세금을 줄일 수 있는 가장 명백한 사업상 비용인 인건비를 포기하는 것이다.

특히 배우자가 사업장에 나와서 일을 하고 매달 사업주에게 생활비를 받는 경우가 많은데, 많은 사업주들이 이것을 인건비로 미처 생각하지 못한다. 물론 반대로 일하지도 않는 가족에 대한 인건비를 계상해 탈세하는 예도 있는데, 이는 세무조사 시 중점 검증 대상이다.

실제로 배우자가 사업장에서 일하는 경우 장부에 기장하여 인건비로 비용 처리해 세금을 조금이라도 줄이기를 바란다.

물론, 개인사업자가 혼자서 매달 급여 신고와 4대 보험 처리, 장부 기장, 각종 서류까지 챙기는 일을 하는 것이 어려운 일임을 알지만, 본인이 챙기지 않으면 세금은 줄어들지 않는다.

사업자의 부양가족이나 배우자가 해당 사업 관련 일에 종사하고 급여를 지급하는 경우 종업원으로 인정해주며, 필요경비산입(비용으로 인정)이 되어 절세에 도움을 받을 수 있다.

하지만 정상적으로 고용되어 관련 업무를 하고 있다는 증명으로, 근로소득에 대한 세금을 원천징수 해야 하고, 4대 보험료를 납부해야 한다. 즉, 정상적인 다른 종업원들과 똑같은 처리를 해주어야 한다.

급여 수준에 정당성이 있어야 한다.

최소한 너무 적은 급여를 주거나 비용을 많이 올리려는 목적의 과도한 급여는 문제가 될 수 있다. 즉 같은 일을 하는 다른 직원보다 많은 급여를 주는 경우 문제가 발생할 수 있다.

- 인건비 신고 내역과 일치하는지 확인할 수 있도록 근로자 명의 통장에 계좌이체 해서 지급한다.
- 인건비 신고는 제대로 했어도 실제로 근로하지 않는 사람에게 급여를 지급한다면, 세금을 줄이기 위해 가짜 경비를 반영하는 탈세 행위에 해당한다.

- 근로계약서, 근무일지, 근로소득원천징수영수증, 급여 계좌이체 내역, 사회보험 가입 내역 및 보험료 납부내역 등 가족의 실제 근무 사실을 입증할 수 있는 서류 구비
- 가족이 아닌 다른 직원과 동일하게 원천세와 지급명세서를 기한에 맞춰 제출한다.
- 가족 월급도 타 직원들과 기준을 맞추어 지급한다.
- 세금을 덜 내기 위해 '유령직원'을 등록하면 세금폭탄을 맞게 된다.

4 가족 인건비의 증빙 처리

배우자나 가족 직원도 일반적인 근로자처럼 기록을 보관해야 한다. 따라서 인건비 지출 증빙은 근로소득원천징수부와 연말정산 한 근로소득원천징수영수증, 4대 보험 납입영수증, 실지 급여를 지급받은 통장 등을 보관 및 관리해야 한다. 이를 통해 실질적인 근무사실과 급여수령 사실이 확인되어야 한다.

특히 가족을 세금을 줄이는 목적으로 활용해 실제로 근무도 안 하면서 급여를 준다는 의심을 국세청은 기본적으로 갖고 있으므로 실무상으로도 근무일지를 작성하는 사인을 받아두는 것이 것이 추후에 문제발생 시 대처할 수 있다.

세무조사 시에도 조사관에 따라 판단기준이 달라지기 마련인데, 같은 업무를 가족이 아닌 다른 직원들이 했을 때 납득할 만한 급여인가를 생각해 급여를 지급한 후 추후 소명이 필요할 수 있으므로, 아래와 같은 자료들을 준비해두면 좋다.

① 급여 이체 내역(그 외 통장 사본)

② 근무일지

③ 근로소득 원천징수부

④ 연말정산 근로소득원천징수영수증

⑤ 4대 보험 납부영수증

일반적으로 다른 월급 나가는 직원들과 똑같은 서류를 가지고 있으면 되지만 가족의 경우 실제 근무를 안 하면서 급여를 받아 가는 것으로 의심받을 가능성이 크므로 근무일지 등을 확실히 작성해 둔다.

5 업무용 승용차 관련 비용 업무처리

다음의 특정 법인은 업무용승용차 관련 비용 규정을 적용할 때 다음의 특례를 적용한다.

⊕ 특례 적용 내용

- 업무용 승용차 관련 비용 규정을 적용할 때 1,500만 원을 각각 500만 원으로 한다.
- 감가상각비 한도 초과액 규정을 적용할 때 800만 원을 각각 400만 원으로 한다.
- 처분손실에 대한 한도액 적용 시 800만 원을 각각 400만 원으로 한다.

⊕ 특정 법인

특정 법인이란 다음의 요건을 모두 갖춘 내국법인을 말한다.

❶ 해당 사업연도 종료일 현재 내국법인의 지배주주 등이 보유한 주

식 등의 합계가 해당 내국법인의 발행주식총수 또는 출자총액의 50%를 초과할 것

❷ 해당 사업연도에 부동산임대업을 주된 사업으로 하거나 다음의 금액 합계가 기업회계기준에 따라 계산된 매출액(가~다의 금액이 포함되지 않은 경우는 이를 포함하여 계산함)의 50% 이상일 것.

내국법인이 2 이상의 서로 다른 사업을 영위하는 경우는 사업별 사업수입금액이 큰 사업을 주된 사업으로 본다.

가. 부동산 또는 부동산상 권리의 대여로 인해서 발생하는 수입 금액(임대보증금 등의 간주익금을 포함함)

나. 소득세법에 따른 이자소득의 금액

다. 소득세법에 따른 배당소득의 금액

6 가족회사의 4대 보험

- 국민연금과 건강보험은 가족 여부와 무관하게 반드시 가입한다.
- 고용·산재보험은 사장님과의 동거 여부가 기준이 된다. 배우자는 동거 여부와 무관하게 가입 대상이 아니다.

🐭 사업주와 동거하고 있는 친족의 경우

사업주와 동거하고 있는 친족의 경우에는 임금 및 고용상태의 파악이 어렵고, 사회 통념상 사업주와 생계를 같이하는 것으로 근로자가 아니므로 고용·산재보험을 적용하지 않는다.

👆 사업주와 동거하지 않는 친족의 경우

사업주와 동거하지 않는 친족은 일반적인 근로자 판단기준에 따라 판단한다. 다만, 동거하지 않는 친족은 일반적으로 근로자로 인정하여 고용·산재보험을 적용한다.

고용센터에서 친족의 경우 근로자성을 판단하는 기준이다. 단, 예외가 있으나 일반적인 적용 기준이다.

구 분	동거 여부	고용·산재보험 적용
배우자	무관	비적용
배우자 외 (형제·자매, 자녀 등)	동거	비적용
	비동거	적용

👆 근로관계 확인 자료(입증자료) 예시

① 근로관계 : 근로계약서, 인사기록카드 등
② 급여내역 : 급여대장, 근로소득 원천징수영수증, 급여 계좌이체 내역
③ 근로실태 : 출근부, 휴가원, 출장부 등 복무·인사 규정 적용자료, 출퇴근 교통카드 이력 등 복무상황에 대한 자료, 업무분장표, 업무일지, 업무보고 내역 등 담당업무 관련 자료 등
④ 기타 : 타 사회보험 가입내역(보험료 납부내역), 조직도, 근로자 명부 등

동거친족 본인이 근로자성 여부에 대해 이의가 있을 경우는 '피보험 자격확인청구' 절차를 통해 근로자성을 판단한다.

근로내역확인신고

친족이 일용직이고 근로자성이 인정되면 익월 15일까지 근로내역확인신고를 해야 한다. 하지만 근로자성이 인정되지 않으면 근로내역확인신고를 할 필요가 없다.

대표이사 및 친족의 보수총액 신고

대표이사, 비상임이사, 대표자 동거친족의 보수는 모두 제외하며, 고용보험 적용 제외 대상인 65세 이상인 자, 1월 60시간 미만인 자의 보수는 고용보험은 제외하되 산재보험은 합산하도록 한다. 그 외해외 법인파견근로자 등 산재보험 적용 제외 근로자의 보수는 산재보험에서 제외시킨다.

복리후생비 지출
절세도 되고, 임직원도 좋다.

기업이 취하는 경영정책과 세금의 관계는 불가분의 관계에 있다.

경영정책의 결과는 세금의 크기에 영향을 주기 때문이다.

예를 들어 매출액 1,000억 원, 당기순이익 100억 원이라고 하자.

그런데 세금은 이 당기순이익에서 얼마를 차지할까? 어림잡아도 6억 원을 넘을 가능성이 크다.

이렇게 기업의 재무 내용이 확정되면 피 같은 기업의 돈이 외부로 유출이 될 수밖에 없다.

그렇다면 기업이 부담하는 세금은 어떤 식으로 다루는 것이 필요할까? 먼저 이러한 문제를 풀어보고 절세방안을 정리해 보자.

1 현금유출인 세금을 최대한 절약해야 한다.

누가 무슨 말을 하든 세금은 명백히 기업의 자원을 외부에 유출한 것이다. 그것도 아무런 대가를 받지 않고 나간다. 따라서 기업입장에서는 세금으로 나간 돈으로 재투자를 했다면 더 성장하거나 기업의 이

해관계자들에게 더 베풀 수도 있을 거라는 생각을 하는 것도 틀린 생각은 아니다. 하지만 이 사회가 존재하는 한 세금은 절대 없어지지 않을 것이다. 세금의 사용처가 점점 많아지고 있기 때문이다.

그렇다면 세금은 항상 기업의 자원을 축내게 될 텐데 어떻게 하면 세금의 유출을 최대한 막을 수 있을까?

일단 각 기업은 기본적으로 전임직원들의 활동이 세금과 관련성이 있음을 인식하고 각각의 업무를 할 때 세법상 문제점들을 예방할 필요가 있다.

예를 들면 소소한 지출이더라도 증빙을 잘 갖추는 것은 물론 분업을 통해 일을 처리하는 경우는 증빙 수취 지침을 만든다든지, 경영진에서 검토가 되는 일들은 사전에 세무상 문제점이 없는지 등을 꼼꼼히 따져보아야 한다.

2 기업 가치를 올리는데, 세금을 활용한다.

세금은 기업이익 일부를 국가로 가져가는 역할을 하는 동시에 세금을 돌려주는 역할을 담당한다. 기업에 대해 투자를 하면 투자금액의 몇 %로 세액공제를 해준다든지, 기업구조조정을 하는 경우 세액감면을 하는 것들이 그 예이다.

이런 세금혜택들은 각 기업의 투자 의욕 등을 불러일으켜 국가 경제를 성장시키는 데 도움을 주는 데 따른, 일종의 인센티브 정책이다.

그렇다면 기왕 세금을 낼 기업이라면 이런 제도를 활용해 경영정책을 펼치는 것이 어떨까? 그렇게 하면 세금의 일부를 덜 내도 되는 동시에 기업의 이익이 더 커질 수가 있지 않을까?

3 복리후생비 지출로 절세를 할 수 있다.

어떤 기업이라도 다양한 이해관계자들이 있게 마련이다. 대표적으로 기업 밖에는 주주와 채권자 그리고 과세당국이 있다.

그리고 안으로는 경영자와 임직원, 노동조합이 있다.

그런데 이들 간의 관계는 상충관계에 있는 경우가 많다.

예를 들어 주주는 많은 배당을 원할 수 있지만, 경영자는 그렇지 않을 수 있다. 또 기업의 이익을 모두 임직원들한테 배분할 수 있지만 이렇게 되면 주주나 과세당국의 시각은 곱지 않을 것이다.

현실적으로 기업의 과실을 나눌 때, 이런 점 때문에 경영자들이 많이 고민한다. 다만, 어떤 식으로도 배분이 되더라도 세금의 영향을 검토할 필요가 있다. 예를 들어 기업의 이익이 100억 원 정도 예상된다고 할 때 종업원들을 위해 10억 원을 복리후생비로 지출하면 어떤 효과가 있는지 알아보자.

현금 지출 : 10억 원

━ 세금 절약 효과 : 1억 9,000만 원

(10억 원 × 19%, 19%는 법인세율)

≡ 순 현금지출 : 8억 1,000만 원

이렇듯 복리후생비로 사용하면 국가로 들어갈 세금 일부가 종업의 주머니로 들어가 종업원도 좋고 세금도 적게 낼 수 있다.

회사가 돈을 빌리고
빌려주는 경우 세무처리

1 법인이 대표이사(개인)에게 돈을 빌려준 경우

법인이 상환 기간, 이자율 등이 정해진 금전소비대차 약정에 따라 자금을 대여하고 약정에 따른 이자를 받기로 한 경우에는 이자를 줘야 하는 개인은 약정에 따른 이자 지급일에 비영업대금의 이익으로 보아 25%(지방소득세 포함 27.5%)의 세율로 법인세를 원천징수하는 것이다.

이자소득을 지급하는 자인 개인이 원천징수의무자가 되어 개인의 주소지 관할 세무서에 이자를 지급하는 날이 속하는 달의 다음 달 10일까지 원천징수이행상황신고서를 작성해서 제출하고 원천징수한 법인세를 내는 것이며, 이자소득 지급명세서를 이자소득이 발생한 연도의 다음연도 2월 말일까지 제출해야 한다.

다만, 법인과 개인 간에 원천징수에 대한 위임 또는 대리 계약이 있는 경우에는 법인이 개인의 이자소득에 대해서 원천세 신고 및 납부, 지급명세서 제출을 대신에 해줄 수 있다.

2 지인(개인)에게 돈을 빌린 경우

지인으로부터 차입하는 경우 세금 문제는 이자를 적절하게 지급하고 있는지가 핵심이다. 이자를 지급하지 않는 조건으로 자금을 빌린 경우라면 적정한 이자 부분은 증여받은 것으로 보아 증여세를 매길 수 있다. 또한, 이자를 지급하는 조건으로 금전소비대차 계약이 되어있다면 이자 부분에 대해서는 비용처리가 되어 절세효과가 있지만, 이자를 받는 사람은 이자 수입 전액을 종합소득 신고 시 합산신고를 해야 한다. 또한, 이자를 지급하는 사람은 비영업대금의 이익에 해당하는 27.5%의 이자소득세를 원천징수 해서 세무서에 신고·납부 해야 한다.

비영업대금의 이익과 세무 처리

돈을 빌려주는 것을 사업목적으로 하지 않는 사람이 일시적, 우발적으로 돈을 빌려주고 받는 이자나 수수료를 말한다. 보통 금융기관이 아닌 곳으로부터 빌리고 그 이자를 줄 때 그 이자를 말하는 것이다.

이때, 이자를 주고받을 때 이자소득세를 원천징수하고 지급해야 하며, 원천징수 된 이자를 세무서에 신고·납부 해야 한다.

비영업대금의 이익은 비영업대금이익의 지급자가 원천징수의무자가 되어 27.5%의 세율로 원천징수하여 그 지급 시기가 속한 다음 달의 10일까지 신고·납부 해야 한다.

그리고 귀속 시기의 다음 해 2월 말일까지 지급명세서도 제출해야 한다.

만약 원천징수를 하지 않아 신고·납부를 하지 않은 때에는 납부 금액의 3%와 납부지연 일당 0.022%의 가산세(10% 한도)를 부담해야 하고, 지급명세서를 제출하지 않은 경우에 가산세를 부담해야 한다.

가지급금을 해결하는 방법

법인 가지급금은 법인에서 실제 지출은 했지만, 거래내용이 불분명하거나 거래가 완전히 종결되지 않아 일시적인 채권으로 표시한 것이다. 즉, 회사에서 경비를 지출하고 그 명세를 알 수 없거나 대표이사 등이 가져가는 회삿돈을 흔히 가지급금으로 처리한다.

현금 지출은 있지만, 그 사용명세에 관한 확인이 불가능한 경우에 계상하는 금액이다.

출장비, 계약금, 보증금 등 가지급금을 발생시키지 않고 기업을 운영하는 것은 사실상 불가능하며, 언젠가는 대표가 법인에 갚아야 하는 차입금인 셈이라고 보면 이해가 빠를 것이다.

모든 기업에서 빈번하게 발생이 되는 가지급금은 불가피한 상황에서 다양한 이유로 생겨나지만, 그 대표적인 예로 대표가 소득세 신고 없이 개인적으로 법인의 자금을 사용했을 경우나, 긴 기간 개인사업을 한 관계로 개인과 기업자금을 혼동해서 발생하고 또는, 거래 관행에 따른 비용으로 영업 목적상 불가피하게 지출되었지만, 증빙이 없어 회사 자금이 지급되는 경우 발생한다.

세금계산서, 계산서, 현금영수증, 신용카드매출전표 등 사용명세가 확인되면 가지급금은 사라지게 되지만 사용명세가 불분명하게 되면 이를 세법에서는 업무 무관 가지급금이라고 표현한다. 업무 무관 가지급금의 출처를 밝히지 못하면 세법에서는 모두 법인 대표이사가 가져간 금액으로 판단해 세금을 부과한다.

이렇듯 법인 가지급금이 발생하면 가장 억울한 사람은 바로 법인 대표이사다.

이런저런 이유로 법인 대표이사는 가지급금에 대한 정리를 미루는 경우가 있는데, 과도한 가지급금은 기업 운영에 부정적인 영향을 미치기 때문에 세법에서도 엄격하게 규제하고 있다.

1 가지급금 과다로 인한 세금 불이익

가지급금 계정을 과다보유하고 있는 기업이 나중에 당면하게 될 위기 중 하나로 법인세 신고를 할 때 실제로 가지급금에 대한 이자를 받지 않았지만, 이자를 받은 것으로 간주하여 회사의 이익이 점차 증가하게 되고, 이로 인해 회사 주식 가치가 상승하게 되어 승계나 사전증여 시 막대한 세금 부담을 하게 된다.

아울러 법인이 차입금이 있는 경우 정상적으로 지출된 이자비용이 비용처리를 받지 못하기 때문에 법인세를 증가시키는 원인이 되기도 한다. 만약 이 인정이자를 상환하지 않으면 대표이사의 상여금으로 간주하여 소득세 및 건강보험료가 올라가게 된다.

대손처리가 불가능하고, 금융기관과의 거래에 있어 기업 신용에 빨간 불이 들어와 자금조달에도 어렵게 되어 비용을 증가시키게 된다. 더욱이 국세청은 이를 예의주시하고 있어 세무조사의 위험성도 높아지게 된다.

따라서 위와 같은 세무 불이익을 입지 않으려면 업무 무관 가지급금이 아니라는 사실을 증명하기 위해 빠짐없이 제대로 된 장부 증빙이 필요하다.

증빙이 하나라도 없으면 제대로 된 장부가 만들어지지 않을 것이고, 결국 또다시 가지급금으로 처리가 되는 비합리적인 상황이 되니 첩첩산중이다.

이런 상황이 발생하기 전에 미리미리 법인의 자금 명세에 대해서는 명확한 사용처 및 증빙을 남겨두는 것을 잊지 말아야 한다.

인정이자	지급이자 손금불산입
업무 무관 가지급금에 대한 인정이자를 매년 법인에 입금	법인에서 대출금이 있는 경우 해당 비율만큼 이자를 비용으로 인정받지 못함
법인세	금융회사 신용평가 감점
법인에 입금된 인정이자 금액은 매년 익금산입되어 법인세 증가	가지급금으로 신용평가에 감점을 줄 수 있음
미상환 시 대손처리 불가능	인정이자 미납 시 상여금 처리
가지급금 미상환 시 법인 손실로 처리할 수 없으며, 대손처리 시 업무상 횡령 및 배임죄 성립 가능	매년 인정이자를 내지 않으면 대표이사 상여금으로 처리되어 소득세, 4대 보험료 증가

가지급금은 세법상 법인이 주주 또는 대표이사에게 사실상 자금을 빌려준 것으로 본다.

1. 자금을 빌려 간 주주 또는 대표이사로부터 법인이 세법상 적정 이자를 받지 않거나, 해당 적정 이자에 미달하게 받으면 인정이자라고 해서 적정 이자를 법인이 받은 것으로 보아, 법인세를 매긴다.

이때 세법상 적정 이자는 국세청장이 정하는 당좌대출이자율(현재는 연 4.6%)과 가중평균 차입이자율 중 법인이 선택할 수 있도록 하고 있다.

2. 가지급금이 있는 법인이 외부 차입금으로 이자 비용이 발생할 경우, 해당 이자 비용의 일정 부분은 세법상 비용으로 공제를 받지 못하게 하고 있다.

3. 대손이 발생한 때도 해당 대손금을 세법상 비용으로 공제받지 못한다.

반대로 법인에 자금이 부족해 대표가 개인 자금으로 법인 운영자금 등에 사용하는 가수금의 경우에는 반드시 대표가 법인으로부터 적정 이자를 받아야 한다는 규정은 없다.

2 가지급금을 해결하는 방법

개인자산으로 상환	급여나 상여 배당으로 처리
개인 자산의 감소	추가적인 세 부담 증가
특허권 양수도	자기주식 취득
특허 기술 보유 시 활용	이익잉여금 하에서 주주동의하에 처리 가능
자본감소	

많은 회사가 가지급금의 제재에서 벗어나려고 하지만 결국은 가져간 것 또는 가져간 것으로 보는 만큼 회사에 돈을 넣지 않으면 해결되지 않는다. 또한 대표이사에서 물러나면 가지급금도 같이 없어지는 것으로 착각하는 실무자도 많은데, 그렇지 않으며 끝까지 따라간다

고 보면 된다. 따라서 앞으로 설명할 방법은 결국 회사에 가져간 만큼 돌려줄 돈을 마련하는 방법이라고 보면 된다.

가지급금의 해결책으로 대부분 이용되고 있는 방법은 대표이사의 개인 자산을 매각하거나, 급여나 상여, 배당을 통한 상환이나, 자기주식 취득, 특허권 양수도, 자본감소 등 다양한 방법으로 처리할 수 있다. 하지만 이 과정에서 주의해야 할 점들이 있다. 급여나 상여의 경우 소득세와 간접세 상승을 동반하게 되고, 배당의 경우 종합소득세 증가는 물론 잉여금처분에 대해서 비용으로 인정받지 못할 수도 있다. 또한, 개인 자산을 회사에 매각할 경우 특수관계자 간 거래로 인정되어 부당행위계산 부인에 해당할 수도 있고, 대표 개인의 자산이 심각하게 줄어들어 은퇴 후의 삶에도 악영향을 주게 될 수 있다. 여러 가지 방법이 있지만, 각각의 법인 상황과 실정에 따라서 어떤 방법이 유리할 것인지 진단을 먼저 받아 보는 것이 중요하겠다.

개인 자산 매각

가지급금의 존재를 일찍 발견하여 아직 1억 원이 채 되지 않는 액수가 누적된 기업이 활용해볼 만한 방법이라고 생각하면 된다.

여기서 개인 자산이란 현금 재산을 말하며, 다른 형태의(건물, 토지 등) 재산은 유형에 따라 세금이 발생하기 때문에 가지급금 해결에 유용한 방법은 아니다.

대표가 제3자에게 주식을 매각할 때는 양도소득세, 회사에 매각하는 경우는 양도소득세와 배당소득세, 대표 개인의 부동산을 매각할 때는 양도소득세와 부동산 시가 평가 필요, 타법인 보유주식을 매각할 때는 주식의 양도소득세를 내야 하는 문제가 발생한다.

⑩ 특허권 양수도

대표이사가 보유 중인 특허권을 법인에 넘기면서 법인은 이에 상응하는 보상금을 대표에게 제공하고, 이 보상금을 가지급금 상환에 활용하는 것이다.

⑩ 급여 상여, 배당을 통한 상환

대표의 상여금과 급여는 유동적으로 조정이 가능하므로, 소득세가 소폭 오르는 것을 감당하여 여기서 발생하는 차액으로 가지급금 상환을 하는 것도 좋은 방법이다. 금액이 커질수록 대표 개인 세금 부담액이 많아지므로 급여를 너무 많이 올리는 것은 바람직한 방법이 아니다. 추가로 배당을 실행해주는 것도 좋다.

참고로 1인 법인 또는 결손이 나는 법인은 대표이사 급여를 무보수로 하는 회사가 있는데, 무보수로 하지 말고 4대 보험이나 근로소득세를 조금 내더라도, 급여를 지급하는 것으로 해서 해당 금액으로 가지급금 발생 시 상계하는 방법을 사용하는 것도 하나의 방법이다.

⑩ 자기주식 취득

자사주 취득의 경우 낮은 세율로 인해 가지급금 해결에 굉장히 인기를 끌었던 방법의 하나였다. 또 자사주는 절차, 이후 처리가 매우 복잡하기로 잘 알려져 있다. 후속 처리가 잘못되면 가지급금을 해결하려 매입한 자금이 오히려 가지급금으로 축적되는 불상사도 있으니, 각별한 주의가 필요하고 반드시 전문가의 도움을 받는 것이 좋다.

가지급금과 가수금은 서로 상계가 가능하다.

동일인에 대한 가지급금과 가수금이 있는 경우 원칙적으로 상계처리 후 가지급금 순액에 대해서만 인정이자를 계산할 수 있다. 가지급금과 가수금을 상계처리할 경우 인정이자 계산 대상 가지급금이 줄어들게 되어 인정이자 부담이 줄어들게 되므로, 세법은 납세자의 부담을 줄여주기 위해 둘의 상계를 허용하고 있다.

예를 들어 대표이사가 회사에 입금한 가수금이 5억 원이고 회사에서 가져간 가지급금이 8억 원이 있는 경우 인정이자는 순액 3억 원에 대해서만 계산하면 된다. 물론 실제로는 이렇게 간단히 기말 잔액을 가지고 계산하는 것은 아니고 적수를 계산해서 인정이자를 계산하지만, 원칙은 가지급금과 가수금을 통산한다는 것이다.

그러나 위의 가지급금과 가수금 상계는 별도의 이자율이나 상환 기간에 대한 약정이 없는 경우 가능한 것이며, 가지급금과 가수금에 대하여 각각 상환 기간이나 이자율 등에 관한 약정이 있어 이를 상계할 수 없는 경우에는 서로 다른 가지급금, 가수금으로 보아 상계하지 않는다.

접대비도 인정받을 수 있는 한도금액이 있다.

접대비는 교제비·사례금 기타 명목 여하에도 불구하고, 이와 유사한 성질의 비용으로서 법인이 업무와 관련해 거래처에 접대·향응·위안 등으로 지출하는 비용을 말한다.

광고선전 목적으로 제작된 견본품이라고 하더라도 특정 고객에게 지급하는 경우는 접대비에 해당한다. 다만, 특정 고객이라 하더라도 1인당 연간 3만 원 한도 내에서는 판매부대비용으로 전액 비용인정 된다.

구 분			처리 방법
기밀비나 증빙이 없는 접대비 등			손금불산입(비용 불인정)
3만 원 초과 접대비로서 법정증빙을 받지 않은 경우			손금불산입(비용 불인정)
일반 접대비 한도 계산	한도 초과액		손금불산입(비용 불인정)
	한도 내 금액	법정지출증빙 미수취액	손금불산입(비용 불인정)
		법정지출증빙 수취액	손금 인정(비용인정) 한도액 계산
비 고	접대비로 인정을 받기 위한 비용지출은 다음의 세 가지로 볼 수 있다. ❶ 법정지출증빙을 사용한 접대비 (세금계산서, 계산서, 신용카드, 지출증빙용 현금영수증) ❷ 건당 3만 원 이하의 접대비로서 영수증 등을 받은 금액 ❸ 현물접대비(자사 제품을 거래처에 증정하는 경우 등)		

1 접대비로 인정받기 위한 조건

비록 회계에서 접대비로 계정처리를 하였어도 세법상으로는 일정한 요건을 충족한 경우에만 비용(손금)으로 인정을 해주고 있는데, 그 요건은 다음과 같다.

첫 번째 조건(반드시 법정지출증빙을 갖추어야 한다.)

세법상 접대비는 일정 한도 내에서만 접대비를 인정하는 한도를 정하고 있는데, 한도 계산에 포함되는 기준금액이 되기 위해서는 우선 건당 3만 원을 초과해서 지출 시 반드시 세금계산서, 계산서, 신용카드매출전표, 지출증빙용 현금영수증 중 하나를 증빙으로 받아야 한다. 여기서 말하는 신용카드(직불카드와 외국에서 발행한 신용카드를 포함)는 해당 법인의 명의로 발급받은 신용카드를 말한다. 따라서 법인의 임원 또는 종업원의 개인 신용카드로 결제한 금액은 그 금액이 건당 3만 원을 초과하는 경우 이는 전액 비용으로 인정받을 수 없다. 또한, 매출전표 등에 기재된 상호 및 사업장 소재지가 물품 또는 서비스를 공급하는 신용카드 등 가맹점의 상호 및 사업장소재지와 다른 경우 당해 접대비 지출액은 신용카드사용 접대비에 포함하지 않는다.

두 번째 조건(접대비 한도 범위 내에서만 비용인정)

위의 첫 번째 요건을 통과하였다고 해서 모두 비용으로 인정되는 것이 아니며, 세법에서 정한 일정한 한도 내에서만 비용으로 인정이 된다. 따라서 한도를 초과하면 모두 비용 불인정(= 손금불산입) 된다.

그러나 계정과목 상으로는 전액 접대비 처리가 가능하다. 세무상 접대비는 다음의 금액을 한도로 해서 비용으로 인정된다.

접대비 한도액 = ❶ + ❷[특수법인 (❶ + ❷) × 50%]
❶ 1,200만 원(중소기업의 경우에는 3,600만 원) × 당해 사업연도의 월수/12
❷ (수입금액 × 적용률) + (특정 수입금액(특수관계자 거래) × 적용률 × 10%)
주 월수는 역에 따라 계산하며, 1월 미만은 1월로 본다. 예를 들어 6월 14일에 신설한 법인으로서 첫 사업연도가 6월 14일부터 12월 31일이라면 사업연도 개시일인 6월이 포함되므로 사업연도 월수는 7개월이다.
문화접대비 한도액 = Min(❶ + ❷)
❶ 문화접대비
❷ 일반접대비 한도액 × 20%

접대비 해당액

접대비 해당액은 총접대비 중 기밀비, 건당 3만 원을 초과하는 접대비로서 세금계산서 등 증빙을 갖추지 못한 경우의 접대비를 차감한 금액으로 한다. 즉, 접대비 비용인정한도액 계산 시 접대비 해당액은 증빙 요건을 충족해 이미 비용으로 인정 가능한 접대비를 말하며, 증빙을 갖추지 못해서 비용으로 인정되지 않는 접대비는 한도액 계산의 대상이 되지 않는다.

수입금액

일반적인 수입금액

수입금액이란 매출액에서 매출에누리와 환입 및 매출할인을 차감한 금액으로 그 성격이 영업적인 수입액으로 수익증권 판매 등 수수료,

투자신탁 운용 수수료, 수입 보증료 등도 포함한다.

특정 수입금액

특정 수입금액이란 특수관계자와의 거래에서 발생한 수입금액을 말한다.

수입 금액	일반수입금액	기타수입금액
100억원 이하	0.3%	특수관계자와의 거래에서 발생한 수입금액에 대하여 그 수입금액에 적용률을 곱하여 산출한 금액의 10%
100억원 ~ 500억원	3천만 원 + (수입금액 - 100억원) × 0.2%	
500억원 초과분	1억 1천만 원 + (수입금액 - 500억원) × 0.03%	

2 비용인정 되지 않은 접대비의 처리 방법

법인이 접대비로 계상한 금액 중 허위 또는 업무와 관련 없는 지출임이 확인되는 금액에 대해서 당해 지출금액을 비용 불인정하고 귀속자에 대한 상여·배당, 기타소득 또는 대표이사에 대한 상여로 보아 배당소득, 기타소득, 근로소득세를 원천징수 후 납부한다.

주·정차 등 주차위반 과태료는 비용인정 안 된다.

무단 주·정차로 인한 견인, 보관료 및 주차위반 과태료 차량 관련 범칙금이나 과태료는 비용인정을 안 해주는 비용이다. 계정과목은 "잡손실" 또는 "세금과공과" 계정을 사용하면 된다. 즉, 직원이 영업활동 중에 발생한 주차위반, 신호 위반 등 교통 관련 과태료를 회사가 대신 내준 경우 회사의 업무수행과 관련이 있는 경우에도 비용 불인정해야 한다. 참고로 법인의 업무수행과 관련이 없는 경우 및 법인의 업무수행과 관련이 있더라도 회사의 내부 규정에 따라 원인유발자에게 변상 조치하기로 되어있으면 비용 불인정하고, 당해 원인유발자에 대한 상여로 소득 처분(근로소득세 납부)해야 한다.

구 분	업무처리
대납한 벌과금이 법인의 업무수행과 관련이 있는 경우	법인에 귀속된 금액으로 보아 비용 불인정하고 기타사외유출로 소득처분
대납한 벌과금이 업무수행과 관련이 없는 경우 및 법인의 업무수행과 관련이 있더라도 회사의 내부 규정에 따라서 원인유발자에게 변상 조치하기로 되어있는 경우	회사는 비용 불인정하고 당해 원인유발자에 대한 상여로 소득처분 후 상여에 대한 근로소득세를 원천징수·납부 한다. 급여 처리하는 경우 비용인정을 받을 수 있다.

콘도 회원권 구입과 이용 시 세무 처리

1 멤버십 회원권 취득

콘도회원권 등의 취득 시 일정 기간 이용하고 이용 기간이 끝나면 입회비(보증금) 등이 반환되는 경우는 부가가치세 과세대상이 아니므로 세금계산서를 발행하지 않는다.

2 오너십 회원권 취득

반환되지 않는 회원권은 재화 및 용역의 공급으로 보아 부가가치세 과세 대상으로 세금계산서를 발행해야 하며, 종업원의 복리후생을 목적으로 사용되는 경우는 업무 관련 자산으로 보아 매입세액공제를 받을 수 있다. 다만, 복리후생을 목적으로 하지 않고 거래 상대방의 접대목적으로 사용되는 자산이라면 매입세액공제를 받을 수 없다.

부가가치세법 기본통칙 4-0-6 【골프장 입회금 등】
❶ 골프장 · 테니스장 경영자가 동 장소이용자로부터 받는 입회금으로서 일정 기간 거치 후 반환하지 아니하는 입회금은 과세 대상이 된다. 다만, 일정 기간 거치 후 반환하는 입회금은 그러하지 아니한다.

❷ 사업자가 골프장·테니스장 시설이용권을 양도하는 경우 부가가치세 과세표준은 골프장·테니스장시설이용권의 양도가액으로 한다.

3 회원권의 양도

회원권을 중도에 타인에게 양도하는 경우는 부가가치세 과세 거래로 과세표준은 해당 시설이용권의 양도가액으로 하는 것이므로 양도차익의 유무에 상관없이 총거래액에 대해 세금계산서를 발행해야 한다.

업무추진비의 관리 방법

업무추진비는 접대비, 판공비와 명칭의 차이일 뿐 일반적으로 접대비로 대다수 사용된다. 즉, 세무상 접대비로서 회계처리 시 접대비 또는 업무추진비 등의 명칭으로 처리하면 된다.

따라서 세법상 접대비 한도 계산을 해야 하며, 3만 원 초과 지출 시 법인카드를 반드시 사용하거나 세금계산서를 받아야 한다.

1 업무추진비 중 부서 운영비

업무추진비 중 부서 운영비는 각 부서(팀)의 일상적이고 반복적인 업무의 원활한 진행을 위하여 편성된 예산의 규모에 따라 정해진 기준에 의하여 사전 배분할 수 있다.

사전 배분된 부서 운영비는 일괄 기안을 통하여 근거를 마련할 수 있으나 집행 결과는 "업무추진비 지출품의서"에 의하여 건별·일자별로 집행목적·일시·장소·집행 대상의 소속, 직급 및 성명 등 사용 용도를 명확히 기재하여 보고 해야 한다.

2 업무추진비의 사용 제한

공휴일 집행 및 심야 집행한 경우, 자택 근처 등 통상적 업무추진과 관련이 적은 시간과 장소에서는 원칙적으로 사용을 제한한다.

어쩔 수 없는 공휴일이나 심야 지출 시에는 "법인카드(공휴일, 심야) 사용 소명 신청서"에 직무 관련성이 입증되는 객관적 증빙자료를 첨부하여 소명 승인권자의 승인을 받아 보관하는 것이 좋다.

소명서 작성 시에는 일시, 장소, 목적, 집행 대상, 구체적인 업무 내용과 사유 등을 포함하여 작성한 후 사용자와 결재자의 성명을 확인할 수 있도록 결재란에 자필로 서명해야 한다.

3 업무추진비의 원천징수

업무추진비로 사용내역이 실제 법인의 업무를 위하여 지출된 것임을 객관적인 증빙(업무 관련성, 지출 내용 등)으로 입증되어 법인의 손금으로 인정되는 경우는 해당 임직원의 근로소득에 해당하지 아니하는 것이나, 지출 내용이 법인의 업무와 관련이 없거나 입증할 수 없는 경우에는 해당 임직원의 과세 대상 근로소득에 포함하여 근로소득세 등을 원천징수 해야 한다.

법인카드 휴일 및 심야사용 신청서

담당	팀장

소 속 :

신청자 :

일 자 :

카드 번호				-			-			-			

사용예정 일시	20 년 월 일 00:00
사용 목적	
예산과목	
사유	※ 휴일 또는 심야 사용 사유
비고	

CEO가 알아야 할 세금 포인트

법인세 계산은 일반적으로 회계사무실이나 경리담당자가 계산하게 되지만 사장님도 법인세 계산이 어떻게 됐는지를 알아야 회사의 세금이 줄어든다는 것에 명심해야 한다.

1 매출액 대비 세금을 비교하자

전년도와 당해 연도 매출액 대비 세금을 계산해보자. 이때는 세금을 매출액으로 나눠서 전년도 대비 증감 비율이 큰 경우에는 그 이유를 살펴보아야 한다.

일반적으로 회사에 특별한 경우가 아니고서는 매출 대비 비용 항목이 거의 비례하기 때문에 이러한 비율을 분석하는 것은 세금 계산의 문제점을 가장 잘 집어내는 방법이다.

2 손익계산서 항목을 검토하자

법인세는 손익계산서 항목과 밀접한 관련이 있다. 손익계산서에서는 매출액, 매출원가, 판매비와 관리비, 당기순이익을 검토하자.

전년도와 당해 연도의 매출원가, 판매비와 관리비, 당기순이익을 매출액으로 나눈 비율을 비교해서 전년도 대비 큰 변동이 있는 항목이 있다면 그 이유를 회계사무소나 경리담당자에게 물어보자

3 매출원가를 매출액으로 나누어라.

일반적으로 매출액 대비 매출원가 비율이 큰 경우가 많은데, 이것은 재고자산의 금액이 잘못 계상된 경우가 그 원인이다.

일반적으로 재고자산을 조정해서 사장님의 요구 세금을 맞추는 경우가 많은데, 아주 잘못된 관행이다. 재고자산은 다음 연도의 매출원가에 영향을 미치게 되고, 적절한 판매가격을 계산하는데 기초가 되는 원가계산에 오류를 발생시켜 회사의 재무전략을 망치는 지름길이다.

4 판매비와관리비를 매출액으로 나누어라.

매출액 대비 판관비 비율이 전년도와 차이가 크게 난다면, 판관비 항목 중 전년도와 차이가 있는 내용이 있는지 파악하자.

보통 인건비의 경우는 연말정산 한 금액과 일치해야 하므로 사장님이 지급한 인건비가 제대로 계상되어있는지 검토하자. 사장님이 사용한 접대비도 일정 한도 내에서 비용으로 인정되므로 제대로 계상되어있는지 보고, 감가상각비나 퇴직급여충당금 같은 비용은 반영이 됐는지 살펴보자

5 가지급금 내용 파악

재무상태표에서는 매출채권이나 건물 및 비품 등 자산과 외상매입금, 지급어음, 차입금 내용이 제대로 계상되었는지 파악하자. 특히 가지급금이나 가수금 내역은 사장님이 가장 잘 알고 있는 내용으로서 가지급금이 많은 경우 회사에서 임의대로 가져간 금액이 많다는 것이므로 세무상 불이익을 받는다.

대부분 지출은 했는데 증빙을 받지 못한 금액인 경우가 많으므로 증빙을 챙기는 것이 절세의 출발점이라는 것을 명심하자.

6 세금이 많은 경우 분납하자

납부할 세액이 1,000만 원을 초과하는 경우 2회에 걸쳐 분납할 수 있으므로 분납을 최대로 활용한다.

바지사장의 세금 문제

다른 사람이 사업을 하는데 명의를 빌려주면 다음과 같은 불이익을 받게 되므로 주민등록증을 빌려주거나 주민등록등본을 떼어 주는 행위는 절대로 하지 않는 것이 좋다.

1. 명의를 빌려 간 사람이 내야 할 세금을 대신 내야 한다.

명의를 빌려주면 명의대여자 명의로 사업자등록이 되고 모든 거래가 이루어진다. 그러므로 명의를 빌려 간 사람이 세금을 신고하지 않거나 납부를 하지 않으면 명의대여자 앞으로 세금이 고지된다.

물론, 실질 사업자가 밝혀지면 그 사람에게 과세한다. 그러나 실질 사업자가 따로 있다는 사실은 명의 대여자가 밝혀야 하는데, 이를 밝히기가 쉽지 않다. 특히 명의대여자 앞으로 예금통장을 개설하고 이를 통해서 신용카드매출대금 등을 받았다면 금융실명제 하에서는 본인이 거래한 것으로 인정되므로, 실사업자를 밝히기가 더욱 어렵다.

2. 소유재산을 압류당할 수도 있다.

명의를 빌려 간 사람이 내지 않은 세금을 명의 대여자가 내지 않고 실질 사업자도 밝히지 못한다면, 세무서에서는 체납된 세금을 징수하기 위해 명의 대여자의 소유재산을 압류하며, 그래도 세금을 내지 않으면 압류한 재산을 공매 처분해서 세금에 충당한다.

3. 건강보험료 부담이 늘어난다.

지역가입자의 경우 소득과 재산을 기준으로 보험료를 부과한다. 그런데 명의를 빌려주면 실지로는 소득이 없는데도 소득이 있는 것으로 자료가 발생하므로 건강보험료 부담이 대폭 늘어나게 된다.

장부 마감 전에 꼭 확인해야 할 세무 사항

① 부가가치세 신고한 매출액과 시산표 상 매출액의 일치 여부 확인

② 현금, 보통예금 기말 잔액 확인

③ 매출채권, 매입채무의 거래처별 기말 잔액 확인

④ 자산 항목부터 잔액 및 거래처 확인

⑤ 자산 항목 중 선급비용 확인

⑥ 예수금 분개와 잔액이 맞는지 확인

⑦ 급여신고액과 판관비 항목의 급여 계정과목 금액이 맞는지 확인

⑧ 판관비 항목 중 이상 여부 확인

⑨ 최종적으로 손익 확인

⑩ 퇴직급여충당금 설정액 확인

⑪ 감가상각 금액 결정

⑫ 매출원가를 계산해야 하는 회사라면 원가 명세서 작성을 전체적으로 확인

결산은 한 해의 사업실적을 객관적으로 평가할 수 있는 자료를 산출하는 과정이므로, 최대한 자의성을 배제하고, 기업회계기준에 맞게 이뤄지도록 유의할 필요가 있다.

제6장

급여 원천징수와 절세전략

- 사장님 급여는 마음대로 줘도 모두 비용인정이 되나?
- 급여에 대한 근로소득세 원천징수 방법
- 비과세되는 근로소득 잘 챙겨서 절세하자
- 퇴직금과 퇴직연금의 퇴직소득세 원천징수
- 원천징수 세액이 0원으로 낼 세액이 없어도 신고는 해라
- 기타소득과 사업소득의 원천징수 방법
- 원천징수 지급명세서 제출 시기

사장님 급여는 마음대로 줘도 모두 비용인정이 되나?

1 법인 대표이사 급여 마음대로 줘도 되나?

직원과 달리 임원(대표이사도 임원임)에게 지급하는 상여금 중 정관·주주총회 또는 이사회 결의로 결정된 급여 지급기준을 초과해서 지급하는 금액은 비용으로 인정해주지 않고 있다.

여기서 임원은 등기나 정관에 기재된 임원(등기이사) 여부에 상관없이 사실상 경영에 참여해서 경영 전반의 의사결정과 집행에 적극적으로 참여하거나 회계와 업무에 관한 감독권을 행사하는 자는 세법상 임원의 범위에 포함된다.

따라서 세무상 임원 급여 등과 관련한 불이익을 회피하기 위해서는 미등기임원도 포함하는 급여 지급기준이 필요할 것으로 판단된다.

법인세법상 임원 보수의 손금산입 한도에 대해서는 제한하고 있지 않음으로, 임원에게 지급한 보수(봉급·급료·보수·상여·수당 등)가 법인의 규모, 영업내용, 당해 임원의 직무 내용, 그 밖에 사용인에 대한 급여 지급사항과 그 법인과 동종·동일규모의 사업을 영위하는 법인이 임원에게 지급하는 보수에 비추어 과다한 경우로서 조세 부담을 부당히 감소시키는 경우가 아니면 비용으로 인정받을 수 있다.

그러나 상법에서 임원의 보수지급에 대해서 정관에 그 한도액을 정하지 않은 때에는 주주총회의 결의로 정하게 되어있으므로, 임원에 대한 보수 중 정관이나 주주총회의 결의로 정해진 한도액을 초과하는 것은 비용으로 인정되지 않는다.

한편, 퇴직금의 경우 세금 불이익을 피하기 위해서는 회사의 정관 또는 정관에서 위임된 퇴직급여 지급 규정에 별도의 규정을 마련해야 할 것으로 판단된다. 추가로 임원의 수당 및 상여에 관한 비용인정 사례를 참고하기를 바란다.

> 임원 급여 지급기준에 수당에 대해서 언급하지 않고 기본급과 함께 매월 임원에게 지급되는 월정보수를 임금대장에 수당으로 단순 구분 기재한 경우는 이를 일반적으로 용인되는 통상적인 인건비로 보아 비용 인정한다.

> 임원들의 급여액 범위 내에서 직원과 같은 지급 비율 등에 따른 객관적인 기준에 의해서 임원에게 지급된 상여금이라 하더라도 법령에서 정한 요건을 갖춘 급여 지급 규정을 근거로 지급하지 않은 상여금은 비용 불인정한다.

급여 지급기준이란 법인이 주주총회 등의 결의로 임원상여금에 대한 급여 지급기준을 정하였다 하더라도 그 기준이 손금 인정 범위인 급여 지급기준에 해당하는지는 지급되는 상여금이 통상적인 근로 제공의 대가로서의 급여의 실질을 가진 것인지 등을 종합적으로 고려해서 판단한다.

주주총회에서 연간 총 임원의 보수 한도 총액을 정했다고 할지라도 구체적인 지급률 등이 규정되지 않았을 때는 보수지급기준으로 인정되지 않을 것으로 생각되지만, 정관의 위임(포괄위임 제외) 또는 주주총회 등에 의해서 적법하게 승인받은 지급기준으로서 당해 지급기준에서 상여금에 대한 지급 시기와 지급률 등에 대해서 구체적으로 명시한 경우는 사전에 결정된 상여금 지급기준으로 인정될 수도 있다고 생각된다.

임원 급여 · 상여 등의 비용인정 조건

❶ 정관의 규정 또는 주주총회 · 사원총회 등에 의해서 결의된 지급한도액의 범위 내일 것

예를 들어 주주총회의 결의에서 임원의 보수액은 연액 1천만 원 이내에 함이라고 정했다면 이 금액을 초과하는 금액은 비용으로 인정되지 않는다.

❷ ❶의 한도 내의 금액이라도 임원 개개인의 지급액이 그 임원의 직무의 내용, 그 법인의 수익 및 그 사용인에 대한 급여 지급상황, 동종업종 및 유사 규모 회사의 상황 등을 종합적으로 고려해 과도한 경우 비용인정이 안 된다.

가. 직무의 내용(예 : 사장, 전무, 상무, 이사 등)

나. 직무에 종사하는 정도(상금 또는 비상금)

다. 경과 연수

라. 그 법인의 업종 · 규모 · 소재지 · 수익의 상황 및 사용인에 대한 급여의 지급상황

마. 그 법인과 동종 사업을 하는 법인으로 그 사업의 규모 및 수익의 상황 등이 유사한 것의 임원에 대한 보수의 지급상황 등

2 자영업자(개인사업자) 사장님의 급여

개인회사의 사장님은 급여를 마음대로 가져갈 수 있는 막강한 권한을 가지고 있다.

그리고 개인회사는 법률적으로 개인의 것이다. 따라서 회사에 돈을 집어넣으면 개인이 회사에 저축한 것과 같고, 돈을 가져가면 인출한 것과 같다. 따라서 개인회사 사장님이 회사에서 급여를 가져가는 경우 인출에 해당하므로 장부상으로는 인출금 계정과목을 사용한다. 또한, 세법에서는 개인 돈의 인출이므로 이를 비용으로 인정해주지 않는다.

결과적으로 개인회사의 사장님은 급여를 얼마를 가져가든 모두 개인 돈의 인출에 해당하고, 이는 세법에서는 비용으로 인정해주지 않음으로 절세효과도 없다.

구 분	장부상 계정과목	세금 처리
개인회사 사장님	인출금	비용인정 안 됨
법인의 대표이사	급여	비용인정

월중에 급여 인상 시 급여 계산 방법

예를 들어 급여가 2023년 2월부터 인상된 경우 근로계약이나 취업규칙을 통해 인상된 급여액의 적용 시점을 별도로 정한 바가 없다면 2023년 2월 1일부터 해당 인상된 급여액을 적용한다. 따라서 2월 말일에 지급되는 임금이 2023년 2월 1일부터 2월 29일까지 근로에 대한 급여라면 인상된 급여액을, 2023년 1월 1일부터 1월 31일까지 근로에 대한 급여라면(이 경우 30일 안에 임금을 지급하도록 정한 근로기준법 위반이지만) 인상 전 급여액을 적용한다.

급여에 대한 근로소득세 원천징수 방법

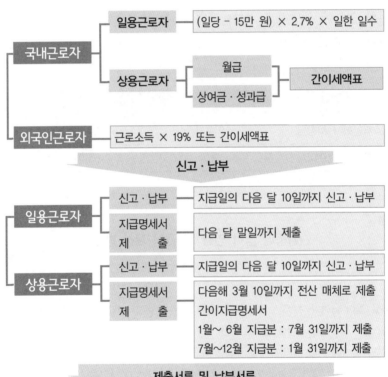

국내근로자

- **일용근로자** — (일당 - 15만 원) × 2.7% × 일한 일수
- **상용근로자**
  - 월급
  - 상여금 · 성과급
  - → 간이세액표

외국인근로자 — 근로소득 × 19% 또는 간이세액표

신고 · 납부

일용근로자
- **신고 · 납부** : 지급일의 다음 달 10일까지 신고 · 납부
- **지급명세서 제출** : 다음 달 말일까지 제출

상용근로자
- **신고 · 납부** : 지급일의 다음 달 10일까지 신고 · 납부
- **지급명세서 제출** : 다음해 3월 10일까지 전산 매체로 제출
  간이지급명세서
  1월~ 6월 지급분 : 7월 31일까지 제출
  7월~12월 지급분 : 1월 31일까지 제출

제출서류 및 납부서류

제출서류 : 원천징수이행상황신고서, 납부 서류 : 근로소득세, 지방소득세 납부서

1 일용근로자의 근로소득세

일용근로자

한 사업장에서 계속해서 3개월(건설업은 1년) 이상 근무하지 않은 자

신고 서식 : 원천징수이행상황신고서의 일용근로자란에 기재 후 신고하며, 원천징수이행상황신고는 홈택스를 통한 전자신고가 가능하다.

근로소득세 = (일당 – 15만 원) × 2.7% × 일한 일수

다음 달 말일까지 제출
매달 15일 고용보험 신고 때 근로내용확인신고서 제출시 제출 생략 가능

2 상용근로자의 근로소득세

상용근로자

일용근로자를 제외한 근로자

신고 서식 : 원천징수이행상황신고서의 간이세액(연말정산 분은 연말정산)란에 기재 후 신고하며, 홈택스를 통한 전자신고가 가능하다.

근로소득세 = 간이세액표에 따라 원천징수 후 다음 달 10일, 연말정산 분은 다음 해 2월 말일까지 연말정산 후 3월 10일까지 신고·납부

다음 해 3월 10일까지 지급명세서 제출
1월 말일과 7월 말일 지급명세서와 별도로 간이지급명세서 제출

상용근로자의 경우 간이세액표에 따라 원천징수를 한다.

간이세액표는 홈택스 홈페이지를 방문하면 메인 상단의 조회·발급 〉
기타조회 〉 근로소득 간이세액표를 참조하면 간이세액의 적용 방법
과 자동 계산을 손쉽게 할 수 있다.

⊙ 간이세액표를 적용해 근로소득세 계산하기

다음의 간이세액표 적용은 2023년 2월부터의 기준이므로 2월분 급
여를 3월에 지급 시에 국세청 홈페이지를 방문해 참조하기를 바란
다.

월 급여(천원) [비과세 및 학자금 제외]		공제대상 가족의 수					
이상	미만	1	2	3	4	5	6
2,500	2,510	41,630	28,600	16,530	13,150	9,780	6,400

❶ 월급여액을 계산한다.

> 월급여액 = 매월 받는 총급여액 – 비과세 급여 – 학자금

❷ 공제대상 가족 수를 계산한다. 공제대상 가족 수는 다음 인원의 합을 말한다.

> 실제 공제 대상 가족 수 = 본인 + 배우자 + 8세 이상 20세 이하의 자녀(장애인은
> 나이 제한 없음) + 만 60세 이상(남녀 모두 동일)인 부모님 + 만 8세 이상 20세 이
> 하 동거입양자(직계비속 또는 입양자와 그 배우자가 모두 장애인에 해당하면 그 배우
> 자를 포함) + 만 20세 이하 또는 만 60세 이상 형제자매 + 국민기초생활보장법 제2
> 조 제2호의 수급자 + 당해 연도 6개월 이상 위탁양육 한 위탁아동

위의 표에서 실제 공제 대상 가족 수에 본인도 포함이 되므로 간이세액표 적용 시 실
제 공제대상 가족 수는 최소 1인이 된다는 점에 유의해야 한다.

❸ ❷의 공제 대상 가족 수 중 8세 이상 20세 이하의 자녀(장애인은 나이 제한
없음)의 인원 수를 계산한다.

공제대상 가족의 수 = 실제 공제대상 가족의 수 + 만 8세 이상 20세 이하 자녀의 수

월 급여액 2,500천 원(비과세 및 자녀학자금 지원 금액 제외)

부양가족의 수 : 본인 포함 4명(만 8세 이상 20세 이하 자녀 2명 포함)

공제대상 가족의 수 = 4명 + 2명 = 6명

이 경우 원천징수 세액은 7,040원임(소득세 6,400, 지방소득세 640)

월 급여(천원) [비과세 및 학자금 제외]		공제대상 가족의 수					
이상	미만	1	2	3	4	5	6
2,500	2,510	41,630	28,600	16,530	13,150	9,780	6,400

상여금을 지급하는 달의 근로소득세 계산하기

구 분	계산 방법
방법1	(1) 지급대상기간이 있는 상여 지급 시 원천징수세액 = (❶ × ❷) − ❸ ❶ = [(상여 등의 금액 + 지급 대상 기간의 상여 등외의 급여의 합계액) ÷ 지급 대상 기간의 월수]에 대한 간이세액표상의 해당 세액 ❷ = 지급대상기간의 월수 ❸ = 지급대상기간의 상여 등외의 급여에 대해 원천징수하여 납부한 세액
	(2) 지급대상기간이 없는 상여 지급 시 원천징수 세액 그 상여 등을 받는 연도의 1월 1일부터 그 상여 등의 지급일이 속하는 달까지를 지급대상기간으로 하여 (1)의 방법으로 계산한다. 주 그 연도에 2회 이상의 상여 등을 받는 경우 직전에 상여 등을 지급받는 날이 속하는 달의 다음 달부터 그 후에 상여 등을 지급받는 날이 속하는 달까지로 한다.
방법2	상여 등의 금액과 그 지급대상기간이 사전에 정해진 경우에는 매월분의 급여에 상여 등의 금액을 그 지급대상기간으로 나눈 금액을 합한 금액에 대해 간이세액표에 의한 매월분의 세액을 징수한다.

구 분	계산 방법
	[주] 금액과 지급대상기간이 사전에 정해진 상여 등을 지급대상기간의 중간에 지급하는 경우를 포함한다. 지급대상기간이 없는 상여 지급의 경우 방법1의 (2)에 의한 방법으로 원천징수

[지급대상기간의 계산]

9월에 지급대상기간이 없는 상여 및 지급대상기간(7~9월)이 있는 상여를 지급하는 경우 지급대상기간 계산

• 지급대상기간이 없는 상여의 지급대상기간 : 9개월
• 지급대상기간이 있는 상여의 지급대상기간 : 3개월
• 9월 상여 전체의 지급대상기간의 월수 : (9 + 3) ÷ 2 = 6

[사 례]

1. 지급대상기간 선택	
지급대상기간	4개월
2. 지급대상기간의 총급여	
월급여 합계액	20,000,000원
상여금	5,000,000원
3. 기원천징수된 세액	
소득세	1,401,880원
지방소득세	140,180원(소득세의 10%)
4. 공제 대상 부양가족	
부양가족 수(본인 포함)	1인 만 8세 이상 20세 이하의 자녀수 0인
근로자 신청률	100%

[해 설]

[간이세액표 예시]

(단위 : 천원)

월급여액(천원)		공제대상가족의 수				
[비과세 및 학자금 제외]		1	2	3	4	5
5,000	5,020	350,470	321,710	252,850	234,100	215,350
5,020	5,040	353,270	324,500	255,430	236,680	217,930
6,240	6,260	605,340	557,840	442,400	423,650	404,900
6,260	6,280	609,870	562,350	446,060	426,290	407,540

1. 월평균 급여액		6,250,000원	2,500만 원 ÷ 4
2. 간이세액표상 원천징수세액	소득세	605,340원	간이세액표
	지방소득세	60,530원	소득세 × 10%
3. 원천징수할 세액	소득세	2,421,360원	605,340원 × 4
	지방소득세	242,130원	소득세 × 10%
4. 기납부한 세액	소득세	1,401,880원	
	지방소득세	140,180원	
5. 차감 원천징수세액	소득세	1,019,480원	2,421,360원 − 1,401,880원
	지방소득세	101,940원	소득세 × 10%

잉여금처분에 의한 상여 등을 지급하는 경우 원천징수

잉여금처분에 의한 상여 등을 지급하는 때에 원천징수하는 세액은 그 상여 등의 금액에 기본세율을 곱해서 계산한 금액으로 한다.

잉여금처분에 의한 상여 등의 금액 × 기본세율

상용근로자가 제출해야 하는 서류

❶ 매월 급여 신고 시(매월 10일 또는 반기 종료일 다음 달 10일) :

원천징수이행상황신고서의 간이세액 란에 기재 후 신고

❷ 소득자별근로소득원천징수부(매달 작성 후 보관)

❸ 지급명세서 제출 : 다음 해 3월 10일

❹ 2월 말까지 연말정산 후 3월 10일까지 신고·납부 : 원천징수이행상황신고서의 연말정산란에 기재 후 신고, 소득공제신고서 등 각종 소득공제 소명자료 제출

3 외국인 근로자의 근로소득세

매월 급여에 19%를 곱한 금액을 원천징수 하는 방법을 적용받고자 하는 외국인 근로자(원천징수 신청일 현재 대한민국 국적을 가지지 아니하는 사람만 해당)는 근로를 제공한 날이 속하는 달의 다음 달 10일까지 "단일세율 적용 원천징수신청서"를 원천징수의무자를 거쳐 원천징수 관할 세무서장에게 제출한다.

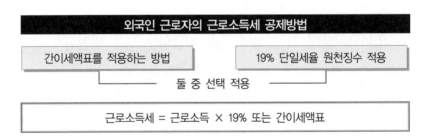

예를 들어 한해 총 1억 원의 근로소득금액(비과세 1,000만 원 포함)에 단일세율 19%를 적용해서 1,900만 원의 근로소득세를 내거나 월급을 내국인과 같게 간이세액표에 따라 원천징수 후 납부하면 된다.

비과세되는 근로소득
잘 챙겨서 절세하자

급여에는 포함되나 세금을 내지 않아도 되는 비과세 급여의 종류는 다음과 같다. 비과세 소득은 4대 보험 계산을 할 때도 차감된다.

❶ 식사·기타 음식물을 받지 아니하는 근로자가 받는 월 20만 원 이하 식대

❷ 일직료·숙직료 또는 여비로서 실비변상 정도의 금액

❸ 자가운전보조금액 중 월 20만 원 이내의 금액

❹ 연구원 등이 받는 연구보조비 또는 연구활동비 중 월 20만 원 이내의 금액

❺ 생산직에 종사하는 직전 연도 수입금액이 3,000만 원 이하이면서 월정액급여 210만 원 이하인 근로자가 연장시간 근로·야간근로 또는 휴일근로로 인하여 받는 급여(연 240만 원 한도, 일용근로자 전액)

❻ 선원이 받는 월 20만 원 이내의 승선 수당과 광산근로자가 받는 입갱 수당 또는 발파수당

❼ 북한지역에서 근로를 제공하고 받은 급여 중 월 100만 원(원양어업 선박 또는 국외 등을 항행하는 선박이나 항공기, 국외 건설 현장(감리업무 포함)에서 근로를 제공하고 받는 보수는 월 300만 원) 이

내의 금액

❽ 근로자 또는 배우자의 출산, 6세 이하 자녀의 보육 관련하여 사용자로부터 받는 월 10만 원 이내 금액

❾ 벽지에 근무함으로써 받는 월 20만 원 이내의 벽지 수당

❿ 국민건강보험법 등에 따라 국가·지방자치단체 또는 사용자가 부담하는 부담금

각종 급여의 비과세 요건을 살펴보면 다음과 같다.

1 자가운전보조금(차량유지비)의 비과세

자가운전보조금이 비과세되기 위해서는 다음의 조건을 모두 충족해야 한다.

▶ 근로소득자만 비과세된다.

▶ 종업원(법인 대표이사, 출자 임원, 비출자 임원, 직원 포함)의 자기 소유 차량(근로자 명의 임차차량 포함)이어야 한다. 또한, 부부 공동명의인 경우에도 인정된다.

▶ 종업원이 직접 운전해야 한다.

▶ 자가운전보조금을 받는 종업원이 시내 출장비 등을 실비로 별도로 받으면 안 된다.

▶ 회사의 업무수행에 이용하는 것이어야 한다.

▶ 당해 사업체가 미리 정한 지급 규정(사규) 등에 의해 지급하는 것이어야 한다.

▶ 월 20만 원까지만 비과세 처리한다.

시외출장비의 경우 20만 원과 별도로 증빙을 첨부하면 추가로 비용인정이 된다.

위의 요건을 충족한 자가운전보조금은 월 20만 원까지 비과세 처리되고, 증빙으로는 원천징수영수증으로 충분하다. 반면, 비과세 요건을 충족하지 못한 경우 해당 직원의 급여로 처리 후 원천징수영수증

을 증빙으로 첨부하거나 지출 건별도 법정지출증빙을 받아서 첨부해야 한다. 특히 대표이사가 법인차량을 운행하는 경우 자가운전보조금 비과세 혜택이 적용되지 않는다.

차량유지비, 여비교통비의 세무 처리

구 분			세무 처리
회사나 자기 소유차량 직접운행	자기 소유 차량 운행 (본인 명의 임차차량 포함)	자가운전보조금 지급	월 20만 원까지는 소득세 비과세(차량유지비로 처리함) 된다. 20만 원 초과 금액은 해당 직원의 근로소득으로 처리한다.
		실비의 현금 지급	지출증빙과 지출내역명세서 구비 시 여비교통비로 처리한다.
		자가운전보조금 + 별도 실비의 교통비 지급	별도 업무상 실비(시내교통비) 지급 시 자가운전보조금은 근로소득으로 합산한다. 다만, 업무상 시외출장비는 지출증빙 시 여비교통비로서 비용처리가 인정된다.
	배우자 공동명의 소유 차량 운행	실비 지급	지출증빙과 내부 지출결의서 구비 시 여비교통비 등으로 비용인정 된다.
		자가운전보조금 지급	월 20만 원까지 소득세 비과세가 가능하다 (완전 타인 명의는 과세).
	회사 차량 운행	실비 지급	지출증빙과 내부 지출결의서 구비 시 차량유지비로 비용인정 된다.
		자가운전보조금 지급	해당 직원의 근로소득에 해당한다.

구 분			세무 처리
자기 소유 차량 없는 종업원	출퇴근용 교통비	현금 지급	해당 직원의 근로소득으로 처리한다.
		현물 지급	교통카드, 회수권 등 대중교통수단 실비의 현물지급액은 여비교통비로 비용 인정된다.
	출장 교통비	현금 지급	구체적 법정지출증빙이나 내부지출결의서 구비 시 여비 교통비로서 비용 인정된다(근로소득에 합산하지 않는다.). 택시비는 구체적 승차명세(거리, 용도, 금액)를 명시한 후 비용으로 처리한다.
		현물 지급	실비의 현물 지급은 여비 교통비로 비용 인정된다.
		자가운전 보조금	개인의 근로소득에 해당한다.

2 식대의 비과세

식대가 비과세되기 위해서는 다음의 조건을 모두 충족해야 한다.

❯ 식대가 연봉계약서 등에 포함되어 있고,

❯ 회사의 사규 등에 식대에 대한 지급기준이 정해져 있는 경우로서

❯ 현물 식사(사내 급식 또는 이와 유사한 방법으로 식사 또는 기타 음식물)를 받지 않아야 하며,

❯ 월 20만 원까지 비과세 처리한다.

식대 비과세와 별도로 추가로 비과세되는 식대

✔ 야근 등 시간 외 근무 때 실비에 해당하는 식사나 식대는 비과세

✔ 식권을 받는 경우 현금으로 환금할 수 없는 경우에는 20만 원을 초과해도 비과세 하나, 현금화가 가능한 경우 20만 원까지만 비과세한다.

✔ 근로자가 2 이상의 회사에 근무하면서 식대를 매월 각 회사로부터 중복해서 지급 받는 경우에는 각 회사의 식대 합계금액 중 월 20만 원 이내의 금액만 비과세(두 회사에서 합쳐 30만 원을 받아도 20만 원만 비과세)한다.

✔ 건설공사 현장에서 제공되는 숙식비는 일용근로자의 일 급여에 포함되나 현물로 제공되는 식사는 비과세한다.

구 분		세무 처리
식사 또는 식대 중 한 가지만 제공	식사(현물, 구내 식당 등)	비과세
	식대(현금)	월 20만 원까지만 비과세하고 20만 원 초과 금액은 근로소득에 포함해서 원천징수를 한다.
식사와 식대를 모두 제공		식사는 비과세하나 식대는 금액과 관계없이 전액 근로소득에 포함해서 원천징수를 한다.
일률적으로 식대를 지급하고 야근 등 시간외근무에 따른 식사나 식대 제공		실비에 해당하는 식사나 식대는 비과세(월 20만 원 비과세 + 야근 식대 실비도 비과세)
외부음식업자와 계약하고 식권 제공		현금으로 환급할 수 없는 경우 20만 원 초과해도 비과세하나 현금화가 가능하다면 20만 원까지만 비과세하고, 초과는 근로소득에 포함한다.

세무조사 시 주의해야 할 식비와 자가운전보조금

세무서 조사관들이 가끔 세무조사 시 식비를 확인하기도 한다. 12시를 전후로 복리후생비 계정에서 회사 근처 식당에 식비를 지급했는지 또는 카드 결제가 있는지 만약 있다면 이중경비공제라고 해서 비용으로 인정해주지 않는다.

자가운전보조금도 마찬가지다 여비 교통비 계정과 많이 비교하니 주의가 필요한 계정이다.

3 연구보조비 및 연구활동비의 비과세

다음 중 어느 하나에 해당하는 자가 받는 연구보조비 및 연구활동비 중 월 20만 원 이내의 금액은 비과세한다.

> 유아교육 기관, 초·중등 및 고등교육기관의 교원이 받는 연구보조비나 연구활동비 : 교원에 한한다.
> 정부·지자체 출연연구기관 연구원과 직접 연구 활동을 지원하는 자(단, 건물의 유지·보수와 음식 제공이나 차량의 운전에 종사하는 자는 제외) : 대학교원에 준하는 자격을 가진 자에 한한다.
> 중소기업·벤처기업 부설 연구소 연구원이 받는 연구비 : 연구원에 한한다.
> 월 20만 원까지 비과세 처리한다.

4 일직료·숙직료의 비과세

다음의 두 가지 요건을 만족하는 일직료·숙직료는 비과세한다.

표에서 사회 통념상 타당한 금액이란 일반적으로 생각해서 과도한 금액이 아닌 적절한 금액으로 누가 봐도 객관적인 금액이라고 생각되는 금액을 말한다.

5 육아휴직급여의 비과세

장해급여·유족급여·실업급여·육아휴직급여 등은 비과세한다.
노사 간 단체협약으로 업무 외의 원인으로 인한 부상·질병 등으로 휴직한 자가 받는 급여 및 업무상 부상 등으로 요양하고 있는 자가 「산업재해보상보험법」에 의한 휴업급여 등과는 별도로 매월 받는 생계보조금(위자료의 성질이 있는 급여 제외)은 과세 대상 근로소득에 해당한다.

6 출산·보육(가족수당)의 비과세

아래의 2가지 요건을 모두 충족해야 비과세한다.

> ▶ 회사 내부 규정에 따라 육아 보조비 지원 규정이 있어야 하고,
>
> ▶ 월 10만 원까지 비과세 처리한다.

예를 들어 3달분을 한꺼번에 30만 원 지급 시 해당 월의 10만 원만 비과세(10만 원 비과세, 20만 원 과세)하므로 매달 지급한다.

7 학자금의 비과세

근로자(임원 포함)의 초·중등교육법 및 고등교육법에 따른 학교(외국에 있는 이와 유사한 교육기관을 포함함)와 근로자직업능력개발법에 의한 직업능력개발훈련시설의 입학금·수업료·수강료 기타 공납금 중 아래의 3가지 요건을 모두 충족해야 비과세된다(해당 연도에 납입할 금액을 한도로 함).

> ❯ 근로자가 종사하는 사업체의 업무와 관련 있는 교육 훈련을 위해 받는 학자금으로
> ❯ 당해 업체의 규칙 등에 정해진 지급 규정에 따라 지급되고,
> ❯ 교육 훈련 기간이 6월 이상이면 교육 훈련 후 교육 기간을 초과해서 근무하지 않는 경우 반환하는 조건일 것

❶ 종업원이 사설어학원 수강료를 지원받은 금액은 비과세 소득으로 보는 학자금에 해당하지 않는다.

❷ 자치회비 및 교재비도 비과세 소득으로 보는 학자금에 해당하지 않는다.

❸ 종업원이 사내근로복지기금법의 규정에 따라 받는 자녀학자금은 과세 대상 근로소득에 해당하지 않는다.

❹ 학자금이 비과세되는 근로자에는 출자 임원도 포함한다.

❺ 연말정산 교육비공제 시 비과세 학자금, 장학금은 차감한 금액만 공제한다.

예를 들어 사내근로복지기금법에 따른 사내근로복지기금으로부터 받는 장학금이나 재학 중인 학교로부터 받는 장학금 등이 이에 해당한다.

구 분		세무 처리
근로자본인	초·중등교육법 및 고등교육법에 따른 학교(외국에 있는 이와 유사한 교육기관 포함)의 입학금·수업료·수강료와 근로자직업능력개발법에 의한 직업능력개발훈련시설의 입학금·수업료·수강료	❶ 회사의 업무와 관련 있는 교육 훈련 ❷ 회사의 규칙 등에 의해 정해진 지급기준에 따라 지원 ❸ 교육 훈련 기간이 6월 이상 교육·훈련 후 해당 교육 기간을 초과해서 근무하지 않을 때는 받은 금액을 반납하는 조건 위의 세 가지 요건을 모두 만족하는 경우 당해 학자금은 비과세 학자금에 해당하며, 비과세되는 해당 학자금에 대해서는 교육비공제를 받을 수 없다.
	대학원 자치회비 및 교재비	대학원 자치회비 및 교재비 지원금은 근로소득 과세대상소득이며, 자치회비 및 교재비는 교육비공제 대상에도 해당하지 않는다.
자녀		회사로부터 지원받은 자녀에 대한 학자금은 과세대상 근로소득이며, 과세대상인 해당 학자금에 대해서는 교육비공제가 가능하다.

학원 수강료, 도서구입비 보조금액의 세무 처리

교육훈련비에는 교육장 임차료, 사내·외 강사료, 연수비, 교육용 책 구입비, 세미나 참가비, 학원 수강료 등이 포함된다.

구 분		세무 처리
개인이 학원에 다니는 경우	업무 관련이 있는 학원비로써 내부 규정에 의한 지급	○ 회사 : 계산서나 신용카드매출전표, 현금영수증 중 하나를 법정지출증빙으로 받아서 비용처리 ○ 개인 : 근로소득세 부담이 없음
	업무와 관련이 없는 학원비	○ 회사 : 계산서나 신용카드매출전표, 현금영수증 중 하나를 법정지출증빙으로 받지 않아도 됨(근로소득세 원천징수 후 복리후생비 또는 교육훈련비가 아닌 해당 직원 급여로써 비용처리 : 원천징수영수증) ○ 개인 : 해당 직원이 근로소득세를 부담해야 한다.
회사가 업무와 관련해 강사 등을 초빙하거나 외부 학원을 이용해서 직접 대가를 지급하는 경우		○ 회사 : 계산서나 신용카드매출전표, 현금영수증 중 하나를 법정지출증빙으로 받아서 비용처리 ○ 개인 : 근로소득세 부담이 없음

8 생산직 근로자 시간외근무수당의 비과세

아래의 3가지 요건을 모두 충족해야 비과세 된다.

월정액급여란 매월 받는 봉급이나 급료 등 급여총액에서 상여 등 부정기적인 급여와 실비변상적 급여 및 복리후생적인 급여, 연장시간 근무, 야간근무, 휴일 근무로 통상임금에 가산한 금액을 제외한 급여를 말한다.

월정액급여에 포함되는 급여	월정액급여에 포함되지 않은 급여
❶ 매월 정기적으로 받는 식대 ❷ 연간상여금 지급총액을 급여지급 시에 매월 분할 해서 받는 경우 근로자가 연장시간근로, 야간근로, 휴일근로 등으로 인하여 지급받는 특근수당, 잔업수당 등은 급여의 크기가 매월 변동되더라도 매월 계산되는 급여항목인 경우는 월정급여에 포함된다.	❶ 부정기적으로 지급받는 상여((명절, 연말 상여금 등), 연차수당. 다만, 통상적으로 매월 지급되는 급여에 해당하는 때에는 월정액급여의 범위에 포함 ❷ 매월 업무성과를 평가하고 실적 우수자를 선정해서 성과급상여금 지급약정에 따라 지급하는 상여금 ❸ 국민연금법에 따른 사용자 부담금

생산직 근로자의 범위를 살펴보면 다음과 같다.

❶ 소사장제 또는 서비스용역업체에 고용되어 공장에서 근로를 제공하는 자

❷ 어업영위자에게 고용되어 어선에서 근무하는 육체적 노동종사자

❸ 운전원과 관련 종사자 및 우편물 집배원, 수화물 운반원 등 물류산업 현장 근로자도 포함된다.

9 국외 근로소득의 비과세

다음의 두 가지 요건을 만족하는 경우 비과세한다.

- 해외 또는 북한지역에 주재하면서 근로를 제공하고 받는(단, 출장 · 연수 등을 목적으로 간 것은 국외 근로소득으로 보지 않는다.)
- 월 100만 원. 다만, 원양어업 선박, 국외 등을 항행하는 선박, 국외 건설 현장 등에서 근로를 제공하고 받는 보수의 경우 월 300만 원

① 원양어업 · 선박 등 국외를 항행하는 선박에서 근로를 제공하는 자
→ 비과세 한도 최대 월 300만 원 감면

② 국외 등의 건설 현장에서 근로를 제공하는 자(감리업무, 설계업무 수행하는 자 포함) → 비과세 한도 최대 월 300만 원 감면

③ 국외 또는 북한지역에서 근무하는 근로자
→ 비과세 한도 최대 월 100만 원 감면

주 일용근로자도 비과세된다(서면 1팀-1324, 2007.9.27.).

❶ 당해 월의 국외 근로소득에는 당해 월에 귀속하는 국외 근로로 인한 상여 등 포함

❷ 국외 근무 기간이 1월 미만이면 1월로 본다.

❸ 국외 근로소득에 대한 비과세를 적용받고 있는 해외 파견 근로자가 월 20만 원 이하의 식대를 그 사용자인 내국법인으로부터 받는 경우 당해 식대에 대해서 소득세를 비과세한다.

❹ 국외근로를 제공하고 받는 보수란 해외에 주재(연락사무소 포함)하면서 근로를 제공하고 받는 급여를 말하는 것이므로 해외 수출품에 대한 현지 설치, 시운전 등을 위하여 해외에 파견된 동안 급여 상당액은 국외 근로소득으로 보지 않는다.

사택 관련 유지비용의 세무 처리

세법에서 인정되는 사택에 해당한다면 이와 관련한 유지·관리비는 법인의 사택 관련 비용이므로 종업원은 비과세 되고, 법인은 손금산입 대상이 된다. 그러나 사택이 아니라면 해당 자산에 대해 발생하는 비용에 대해 법인은 부당행위 부인으로 인한 손금불산입 문제가 있을 수 있고, 동시에 해당 임직원의 근로소득이 되어 근로소득세를 신고·납부 해야 한다. 또한, 사택에 해당하든 그렇지 않든 사택 임차료 이외의 비용인 전기료, 수도료, 전화요금 등 사적 관리비용을 법인이 부담하는 경우 해당 임직원의 급여로 보아 근로소득세를 신고·납부 해야 한다.

❶ 주주 또는 출자자가 아닌 임원(주권상장법인의 주주 중 소액주주인 임원을 포함)과 임원이 아닌 종업원(비영리법인 또는 개인의 종업원 포함) 및 국가·지방자치단체로부터 근로소득을 받는 자 ➜ 출자 임원(상장법인의 소액주주임원 제외)은 근로소득

❷ 다음의 사택 범위에 해당해야 한다.
사용자 소유 주택을 종업원 등에게 무상 또는 저가로 제공하는 주택 또는 사용자가 직접 임차해서 종업원 등에게 무상으로 제공하는 주택(해외에 소재하는 주택도 포함하며, 주택 규모에 대한 제한은 없다.)

→ 종업원이 일부의 금액을 부담하거나 회사에서 무상 또는 저리로 대여받은 후 종업원 명의로 임대차계약 시에는 사택에 해당하지 않는다.

· 사용자 소유주택 : 무상 또는 저가 제공주택

· 사용자 임차주택 : 무상 제공주택

참고로 다음의 경우에는 사택으로 보지 않는다.

❶ 입주한 종업원이 전근·퇴직 또는 이사한 후 당해 사업장의 종업원 중에서 입주희망자가 없거나,

❷ 당해 임차주택의 계약 잔여기간이 1년 이하인 경우로서 주택 임대인이 주택임대차계약의 갱신을 거부하는 경우를 포함한다.

직원에게 지원하는 휴가비의 세무 처리

직원들의 휴가 시 회사에서 여행경비를 지원하는 경우 지원하는 휴가비는 해당 근로자의 근로소득으로 처리해야 하며, 복리후생비에 해당하지 않는다.

따라서 근로소득세 원천징수 후 원천징수 영수증을 증빙으로 보관하면 된다.

명절, 생일, 창립기념일 선물비용의 세무 처리

근로의 댓가로 받는 모든 금품은 소득세법에서 비과세로 규정하고 있는 것을 제외하고 근로소득에 해당한다.

그러므로 명절 등 특정한 날에 받는 선물 등 금품은 과세하는 근로소득에 해당하며, 금전 외의 현물로 주는 때에도 시가 상당액을 근로소득으로 지급할 때 근로소득에 포함하여 소득세를 원천징수 해야 한다.

근로자가 회사로부터 설날 등 특정한 날에 받는 선물은 과세 되는 근로소득의 범위에 포함되는 것임(법인 46013-1378, 1993.05.14.).

세법 예규에서는 창립기념일, 명절, 생일 기타 이와 유사할 때 임직원에게 지급하는 선물용품은 복리후생비가 아닌 근로소득으로 보고 있다. 근로소득으로 처리하기 때문에 회사에서는 해당 선물비용에 대한 세금계산서 등 적격증빙을 수취하지 않아도 되며, 원천징수영수증만으로 경비처리가 가능하다.

그리고 일반적으로 명절 상여금은 현금으로 지급하기 때문에 보통 원천징수 대상 근로소득으로 처리하지만, 선물 등 금품은 복리후생비로 처리하는 경우가 많은데, 원칙은 근로소득으로 처리해야 한다. 실무에서는 명절 또는 창립기념일에 지급하는 기념품 등은 사회 통념상 널리 적용되는 것이며, 그 금품 가액이 소액일 경우 과세관청에서도 근로소득으로 과세한다고 해도 큰 실익이 없을 것으로 판단하여 복리후생비로 처리하기도 한다. 하지만 회사마다 선물대의 가격이 다르고, 일부 회사에선 고가의 선물도 지급할 수 있으므로 복리후생비로 처리 시 나중에 문제가 될 수 있다.

또한 전 직원에게 명절선물로 일정액의 상품권을 지급하는 경우 추석 선물 자체를 복리후생적 성격으로 간주하여 "복리후생비"로 처리해도 무방하지만, 원칙은 선물로 지급하는 상품권 가액만큼 급여에 합산하여 원천징수를 해야 하므로 실무적으로는 "급여"로 처리하는 것이 일반적이다. 이때 만약 액면가 10만 원권 상품권을 95,000원에 할인하여 샀을 경우 원천징수 시 액면가인 100,000원에 대해 원천징수를 해야 한다.

구 분	세무 처리
근로소득세 과세	자사에서 생산된 제품의 제공 시 수령자는 근로소득에 해당한다. 근로소득세를 원천징수 시 근로소득 대상 금액은 원가가 아닌 판매가 즉 시가가 된다.
증빙처리	원칙적으로 근로소득으로 보아 과세를 해야 하므로, 원천징수영수증으로 증빙이 충분하다.
부가가치세 매입세액공제	구입 시 받은 세금계산서는 매입세액공제가 가능하다. 다만, 선물을 상품권이나 농·축·수산물 등으로 지급한 경우에는 부가가치세가 과세 되지 않으므로 매입세액을 공제받을 수 없다.

창립기념일, 체육대회, 워크숍 등을 통해 직원에게 지급하는 경품의 세무 처리

회사의 창립기념일 또는 체육대회, 워크숍 등을 통해서 직원에게 지급하는 현물 등의 경우 직원의 개인에게 귀속되는 현물 등은 원칙은 해당 직원의 근로소득에 해당하므로 원천징수 대상이나, 사회 통념상 타당하다고 인정되는 범위 안에서 지급되는 복리후생적 현물 등은 세법에서 과세해도 큰 실익이 없으므로 비용으로 인정된다. 하지만 회사마다 선물대의 가격이 다르고, 일부 회사에선 고가의 선물도 지급할 수 있으므로 복리후생비로 처리 시 나중에 문제가 될 수 있다.

직원의 업무상 재해 시 부담하는 병원비의 세무 처리

직원이 업무상 재해를 입어(공상) 의료기관에서 진료 등을 받고 비용을 회사가 부담하는 경우 복리후생비로 처리할 수 있으며, 근로자의 근로소득으로 처리하더라도 소득세법상 비과세소득에 해당하므로 별도의 근로소득세 부담액은 없다. 반면, 공상 발생 시 우선 직원 개인 비용으로 지급 후 회사에 비용 청구 시에도 같게 적용된다.

구 분		세무 처리
업무상 직원 본인 병원비		비과세
업무 무관 직원 본인 병원비		근로소득세 신고 · 납부
직원 가족 병원비		근로소득세 신고 · 납부
병원의 임직원 가족 병원비 경감액		근로소득세 신고 · 납부
건강검진비	임직원 차별	임원과 직원과의 차이 금액은 과세 될 수 있다.
	임직원 무차별	비과세
사내복지기금 지원 의료비		비과세

출퇴근 통근버스 비용의 세무 처리

종업원이 출·퇴근을 위해서 차량을 받는 경우 운임에 상당하는 금액 ➡ 차량 제공 대신 출·퇴근보조금을 받는 금액은 근로소득에 해당한다.

대표이사(직원)의 핸드폰 사용요금 보조금의 세무 처리

핸드폰 사용료는 다음의 3가지 요건을 충족해야 경비로 인정되며, 해당 직원의 급여로 보지 않는다.

> ▶ 회사의 사규 등에 의해서 지급기준이 정해져 있고,
>
> ▶ 일반적으로 영업직원만 지급하며(전 직원에게 지급하는 조건의 경우 내근직원은 업무용 사용을 입증해야 함)
>
> ▶ 업무용만 비용인정 된다(개인용도와 업무용을 최대한 구분해 두어야 함).

1. 회사 명의의 핸드폰을 사용하는 경우

핸드폰을 회사 명의로 산 후 종업원에게 업무에 사용하게 하고 그 사용료를 회사에서 부담하는 경우 단말기 구매비용은 자산(집기 비품) 등으로 처리하고, 종업원이 사용한 사용료, 스마트폰의 애플리케이션, 기타 데이터이용료 등에 대해서 회사가 부담하는 경우 업무수행 상 통상 필요하다고 인정되는 부분은 회사의 비용(통신비)으로 계상하며, 업무 외 사용한 부분은 직원에 대한 급여로 처리한다.

통상적으로 통화료나 정보이용료 등은 통신비에 각 요금이 부과되나, 유료로 거래되는 애플리케이션을 내려받을 때는 신용카드 등으로 결제하므로 별도의 증빙(신용카드매출전표 등)을 첨부해야 한다.

2. 직원명의(대표이사, 임원) 핸드폰을 사용하는 경우

직원 개인 명의의 핸드폰 요금을 회사에서 부담하는 경우 먼저 핸드폰 요금이 회사업무와 관련한 것인지 확인해야 한다. 업무와 관련된 때에만 법인의 통신비 등으로 비용처리(손금 산입)가 가능하다. 하지만 법인 업무에 사용된 것이 아닌 부분과 회사가 실비변상이 아닌 정액 보조금을 지급하는 경우는 근로소득에 해당한다. 즉, 법인이 사원 명의의 핸드폰을 법인의 업무에 직접 사용하고, 이와 관련한 통화료 상당액을 지출한 경우는 법인의 각 사업연도 소득금액 계산상 손금에 산입할 수 있는 것이다.

통화료 상당액이 법인의 업무와 관련 있는지는 객관적인 증빙자료에 의하여 사실 판단할 사항이다.

여기서, 업무와 관련된 것인지를 입증하는 객관적인 증빙자료가 어떤 것인지에 대해서는 법에 규정되어 있지 않다. 이는 법인의 업종, 직원의 업무 내용에 따라 사실 판단할 사항이다.

업무수행에 필요하다고 인정되는 범위 안에서 통신비 지급 규정이나 사규 등에 따라 작성되고 계산된 객관적인 자료에 의해 지급 사실이 확인되면 된다.

통신비 지급 규정에는 통신비 지급 대상 및 금액을 산정하고 지급 방법을 명시해야 한다. 통신비를 받고자 하는 근로자는 휴대폰 사용료의 월간 사용명세를 담당자에게 제출하여 처리하면 된다.

결론적으로 직원 소유의 핸드폰을 업무에 사용하게 하고 그 사용료를 회사가 부담하는 경우 업무와 관련해서 사용하였다는 객관적인 증빙을 갖추어야 비용처리가 가능한 것으로 사규 등에 통신비 지원에 관한 규정 등이 있고, 영업직으로 통상 업무상 필요한 경우에는 비용처리 할 수 있다. 다만, 일반 내근직에 지원하는 지원금 또는 모든 직원에게 일괄적으로 지급하는 통신비 지원금은 업무 연관성을 입증하기가 매우 곤란하므로 해당 직원의 근로소득에 포함해서 처리해야 하며, 근로소득에 포함 시 회계 처리도 급여 등으로 처리한다.

직원들의 해외 출장 시의 핸드폰 로밍 요금 지원의 경우는 요금청구서와 통화내역서를 첨부하여 업무용인지 개인용인지 구분하여 지급하면 된다.

법인 휴대폰비용의 손금산입 여부에 관해 다음과 같은 예규가 있다.

법인인 종업원의 핸드폰을 법인의 업무에 사용하도록 하고 이에 대하여 부담하는 통신비용이 건전한 사회통념에 비추어 법인의 비용으로 인정될 수 있는 범위 안의 금액의 경우 이를 당해 법인의 각 사업연도 소득금액 계산 시 손금에 산입할 수 있는 것이나, 당해 법인의 업무와 관련되었는지의 여부 및 부담범위의 적정성에 대하여는 당해 법인의 업종, 종업원의 업무 내용 및 부담기준 등에 따라 사실 판단할 사항입니다(법인, 법인 46012-368, 2001.02.16.).

법인이 종업원(일용근로자 제외)이 소유하고 있는 핸드폰을 법인의 업무에 사용하도록 하고 사용료 납부 통지서상의 금액 전액을 법인이 부담하는 경우 업무수행 상 통상 필요하다고 인정되는 부분은 손금에 산입하는 것이나, 그 초과 부분은 당해 종업원에 대한 급여로 보아 손비 처리하는 것입니다(법인, 제도 46012-1181, 2001.06.29.).

3. 개인회사 사장의 핸드폰 사용요금

업무와 관련한 개인회사 사장의 핸드폰 사용료도 비용으로 인정받을 수 있다.

그러나 일반적으로 업무용과 개인용을 혼용해서 사용하는 경우가 많고, 국세청에서 업무 관련성을 입증하라고 하면 업무 연관성을 입증하기가 매우 곤란하므로 동 사장 핸드폰 사용료의 비용처리 여부는 자의적인 판단에 맡길 수밖에 없는 것이 현실이라고 생각하면 된다.

퇴직금과 퇴직연금의
퇴직소득세 원천징수

1 퇴직금의 원천징수

퇴직소득 과세표준	=	퇴직급여(퇴직금)	−	퇴직소득공제

퇴직소득 산출세액	=	[(퇴직소득 과세표준 × 1/근속연수 × 12(= 환산급여)) − 차등 공제] × 기본세율(6~45%) ÷ 12 × 근속연수

◎ 퇴직소득 금액

퇴직소득 금액은 당해 연도 퇴직소득의 합계액(비과세 금액은 제외)으로 한다. 다만, 임원(법인세법상 임원)의 퇴직소득 금액이 다음 계산식에 따라 계산한 금액을 초과하는 경우는 그 초과하는 금액은 근로소득으로 본다.

구 분		세무처리	손금산입
임원	2019년 12월 31일부터 소급하여 3년(2012년 1월 1일부터 2019년 12월 31일까지의 근무기간이 3년 미만의 경우는 해당 근무기간으로 한다) 동안 지급받은 총급여의 연평균환산액 $\times \dfrac{1}{10} \times \dfrac{\text{2012년 1월 1일부터 2019년 12월 31일까지의 근무기간}}{12} \times 3$ **+** 퇴직한 날부터 소급하여 3년(2020년 1월 1일부터 퇴직한 날까지의 근무기간이 3년 미만의 경우에는 해당 근무기간으로 한다) 동안 지급받은 총급여의 연평균환산액 $\times \dfrac{1}{10} \times \dfrac{\text{2020년 1월 1일 이후의 근무기간}}{12} \times 2$	퇴직소득	손금산입
❶을 초과하는 금액		근로소득	손금산입

평균급여 : 퇴직한 날부터 소급하여 3년(근무기간이 3년 미만의 경우는 개월 수로 계산한 해당 근무 기간을 말하며, 1개월 미만의 기간이 있는 경우에는 이를 1개월로 본다)동안 지급받은 총급여의 연평균환산액

근속연수 : 1년 미만의 기간은 개월 수로 계산하며, 1개월 미만의 기간이 있는 경우에는 이를 1개월로 본다.

	세무처리	손금산입
일반직원은 자체 퇴직급여 규정과 근로기준법 중 큰 금액	퇴직소득	손금산입

🐭 퇴직소득세 계산방법

$$
(퇴직소득금액 - 근속연수공제) \times \frac{1}{전체근속연수} \times 12 = 환산급여
$$

$$
환산급여 - 환산급여\ 공제 = 과세표준
$$

$$
과세표준 \times 기본세율 \times \frac{1}{12} \times 근속연수 = 산출세액
$$

근속연수공제

근속연수	공제액
5년 이하	100만 원 × 근속연수
5년 초과 10년 이하	500만 원 + 200만 원 × (근속연수 - 5년)
10년 초과 20년 이하	1,500만 원 + 250만 원 × (근속연수 - 10년)
20년 초과	4,000만 원 + 300만 원 × (근속연수 - 20년)

💱 근속연수는 퇴직금 산정기준이 되는 기간을 말하며, 근속연수 계산 시 1년 미만은 1년으로 한다. 예를 들어 근속연수가 1년 1개월인 경우 2년으로 한다.

💱 당해 연도에 2회 이상 퇴직한 경우에도 퇴직소득공제는 1회만 적용한다.

환산급여 공제

환산급여	공제액
800만 원 이하	환산급여 × 100%
800만 원 ~ 7,000만 원	800만 원 + (환산급여 - 800만 원) × 60%
7,000만 원 ~ 1억 원	4,520만 원 + (환산급여 - 7,000만 원) × 55%
1억 원 ~ 3억 원	6,170만 원 + (환산급여 - 1억 원) × 45%
3억 원 ~	1억 5,170만 원 + (환산급여 - 3억 원) × 35%

퇴직소득세 계산사례

> - 입사일 : 2006년 7월 10일
> - 퇴사일 : 2023년 9월 25일
> - 퇴직금 : 51,689,290원인 경우

[해설]

$(51,689,290원 - 35,000,000원) \times \dfrac{1}{18} \times 12 = 11,126,193원$

$11,126,193원 - 9,875,715원 = 1,250,478원$

- 환산급여공제 = 8,000,000원 + (11,126,193원 - 8,000,000원) × 60%

$1,250,478원 \times 기본세율 \times \dfrac{1}{12} \times 18 = 112,542원$

⊕ 원천징수영수증 발급과 지급명세서 제출

퇴직소득을 지급하는 자는 그 지급일이 속하는 달의 다음 달 말일까지 퇴직소득 금액과 그 밖에 필요한 사항을 적은 퇴직소득 원천징수영수증을 퇴직소득을 지급받는 사람에게 발급해야 하며, 퇴직소득에 대한 소득세를 원천징수 하지 않은 때에는 그 사유를 함께 적어 발급해야 한다.

소득세 납세의무가 있는 개인에게 퇴직소득을 국내에서 지급하는 자는 지급명세서를 그 지급일이 속하는 과세기간의 다음 연도 3월 10일(휴업 또는 폐업한 경우 휴업일 또는 폐업일이 속하는 달의 다음다음 달 말일)까지 원천징수 관할 세무서장, 지방국세청장 또는 국세청장에게 제출해야 한다.

원천징수의무자가 12월에 퇴직한 자의 퇴직급여액을 다음 연도 2월 말일까지 지급하지 않는 때에는 2월 말일에 지급한 것으로 본다.

■ 소득세법 시행규칙[별지 제24호서식(2)]

퇴직소득원천징수영수증/지급명세서

([ ] 소득자 보관용   [ ] 발행자 보관용   [ ] 발행자 보고용)

관리번호		거주구분	거주자1/ 비거주자2
		내외국인	내국인1/ 외국인9
		종교관련종사자 여부	여 1/ 부 2
		거주지국	거주지국코드
		징수의무자구분	사업장

징수의무자	①사업자등록번호		②법인명(상호)		③대표자(성명)	
	④법인(주민)등록번호		⑤소재지(주소)			
소득자	⑥성 명		⑦주민등록번호			
	⑧주 소				(9) 임원여부	여
	(10) 확정급여형 퇴직연금 제도 가입일				(11) 2011.12.31.퇴직금	

귀속연도	2023-01-01 부터 2023-09-25 까지	(12) 퇴직사유	[ ]정년퇴직 [ ]정리해고 [●]자발적 퇴직 [ ]임원퇴직 [ ]중간정산 [ ]기 타

퇴직급여현황	근 무 처 구 분		중간지급 등	최종	정산
	(13) 근무처명				
	(14) 사업자등록번호				
	(15) 퇴직급여		-	51,689,290	51,689,290
	(16) 비과세 퇴직급여		-		
	(17) 과세대상 퇴직급여(15-16)		-	51,689,290	51,689,290

근속연수	구 분	(18)입사일	(19)기산일	(20)퇴사일	(21)지급일	(22)근속월수	(23)제외월수	(24)가산월수	(25)중복월수	(26)근속연수
	중간지급 근속연수					-	-	-	-	-
	최종 근속연수	2006-07-10	2006-07-10	2023-09-25	2023-09-25	207	-	-	-	18
	정산 근속연수		2006-07-10	2023-09-25		207	-	-	-	18

과세표준계산	계 산 내 용	금 액
	(27)퇴직소득(17)	51,689,290
	(28)근속연수공제	35,000,000
	(29) 환산급여 [(27-28) × 12배 /정산근속연수]	11,126,193
	(30) 환산급여별공제	9,875,715
	(31) 퇴직소득과세표준(29-30)	1,250,478

퇴직소득세액계산	계 산 내 용	금 액
	(32) 환산산출세액(31 × 세율)	75,028
	(33) 퇴직소득 산출세액(32 × 정산근속연수 / 12배)	112,542
	(34) 세액공제	-
	(35) 기납부(또는 기과세이연) 세액	-
	(36) 신고대상세액(33 - 34 - 35)	112,542

이연퇴직소득세액계산	(37) 신고대상세액(36)	연금계좌 입금명세					(39) 퇴직급여(17)	(40) 이연 퇴직소득세 (37 × 38 / 39)
		연금계좌취급자	사업자등록번호	계좌번호	입금일	(38)계좌입금금액		
						-		
	-	(41) 합 계				-		-

납부명세	구 분	소득세	지방소득세	농어촌특별세	계
	(42) 신고대상세액(36)	112,542	11,254		123,796
	(43) 이연퇴직소득세(40)	-	-		-
	(44) 차감원천징수세액(42-43)	112,540	11,250		123,790

위의 원천징수세액(퇴직소득)을 정히 영수(지급)합니다.

년   월   일

징수(보고)의무자   (서명 또는 인)

세무서장   귀하

🍄 퇴직소득이 2번 발생 시 퇴직소득세 정산

퇴직자가 퇴직소득을 지급받을 때 이미 지급받은 다음의 퇴직소득에 대한 원천징수영수증을 원천징수 의무자에게 제출하는 경우 원천징수의무자는 퇴직자에게 이미 지급된 퇴직소득과 자기가 지급할 퇴직소득을 합계한 금액에 대해서 위의 계산방식에 따라 퇴직소득세를 정산해 소득세를 원천징수 해야 한다.

❶ 해당 과세기간에 이미 지급받은 퇴직소득

❷ 근로제공을 위해서 사용자와 체결하는 계약으로서 사용자가 같은 하나의 계약(퇴직으로 보지 않을 수 있는 경우를 포함)에서 이미 지급받은 퇴직소득 ➡ 추가로 지급받는 퇴직소득

예를 들어 같은 회사에서 퇴사 시 퇴직연금을 지급받고 이후 회사에서 퇴직금을 별도로 추가 지급받는 경우 ① 퇴직연금에 대해서 퇴직소득세를 신고·납부 한다. ② 회사에서 별도로 퇴직금 지급 시 퇴직연금과 퇴직금을 합산해 납부할 퇴직소득세를 재계산한다. ③ 재계산된 퇴직소득세에서 이미 납부한 퇴직소득세를 차감한 후 신고·납부한다.

🍄 퇴직금 중간정산 이후 퇴직소득세

퇴직소득세는 중간정산 특례를 활용한다.

퇴직소득세는 중간정산 특례는 중간 정산을 한 근로자가 실제 퇴직하는 경우는 중간정산분 퇴직소득과 최종 퇴직소득에 대하여 퇴직소득세를 합산하도록 신청한 경우는 중간정산분과 실제 퇴직 시 지급받은 퇴직소득을 합산하여 중간정산 시 계산된 퇴직소득세는 기납부세액으로 빼고 추가 납부하는 방식이다.

퇴직자가 합산하여 세액정산하는 것을 신청하지 않는 경우라면 최종 퇴직소득에 대해서만 퇴직소득세를 계산하지만, 퇴직소득세는 중간정산 특례를 신청하는 경우 중간정산 시 퇴직금과 이후의 퇴직금을 합산한 후 최초 입사일을 기준으로 퇴직소득세를 계산한 후 중간정산 시 납부한 퇴직소득세를 차감한 차액에 대해서만 낸다. 즉, 중간정산분 퇴직소득과 최종 퇴직소득에 대하여 퇴직소득세를 합산 또는 중간정산 이후 최종 퇴직금에 대한 퇴직소득만 정산을 선택할 수 있다.

1. 퇴직소득세 중간정산 특례를 신청한 경우
[(중간정산 시 받은 퇴직금 + 중간정산 이후 받은 퇴직금)을 기준으로 퇴직소득세 계산] – 중간정산 시 납부한 퇴직소득세
2. 퇴직소득세 중간정산 특례를 신청하지 않은 경우
중간정산 시 받은 퇴직금 기준 퇴직소득세와 중간정산 이후 받은 퇴직금 기준 퇴직소득세를 각각 납부

참고로 중간정산 이후 기간에 대한 퇴직소득세를 계산해서 내는 것보다 중간정산특례를 활용하는 것이 퇴직소득세를 적게 낸다.

55세 이후 퇴직금을 IRP가 아닌 급여계좌로 받는 경우(55세 이후 IRP의무 이전 아님)에는 회사에서 특례를 적용하여 퇴직소득세를 다시 계산하여 원천징수를 하지만, 이 경우도 본인이 직접 이야기해서 챙겨야 한다. '중간정산특례'는 퇴직자의 선택이고, 퇴직금을 지급하는 회사가 자발적으로 적용하지는 않기 때문이다.

그러나 IRP로 수령하는 경우는 퇴직금에서 퇴직소득세를 떼지 않고 원금 그대로 IRP 계좌로 입금해 준다. 그러므로 추후 연금으로 개

시하거나 인출할 때 퇴직금을 받은 해당 금융사에서 중간정산특례 적용해서 다시 퇴직소득세를 산출해야 한다.

그런데 해당 금융사에서 이 내용을 정확히 모르는 경우가 종종 있을 수 있다.

'퇴직소득 원천징수 영수증'을 제출하여 해당 산출을 해달라고 해야 처리해주는 경우가 많으므로 IRP 계좌를 개설할 때는 이런 꼼꼼한 행정적인 사후 서비스를 이해하고, 처리가 가능한 금융회사를 선택하는 것이 좋다. 또한 본인도 잊어먹지 말고 있다가 본인이 직접 이야기해야 한다.

퇴직소득의 지급시기의제(12월 31일까지 퇴직소득 미지급)

퇴직소득을 지급해야 할 원천징수의무자가 1월부터 11월까지의 사이에 퇴직한 사람의 퇴직소득을 해당 과세기간의 12월 31일까지 지급하지 않은 경우는 그 퇴직소득을 12월 31일에 지급한 것으로 보아 소득세를 원천징수하고, 원천징수의무자가 12월에 퇴직한 사람의 퇴직소득을 다음 연도 2월 말일까지 지급하지 않을 때는 그 퇴직소득을 다음 연도 2월 말일에 지급한 것으로 보아 소득세를 원천징수한다.

구 분	지급시기의 의제
1월부터 11월까지의 사이에 퇴직한 사람의 퇴직소득을 해당 과세기간의 12월 31일까지 지급하지 않은 경우	12월 31일 지급의제
12월에 퇴직한 사람의 퇴직소득을 다음 연도 2월 말일까지 지급하지 않은 때	다음 연도 2월 말일 지급의제

🖱 과세이연(사업장→IRP계좌)

❶ 퇴직금 이전과 원천징수영수증 교부

원천징수의무자인 사업장은 IRP 계좌로 퇴직금을 이전하면서 퇴직소득원천징수영수증을 퇴직연금 사업자에게 통보하며, 근로자에게도 퇴직소득원천징수영수증을 발급한다.

❷ 원천세 신고 및 납부

지급일이 속하는 달의 다음 달 10일까지 과세이연한 내역을 기재한 원천징수이행상황신고서를 세무서에 제출한다.

원천징수 하지 않고 과세이연하였으므로 납부할 세금은 없다.

❸ 지급명세서 제출

퇴직소득원천징수영수증(지급명세서)은 다음 해 3월 10일까지 세무서에 제출해야 한다.

2 퇴직연금의 원천징수

🖱 확정급여형 퇴직연금제도

❶ 부담금 납입

급여 지급 능력 확보를 위해 최소적립금 이상을 유지하는 부담금을 납입해야 한다.

❷ 퇴직연금 이전 및 원천징수영수증 발급

DB 계좌에 있는 적립금을 IRP 계좌로 이전하고 그 금액이 퇴직급여에 부족한 경우 사업장에서 잔액을 IRP 계좌로 이전한다. 원천징수의무자인 사업장은 퇴직소득원천징수영수증을 작성하여 퇴직연금 사업자에게 통보하고, 근로자에게도 원천징수영수증을 발급한다.

❸ 원천세 신고

지급일이 속하는 달의 다음 달 10일까지 과세이연한 내역을 기재한 원천징수이행상황신고서를 세무서에 제출해야 한다. 원천징수 하지 않고 과세이연한 경우 납부할 세금은 없다.

❹ 지급명세서 제출

퇴직소득원천징수영수증(지급명세서)은 다음 해 3월 10일까지 세무서에 제출해야 한다.

🖱 확정기여형 퇴직연금제도

사업장에서 근로자에게 직접 지급하는 금액이 없는 경우

❶ 사용자 부담금 납입

납입한 부담금은 사업장의 경비로 처리한다.

❷ 퇴직연금 이전과 원천징수영수증 교부

퇴직연금 사업자가 DC 계좌에서 IRP 계좌로 이전을 하면서 연금계좌원천징수영수증을 이전받는 퇴직연금 사업자에게 통보한다.

그리고 연금계좌 원천징수영수증을 근로자에게도 교부한다.

❸ 원천세 신고

지급일이 속하는 달의 다음 달 10일까지 과세이연한 내역을 기재한 원천징수이행상황신고서를 세무서에 제출해야 한다. 원청징수하지 않고 과세이연을 한 경우 납부할 세금은 없다.

❹ 지급명세서 제출

연금계좌 원천징수영수증(지급명세서)은 다음 해 3월 10일까지 세무서에 제출해야 한다.

사업장에서 근로자에게 직접 지급하는 금액이 있는 경우

❶ 사용자 부담금 납입

납입한 부담금은 사업장의 경비로 처리한다.

❷ 퇴직연금 이전과 원천징수영수증 교부

사업장에서 직접 지급하는 퇴직금은 사업장에서 원천징수 한 후에 잔액을 지급하고 퇴직소득원천징수영수증을 근로자에게 발급한다.

❸ 원천세 신고

지급일이 속하는 달의 다음 달 10일까지 과세이연한 내역을 기재한 원천징수이행상황신고서를 세무서에 제출해야 한다.

원청징수 하지 않고 과세이연한 경우 납부할 세금은 없다.

❹ 지급명세서 제출

연금계좌 원천징수영수증(지급명세서)은 다음 해 3월 10일까지 세무서에 제출해야 한다.

가입자 부담금이 있는 경우

❶ 퇴직연금 이전과 원천징수영수증 교부

퇴직연금 사업자가 DC 계좌에서 IRP 계좌로 이전하면서 연금계좌 원천징수영수증을 이전받는 퇴직연금 사업자에게 통보하고 근로자에게도 발급한다. 가입자 부담금이 있으므로 연금계좌 이체명세서와 연금납입확인서도 퇴직연금 사업자에게 통보한다.

❷ 원천세 신고

지급일이 속하는 달의 다음 달 10일까지 과세이연한 내역을 기재한 원천징수이행상황신고서를 세무서에 제출해야 한다.

원청징수하지 않고 과세이연을 하였으므로 납부할 세금은 없다.

❸ 지급명세서 제출

연금계좌 원천징수영수증(지급명세서)은 다음 해 3월 10일까지 세무서에 제출해야 한다.

구 분	DC형(확정기여형)	DB(확정급여형)
원천징수의무자 : 원천징수영수증 발급자	퇴직연금 사업자(금융기관) : 퇴직연금 사업자가 원천징수영수증을 퇴직자에게 발급	회사(고용부) : 사용자가 원천징수영수증을 퇴직자에게 발급
원천징수이행상황신고서 작성 및 제출	회사는 원천징수이행상황신고서에 기재할 내용 없음(퇴직연금 사업자가 원천징수이행상황신고서에 인원과 지급금액, 징수세액을 기재하여 제출함)	회사가 원천징수이행상황신고서 퇴직소득란에 인원과 지급금액, 징수세액을 기재하여 제출함(단, 이연퇴직소득이 있는 경우에는 퇴직소득 지급금액을 기재하고 원천징수세액은 0으로 기재함)
지급명세서 제출	회사가 지급할 서류 없음(퇴직연금 사업자가 퇴직소득 지급일이 속하는 과세기간의 다음 연도 3월 10일까지 연금계좌 지급명세서를 제출함)	회사가 퇴직소득 지급일이 속하는 과세기간의 다음 연도 3월 10일까지 제출(과세이연 시 원천징수 세액 0으로 하여 지급명세서 제출)

퇴직소득원천징수영수증상 15번 퇴직급여에는 총퇴직금 400만 원을 기재하고 15번 금액에서 비과세 급여를 차감한 후 금액이 17번 퇴직급여에 기재되면 된다. 38번에 계좌 입금 금액에는 퇴직금 총액 4,000,000원이 기재되어야 한다. 그래서 40번 이연퇴직소득세액이

퇴직소득세 전체 금액이 되므로 원천징수 할 세액이 없게 된다. 퇴직소득세를 원천징수 할 세액이 없으므로 원천징수이행상황신고서 상에는 기재 될 금액이 없다.

■ 소득세법 시행규칙[별지 제24호서식(2)]

		거주구분	거주자1 / 비거주자2
		내외국인	내국인1/ 외국인9
관리번호		종교관련종사자 여부	여 1/ 부 2
	퇴직소득원천징수영수증/지급명세서	거주지국	거주지국코드
	([ ] 소득자 보관용 [ ] 발행자 보관용 [ ] 발행자 보고용)	징수의무자구분	사업장

징수 의무자	①사업자등록번호		②법인명(상호)		③대표자(성명)	
	④법인(주민)등록번호		⑤소재지(주소)			
소득자	⑥성 명		⑦주민등록번호			
	⑧주 소				(9) 임원여부	부
	(10) 확정급여형 퇴직연금 제도 가입일				(11) 2011.12.31.퇴직금	

귀 속 연 도	2023-01-01 부터 2023-09-25 까지	(12) 퇴직사유	[ ]정년퇴직 [ ]정리해고 [●]자발적 퇴직 [ ]임원퇴직 [ ]중간정산 [ ]기 타

퇴직 급여 현황	근 무 처 구 분	중간지급 등	최종	정산
	(13) 근무처명			
	(14) 사업자등록번호			
	(15) 퇴직급여	-	60,510,710	60,510,710
	(16) 비과세 퇴직급여		-	-
	(17) 과세대상 퇴직급여(15-16)		60,510,710	60,510,710

근속 연수	구 분	(18)입사일	(19)기산일	(20)퇴사일	(21)지급일	(22)근속월수	(23)제외월수	(24)가산월수	(25)중복월수	(26)근속연수
	중간지급 근속연수					-	-	-	-	-
	최종 근속연수	2006-07-10	2006-07-10	2023-09-25	2023-09-25	207	-	-		18
	정산 근속연수		2006-07-10	2023-09-25		207	-			18

과세 표준 계산	계 산 내 용	금 액
	(27)퇴직소득(17)	60,510,710
	(28)근속연수공제	35,000,000
	(29) 환산급여 [(27-28) × 12배 /정산근속연수]	17,007,140
	(30)환산급여별공제	13,404,284
	(31) 퇴직소득과세표준(29-30)	3,602,856

퇴직 소득 세액 계산	계 산 내 용	금 액
	(32) 환산산출세액(31 × 세율)	216,171
	(33) 퇴직소득 산출세액(32 × 정산근속연수 / 12배)	324,256
	(34) 세액공제	
	(35) 기납부(또는 기과세이연) 세액	-
	(36) 신고대상세액(33 - 34 - 35)	324,256

이연 퇴직 소득 세액 계산	(37) 신고대상세액(36)	연금계좌 입금명세					(39) 퇴직급여(17)	(40) 이연 퇴직소득세 (37 × 38 / 39)
		연금계좌취급자	사업자등록번호	계좌번호	입금일	(38)계좌입금금액		
	324,256	우리은행	111)92p11111	139p18p33611	2023-10-02	60,510,710	60,510,710	324,256
		(41) 합 계				60,510,710		

납 부 명 세	구 분	소득세	지방소득세	농어촌특별세	계
	(42) 신고대상세액(36)	324,256	32,425		356,681
	(43) 이연퇴직소득세(40)	324,256	32,425		356,681
	(44) 차감원천징수세액(42-43)	-	-		-

위의 원천징수세액(퇴직소득)를 정히 영수(지급)합니다.

년   월   일

징수(보고)의무자   (서명 또는 인)

세무서장   귀하

① 신고구분						☐ 원천징수이행상황신고서 ☐ 원천징수세액환급신청서		② 귀속연월	2023년 9월
매월	반기	수정	연말	소득처분	환급신청			③ 지급연월	2023년 9월

원천징수 의무자	법인명(상호)	○○○	대표자(성명)	△△△	일괄납부 여부	여 · 부
					사업자단위과세 여부	여 · 부
	사업자(주민)등록번호	xxx-xx-xxxxx	사업장 소재지	○○○○○	전화번호	xxx-xxx-xx
					전자우편주소	00@00.00

❶ 원천징수 명세 및 납부세액 (단위 : 원)

소득자 소득 구분			코드	원천징수명세					납부 세액	
				소득지급 (과세 미달, 일부 비과세 포함)		징수세액			⑨ 당월 조정 환급세액	⑩ 소득세 등 (가산세 포함)	⑪ 농어촌 특별세
				④ 인원	⑤ 총지급액	⑥ 소득세등	⑦ 농어 촌특 별세	⑧ 가산세			
개인(거주자·비거주자)	근로소득	간이세액	A01	5	20,000,000	900,000					
		중도퇴사	A02								
		일용근로	A03	2	2,000,000	0					
		연말정산 합계	A04								
		연말정산 분납신청	A05								
		연말정산 납부금액	A06								
		가감계	A10	7	22,000,000	900,000				900,000	
	퇴직소득	연금계좌	A21								
		그 외	A22	1	60,510,710	324,250					
		가감계	A20	1	60,510,710	324,250				324,250	
	사업소득	매월징수	A25								
		연말정산	A26								
		가감계	A30								
	기타소득	연금계좌	A41								
		종교인소득 매월징수	A43								
		종교인소득 연말정산	A44								
		그 외	A42	2	1,000,000	200,000					
		가감계	A40	2	1,000,000	200,000				200,000	
	연금소득	연금계좌	A48								
		공적연금(매월)	A45								
		연말정산	A46								
		가감계	A47								
	이자소득		A50								
	배당소득		A60								
	저축 등 해지 추징세액 등		A69								
	비거주자 양도소득		A70								
법인	내·외국법인원천		A80								
수정신고(세액)			A90								
총합계			A99	10	83,510,710	1,424,250				1,424,250	

❷ 환급세액 조정 (단위 : 원)

전월 미환급 세액의 계산			당월 발생 환급세액				⑱조정대 상 환급세액 (⑭+⑮+⑯ +⑰)	⑲ 당월조정 환급세액 계	⑳ 차월이월 환급세액 (⑱-⑲)	㉑ 환 급 신청액
⑫ 전월미환급 세액	⑬ 기 환 급 신청세액	⑭ 차감잔액 (⑫-⑬)	⑮ 일반 환급	⑯ 신탁재산 (금융회사 등)	⑰ 그밖의 환급세액 금융 회사 등	⑰ 그밖의 환급세액 합병 등				

① 신고구분						□ 원천징수이행상황신고서		② 귀속연월	2023년 7월
매월	반기	수정	연말	소득처분	환급신청	□ 원천징수세액환급신청서		③ 지급연월	2023년 7월

원천징수 의무자	법인명(상호)	○○○	대표자(성명)	△△△	일괄납부 여부	여 ⑧
					사업자단위과세 여부	여 ⑧
	사업자(주민)등록번호	xxx-xx-xxxxx	사업장 소재지	○○○○○	전화번호	xxx-xxx-xx
					전자우편주소	00@00.00

❶ 원천징수 명세 및 납부세액 (단위 : 원)

소득자 소득 구분			코드	원천징수명세					납부 세액		
				소득지급 (과세 미달, 일부 비과세 포함)		징수세액			⑨ 당월 조정 환급세액	납부 세액	
				④ 인원	⑤ 총지급액	⑥ 소득세등	⑦ 농어 촌특 별세	⑧ 가산세		⑩ 소득세 등 (가산세 포함)	⑪ 농어촌 특별세
개인 (거주자·비거주자)	근로소득	간이세액	A01	5	20,000,000	900,000					
		중도퇴사	A02								
		일용근로	A03	2	2,000,000	0					
		연말정산 합계	A04								
		연말정산 분납신청	A05								
		연말정산 납부금액	A06								
		가감계	A10	7	22,000,000	900,000				900,000	
	퇴직소득	연금계좌	A21								
		그 외	A22	1	60,510,710	0					
		가감계	A20	1	60,510,710	0				0	
	사업소득	매월징수	A25								
		연말정산	A26								
		가감계	A30								
	기타소득	연금계좌	A41								
		종교인소득 매월징수	A43								
		종교인소득 연말정산	A44								
		그 외	A42	2	1,000,000	200,000					
		가감계	A40	2	1,000,000	200,000				200,000	
	연금소득	연금계좌	A48								
		공적연금(매월)	A45								
		연말정산	A46								
		가감계	A47								
	이자소득		A50								
	배당소득		A60								
	저축 등 해지 추징세액 등		A69								
	비거주자 양도소득		A70								
법인	내·외국법인원천		A80								
	수정신고(세액)		A90								
	총합계		A99	10	83,510,710	1,100,000				1,100,000	

❷ 환급세액 조정 (단위 : 원)

전월 미환급 세액의 계산			당월 발생 환급세액				⑱조정대상 환급세액 (⑭+⑮+⑯+⑰)	⑲ 당월조정 환급세액계	⑳ 차월이월 환급세액 (⑱-⑲)	㉑ 환급 신청액
⑫ 전월미환급 세액	⑬ 기 환급 신청세액	⑭ 차감잔액 (⑫-⑬)	⑮ 일반환급	⑯ 신탁재산 (금융회사 등)	⑰ 그밖의 환급세액 금융회사 등	⑰ 그밖의 환급세액 합병 등				

위 원천징수이행상황신고서의 첫 번째는 DB형 퇴직연금 및 퇴직금을 과세이연을 안 한 경우이고 두 번째는 과세이연을 한 경우이다.

원천징수 세액이 0원으로 낼 세액이 없어도 신고는 해라

사업장에서 지출되는 비용 중 상당한 비율을 차지하는 것이 인건비이다.

지출된 인건비에 대해 적법하게 인정받기 위해서는 원천징수 세액 신고를 꼭 해야 한다.

원천징수는 1인 사업자를 제외하고, 정규직, 일용직, 프리랜서(사업소득자)와 같은 근로자를 고용하는 사업자는 반드시 원천징수 세액을 신고·납부 해야 한다.

원천징수 세액이 크지 않아 납부할 세액이 없는 경우에도 원천세 신고는 해야 인건비를 인정받을 수 있다. 즉, 지급액은 있고 원천징수 세액이 없는 경우에도 신고는 해야 나중에 소득세나 법인세 신고 때 비용으로 인정받을 수 있다. 반면 지방세(지방소득세)의 경우 납부할 세금이 없으면 신고를 하지 않아도 된다.

구 분	세무 처리
원천징수 세액이 0원인 경우	신고를 꼭 한다(부가가치세, 소득세도 동일).
지방소득세 등 납부세액이 0인 경우	신고를 안 해도 된다.

기타소득과 사업소득의 원천징수 방법

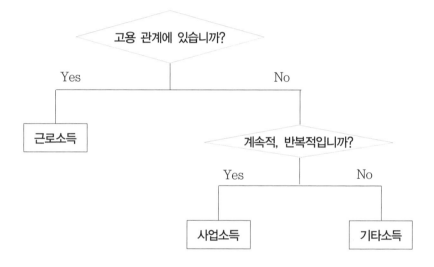

회사에서 일하기 위해 사람 즉, 용역을 사용하는 경우 상대방이 사업자로서 받은 대가에 대한 세금계산서를 발행해주면 문제가 없으나, 원천징수를 해야 하는 경우가 있다.

이 경우 근로소득으로 해야 할지, 아니면 기타소득 또는 사업소득으로 원천징수를 해야 할지를 판단해야 하는데, 그 기준을 살펴보고자 한다.

1 사업소득의 원천징수

대가 지급액의 3.3%를 원천징수 후 신고·납부를 하면 된다.

사업자등록이 되어있지 않은 자로서 계속적, 반복적으로 대가를 지급하는 경우뿐만 아니라, 사업자로서 세금계산서 발행 대신 원천징수를 원하는 상대방도 3.3%를 원천징수 후 신고·납부를 하면 된다.

원천징수 할 세액 = 지급액 × 3.3%

2 기타소득의 원천징수

기타소득은 사업소득과 달리 일시적·비반복적인 대가를 지급할 때 원천징수 후 지급액의 8.8%를 원천징수 해서 신고·납부를 하면 된다.

▶ 일시적 인적용역(강연료, 방송 해설료, 심사료 등)

▶ 다수가 순위 경쟁하는 대회에서 입상자가 받는 상금·부상

▶ 창작품에 대해 원작자로서 받은 원고료, 인세 등

▶ 상표권, 영업권, 산업상 비밀 등의 자산이나 권리의 대여금액

원천징수 할 세액 = (지급액 - 필요경비(지급액의 60%)) × 20%

그런데 기타소득과 관련해서 세금 계산 시 유의할 사항은 과세최저한이라고 해서 기타소득금액이 건당 5만 원 이하일 때 세금 납부를

면제해주고 있다는 점이다. 그 금액은 대가로 건당 125,000원 이하를 지급하는 경우가 해당한다.

> 강연료 125,000원 지급 시 필요경비는 지급금액의 60%에 해당하는 것으로 가정
> 기타소득금액 5만 원 = 125,000원 − 125,000원 × 60%(과세 최저한)

반면, 기타소득은 소득금액이 연 300만 원 미만이라면 본인 의사에 따라 종합과세나 분리과세(원천징수) 중 유리한 것을 선택하도록 하고 있다. 즉, 연 300만 원 이상이면 무조건 종합과세를 해야 하나 연 300만 원 미만이라면 분리과세(원천징수)로 모든 세금의무를 끝낼 수 있게 해주고 있다. 따라서 세율이 20% 이상을 적용받는 자는 분리과세(원천징수)로 모든 세금의무를 끝내는 것이 유리할 수 있다. 그리고 그 판단기준 금액은 연간 대가로 750만 원 이하이다.

- 종합소득 기본세율 24% 적용부터 : 분리과세가 유리
- 종합소득 기본세율 24% 이하 적용 : 종합과세가 유리

구 분	필 요 경비율	과세최저한 (원천징수 안 함)	기 타 소득세	분리과세 한 도
2018년 4월 이전	80%	250,000원	4.4%	1,500만 원
2018년 4월~12월	70%	166,666원	6.6%	1,000만 원
2019년 이후	60%	125,000원	8.8%	750만 원

원천징수 지급명세서 제출 시기

구 분		지급시기	제출기한
일용근로소득		01월~12월	다음 달 말일
간이지급명세서	사업소득	01월~12월	다음 달 말일
	근로소득	01월~06월	7월 말일
		07월~12월	다음 연도 1월 말일
이자 · 배당 · 연금 · 기타소득		01월~12월	다음 연도 2월 말일
근로 · 퇴직 · 사업 · 종교인소득 · 봉사료		01월~12월	다음 연도 3월 10일
이용 경로		홈택스 홈페이지 → 신청/제출	

지급명세서는 전자 제출이 원칙이다.

홈택스(www.hometax.go.kr) → 신청/제출 → (근로, 사업 등) 지급명세서 또는 과세자료 제출 → 해당 지급명세서 선택 후 제출한다.

이미 제출한 지급명세서에 근로소득에 대한 경정청구 · 수정신고 · 인정상여 처분 등에 따라 수정상황이 발생한 경우는 지급명세서를 수정하여 원천징수 관할 세무서에 제출한다.

제7장

경리실무자가 꼭 알아야 할 인사급여

- 1주일에 근로시킬 수 있는 최대 근로시간
- 아르바이트나 일용직 채용 때 알아야 할 사장님의 근로기준법
- 적법한 최저임금 지급과 계산 방법
- 월중 입사나 퇴사 때 급여 일할계산 방법
- 질병 휴가를 사용한 경우 급여 일할계산 방법
- 주휴수당을 지급해야 하는 조건
- 연장근로, 야간근로, 휴일근로수당의 계산방법
- 1년 차 연차휴가와 2년 차 연차휴가는 각각 사용한다.
- 근로자 형태에 상관없이 1년 이상은 퇴직금의 지급
- 퇴직금 계산할 때 포함하는 상여금과 연차수당
- 금요일 근무 후 퇴직시 급여, 주휴수당, 퇴직금, 연차수당
- 퇴직연금의 실무 처리와 퇴직연금을 받는 방법
- 확정기여형 퇴직연금제도 (DC형) 연금 추가 납입
- 퇴직연금은 중도 인출이 가능한가?
- 임원에 대한 업무처리

1주일에 근로시킬 수 있는
최대 근로시간

휴일근로를 포함, 1주 최대 연장근로가 12시간으로 제한된다. 법정근로시간 40시간, 연장근로(휴일근로 포함) 한도가 12시간이 되므로 1주 최대 근로시간은 52시간이 된다.

1 주 52시간 시행 시기별 최대 근로시간

시기 업종 및 규모		~ 18.6.30	18.7.1~ 19.6.30	19.7.1~ 19.12.31	20.1.1~ 21.6.30	21.7.1 ~
특례 제외 21개	300인 이상	제한 없음	68시간	52시간	52시간	52시간
	50~299인	제한 없음	68시간	68시간	52시간	52시간
	5~49인	제한 없음	68시간	68시간	68시간	52시간

2023년 12월 31일까지 30인 미만 사업장 한시적으로 근로자대표와 서면 합의를 통해 주 60시간 가능

특례 유지 5개		제한 없음	제한 없음	제한 없음	제한 없음	제한 없음

2 주 52시간 시행 때 적용할 근로시간

구 분		기준근로시간		연장근로시간		야간근로 시 간	휴일근로 시 간
		1주	1일	요건	제한		
18세 미만 연소근로자		35시간	7시간	당사자 합 의	1일 1시간 1주 5시간	본인 동의 고용노동부 장관 동의	본인 동의 고용노동부 장관 동의
1 8 세 이 상	남성근로자	40시간	8시간	당사자 합 의	1주 12시간	본인 동의	본인 동의
	여성근로자	40시간	8시간	당사자 합 의	1주 12시간	본인 동의	본인 동의
	산후 1년 미만 여성근로자	40시간	8시간	당사자 합 의	1일 2시간 1주 6시간 1년 150시간	본인 동의 고용노동부 장관 동의	본인 동의 고용노동부 장관 동의
	임신 중인 여성근로자	40시간	8시간	불가	불가	본인 동의 고용노동부 장관 동의	본인의 명시적 청구 고용노동부 장관 동의
	유해위험 작업근로자	34시간	6시간	불가	불가	본인 동의	본인 동의

아르바이트나 일용직 채용 때 알아야 할 사장님의 근로기준법

1 근로기준법에서 말하는 일용직과 아르바이트

일용직의 개념에 대해서 근로기준법에 따로 명시되어 있지 않지만, 개념상 일용직은 하루 단위로 근로계약을 체결하여 당일 근로관계가 시작되어 당일 근로관계가 종료되는 근로 형태를 의미한다(세법상 일용직 개념과는 다름). 물론 실무상으로는 하루 단위가 아니더라도 비교적 단기간 사용하는 근로자를 일용직이라고 부르는 경우도 많다.

아르바이트의 개념 역시 근로기준법에 따로 명시되어 있지 않고, 일반적으로 단기간에 걸쳐 시간제로 근무하는 근로자를 '아르바이트'라고 부른다. 따라서 단시간근로자 규정이 알바에게 적용된다.

2 근로계약서 작성 및 서면 명시 의무사항

일용직이나 아르바이트도 반드시 근로계약서를 작성해야 하며, 근로계약서 작성 시 다음 사항들을 서면으로 명시하고, 근로계약서를 반드시 발급해주어야 한다.

◗ 근로시간 · 휴게에 관한 사항

◗ 임금의 구성항목 · 계산 방법 및 지불 방법에 관한 사항

◗ 휴일 · 휴가에 관한 사항

◗ 취업의 장소와 종사해야 할 업무에 관한 사항

◗ 근로계약 기간에 관한 사항(기간제 근로자인 경우)

◗ 근로일 및 근로일별 근로시간(단시간근로자인 경우)

3 임금 지급과 관련해서 체크 할 사항

๑๑ 최저임금법 적용

일용직, 아르바이트에도 최저임금법이 적용된다. 최저임금은 다음과 같이 계산한다.

주당 소정근로시간이 40시간인 근로자가 1주 40시간(주 5일, 1일 8시간)을 근로하고 최저임금 산입범위에 포함되는 임금 기준으로 월 285만 원을 받은 경우

월 기준시간

[(주당 소정근로시간 40시간 + 유급 주휴 8시간) ÷ 7 × 365] ÷ 12월 ≒ 209시간

➡ 시간당 임금 = 285만 원 ÷ 209시간 ≒ 13,636원

시간당 임금 13,636원은 2023년도 최저임금 9,620원보다 많음으로 최저임금법 위반이 아니다. 주당 소정근로시간이 40시간이 근로자의 월 환산 최저임금 = 9,620원 × 209시간 = 2,010,580원

한 달 기본급 총액만으로는 최저임금 위반 여부를 확인할 수 없다. 왜냐하면, 기본급 이외에도 상여금, 복리후생비 등 최저임금 계산에 포함되는 항목이 있기 때문이다.

매월 지급되는 정기상여금과 현금성 복리후생비 중 최저임금 월 환산액의 각 5%, 1%를 넘는 금액은 최저임금 계산에 포함하게 된다.

연도	2021년	2022년	2023년	2024년~
정기상여금	15%	10%	5%	0%
현금성 복리후생비	3%	2%	1%	0%

급여항목		최저임금 계산	최저임금에 포함되는 임금액
급여	200만 원	200만 원	2,000,000원
정기상여금	80만 원	2,010,580원 × 5% = 100,529원 800,000원 - 100,529원 = 699,471원	699,471원
현금성 복리후생비	20만 원	2,010,580원 × 1% = 20,105원 200,000원 - 20,105원 = 179,895원	179,895원
합 계			2,879,366원

🖱 법정수당과 퇴직금의 지급

상시근로자 5인 이상 사업장의 경우 연장·야간·휴일근로를 하면 그 시간에 대해서는 시급의 50%를 가산한 임금을 지급해야 한다(상시근로자 5인 미만 사업장 제외). 따라서 시급 9,620원인 근로자가 연장근로 1시간을 한다면 그 시간에 대해서는 9,620원의 150%인 14,430원을 지급해야 한다.

또한, 일용직이나 아르바이트라고 하더라도 1주 소정근로시간이 15시간 이상의 경우 1년 이상 계속 근로하고 퇴직하는 경우는 퇴직금을 지급해야 한다(1주 소정근로시간이 15시간 미만이면 제외). 특히, 일용직의 경우 중간에 일부 공백 기간이 있더라도 계속 근로로 인정될 수 있음에 유의해야 한다.

◑ 정기 지급의 원칙 등

시급, 일급, 주급, 월급 등은 자유롭게 정할 수 있으나, 임금의 지금 주기는 매월 1회 이상 일정한 날짜를 정하여 지급해야 하고, 퇴직일로부터 14일 이내에 모든 금품을 지급해야 한다.

4 근로시간 및 휴게

소정근로시간은 1일 8시간, 1주 40시간 이내로 정해야 하며, 연장근로를 하더라도 1주(7일)에 12시간 이내에서만 가능하다. 또한, 근로시간이 4시간인 경우 30분, 8시간인 경우 1시간의 휴게시간을 근로시간 중간에 주어야 한다.

5 휴일

◑ 1주 소정근로일 개근 시 유급주휴일 부여

일용직, 아르바이트도 1주간 소정근로일을 개근한 경우는 유급주휴일을 부여해야 한다(1주 소정근로시간이 15시간 미만이면 제외함).

유급주휴일이므로 근무하지 않더라도 임금(주휴수당)을 추가로 지급해야 한다. 일용직의 경우 보통 일당제로 임금을 정하므로 1일분 일당이 더 지급되어야 할 수 있고, 시급제 아르바이트의 경우에도 1일분 시급이 더 지급되어야 한다. 다만, 단시간근로자(시간제)의 경우 주휴수당은 소정근로시간에 비례하여 지급할 수 있는바(근로기준법 시행령 별표2), 아래의 예시를 참고하면 이해하기 쉬울 것이다.

> 예를 들어 단시간근로자로 월 6시간, 화 5시간, 수 4시간, 목 6시간, 금 5시간, 1주 5일 근무를 하는 경우
>
> 4주간 단시간근로자 소정근로시간 = (6시간 + 5시간 + 4시간 + 6시간 + 5시간) × 4주 = 104시간
>
> 4주간 통상근로자 총 소정근로일수 = 5일 × 4주 = 20일
>
> 단시간근로자 1일 소정근로시간 수 = 104시간 ÷ 20일 = 5.2시간
>
> 따라서 단시간근로자의 주휴수당은 8시간분이 아닌 5.2시간분 지급

근로자의 날

근로자의 날(5월 1일)은 '근로자의 날 제정에 관한 법률'에 의해 근로기준법상의 유급휴일로 정해져 있으므로 일용직, 아르바이트라도 유급휴일로 주어야 한다.

6 연차휴가

일용직과 아르바이트도 연차휴가가 발생할 수 있다(5인 미만 사업장, 1주 소정근로시간 15시간 미만자 제외). 근속기간이 1년 미만인 근로

자가 1개월간 개근한 경우 1일의 연차유급휴가가 발생하고, 1년 동안 근로한 경우 80% 이상을 출근했다면 15일의 연차가 발생한다. 즉, 1년 차에는 11일, 2년 차에는 15일이 발생하고, 연차휴가사용촉진을 안 하는 경우 남은 연차에 대해 연차수당을 지급해야 한다.

7 4대 보험 적용

☞ 4대 보험 적용 원칙

4대 보험은 사회보험으로서 법정 요건에 해당하면 강제적으로 적용되는 것이므로 당사자 간 적용을 배제하기로 합의하더라도 효력이 없다. 4대 보험 가입 대상임에도 불구하고 취득신고를 하지 않는 경우 과태료가 부과됨은 물론, 3년간의 보험료가 소급하여 징수될 수도 있다.

☞ 건강보험·국민연금

건강보험은 1개월 이상 계속 근로하면서 1개월 소정근로시간이 60시간 이상이라면 취득신고를 해야 한다.

국민연금(만 18세 이상~만 60세 미만만 해당)은 근로계약 기간이 1개월 이상이고, 고용된 날부터 1개월간 8일 이상 근로 또는 근로시간이 1개월간 월 60시간 이상의 경우 최초 고용된 날부터 사업장 가입자로 적용해야 한다.

일용직, 아르바이트라고 하더라도 대부분 상용근로자와 같게 노동법이 적용되거나 오히려 더 엄격하게 적용될 수 있다. 따라서 일용직, 아르바이트 노무관리는 간단하고 신경 쓰지 않아도 되는 부분이 아니라 오히려 더 까다롭게 주의를 기울여야 하는 부분임을 명심해야 할 것이다. 따라서 1개월 미만 근무이거나, 1개월 이상이지만 8일 미만 또는 60시간 미만의 경우는 가입대상이 아니다.

◑ 산재·고용보험

산재보험은 적용 제외 업종이 아닌 이상 일용, 아르바이트 등 근로형태와 무관하게 모두 적용된다.

고용보험은 일반적으로 1개월 소정근로시간이 60시간 미만(1주 15시간 미만)이면 적용이 제외되나, 일용근로자의 경우 소정근로시간과 무관하게 무조건 고용보험이 적용된다(법제처 15-0398, 2015.7.29.).

1개월 미만 사용하는 일용근로자의 경우에는 다음 달 15일까지 고용센터에 근로내용확인신고를 해야 하며, 근로내용확인신고를 한 경우 국세청에 제출하는 일용근로소득 지급명세서 제출은 면제된다.

그러나 국세청 일용근로소득 지급명세서 제출로 고용센터의 근로내용확인신고가 면제되지는 않는다.

8 아르바이트 주휴수당

몇 가지 사항을 충족해야 주휴수당 지급대상이 된다. 주휴수당은 일주일에 15시간 이상 근무해야 하며, 사업장에서 정한 소정의 근로일에 결근해서는 안 된다. 예를 들어 월, 화, 수에만 출근하는 A가 개인 사정으로 인해 화요일에 결근했다면 주 15시간 이상 근무했다 해도 주휴수당을 받을 수 없다. 또 다음 주에 일을 그만두기로 했다면 이번 주의 주휴수당은 지급되지 않는다. 주휴수당은 다음 주의 근로가 예정되어 있어야만 받을 수 있기 때문이다. 다만, 지각이나 조퇴는 결근이 아니므로 주휴수당을 받을 수 있다.

9 일용근로자 성격의 알바생 소득의 세금처리 대안

대부분 아르바이트생은 학생 신분이거나 타 직업 자이면서, 하루 단위 근무 일수에 따른 일당을 받는다.

일용근로자도 4대 보험 가입 의무가 있어 사업주가 부담해야 한다. 단, 근로시간이 월 60시간 미만, 주당 15시간 미만의 단기적 일용근로자인 경우는 4대 보험 가입 의무가 없다.

소득세 계산 방법 : (매일 일당 − 하루당 15만 원) × 2.7%를 낸다.

10 일용근로소득 지급명세서 작성 · 제출

일용근로자를 고용한 사업자(원천징수의무자)는 일용근로소득지급명세서를 제출기한 이내에 제출해야 한다.

제출 방법은 "일용근로소득지급명세서 제출"과 국세청 누리집의 공지 사항을 참고하고 특히, 고용노동부에 근로내용확인신고서를 제출하는 사업자의 경우 아래 사항에 유의해야 한다.

① 매월 고용노동부에 근로내용확인신고서로 신고하여 국세청에 제출하는 일용근로소득 지급명세서의 제출을 생략하는 경우는 근로내용확인신고서에 일용근로소득 지급명세서 필수 기재사항인 원천징수의무자의 사업자등록번호, 일용근로자의 주민등록번호(외국인등록번호), 총지급액(과세소득) 및 '일용근로소득신고(소득세 등)'란 등을

반드시 기재해야 한다.

② 근무 기간이 1개월 이상인 일용근로자[일용근로자 분류 기준이 소득세법(3개월 미만 고용)과 고용보험법(1개월 미만 고용)이 다른 점], 외국인 근로자[F-2(거주), F-5(영주), F-6(결혼이민)은 제외], 임의가입자(고용보험 가입을 희망하지 않은 자)는 고용노동부에 신고한 경우라도 반드시 국세청에 일용근로소득 자료를 별도로 제출해야 한다.

청소년 아르바이트 고용 시 꼭 지켜야 할 사항

❶ 원칙적으로 만 15세 이상의 청소년만 근로할 수 있다.
  만 13~14세 청소년은 고용노동부에서 발급한 취직인허증이 있어야만 근로할 수 있다.

❷ 연소자(만 18세 미만 인자)를 고용한 경우 연소자의 부모님 동의서와 가족관계증명서를 사업장에 비치해야 한다.

❸ 근로조건을 명시한 근로계약서를 작성해 근로자에게 발급해야 한다.

❹ 성인과 같은 최저임금을 적용받는다.

❺ 위험한 일이나 유해 한 업종의 일은 할 수 없다.

❻ 1일 7시간, 주 35시간 이하로 근무할 수 있다.
연장근로는 1일 1시간, 주 5시간 이내 가능(연소자의 동의 필요)

❼ 근로자가 5명 이상일 때 휴일 및 초과근무 시 50%의 가산임금을 지급해야 한다.

❽ 1주일에 15시간 이상 일을 하고, 1주일 동안 개근한 경우, 하루의 유급휴일을 주어야 한다.

❾ 일하다가 다쳤다면 산업재해보상보험법이나 근로기준법에 따라 치료와 보상을 해 주어야 한다.

적법한 최저임금 지급과 계산 방법

주 40시간을 근무하는 회사의 경우 월 소정근로시간인 (주 40시간 + 주휴 8시간) × 4.345주 ≒ 209시간에 최저시급을 곱한 금액을 지급해야 최저임금법에 어긋나지 않는다. 반면, 주 40시간 이상 근무하는 회사의 경우 근무시간 중 40시간을 초과하는 시간을 계산하여 연장근로 등 시간외수당을 계산해서 지급해야 최저임금 이하 지급 시비에서 벗어날 수 있다.

최저임금법 개정에 따라 2019년 1월 1일부터 매월 정기적으로 지급되는 상여금과 매월 현금으로 지급되는 복리후생비 일부는 최저임금 산입범위에 포함되게 되었다.

1 최저임금에 포함되는 금액과 포함되지 않는 임금

최저임금에 포함되지 않는 임금

▶ 법정수당(연장, 야간, 휴일근로수당 등)
▶ 현금으로 지급되지 않는 복리후생적 임금(교통비, 식대, 가족수당)
▶ 매월 지급되지 않는 상여금

🖱 최저임금에 포함되는 상여금과 복리후생비

▶ 매월 정기적으로 지급되는 상여금

▶ 매월 현금으로 지급되는 복리후생비

연도	2022년	2023년	2024년~
정기상여금	10%	5%	0%
현금성 복리후생비	2%	1%	0%

2 최저임금의 계산 방법

🖱 5인 이상인 사업장인 경우

근무시간이 평일(월~금) 8시~18시, 토요일 9시~15시인 경우

1. 근로시간

월 소정근로시간 = (주 40시간 + 주휴 8시간) × 4.345주 ≒ 209시간

월 연장근로시간 = (평일 1시간 × 5일 + 토요일 5시간) × 4.345주 ≒ 44시간

2. 임금 계산

209시간 × 최저임금 + 44시간 × 최저임금 × 1.5

🖱 5인 미만 사업장인 경우

1. 근로시간

월 소정근로시간 = (주 40시간 + 주휴 8시간) × 4.345주 ≒ 209시간

월 연장근로시간 = (평일 1시간 × 5일 + 토요일 5시간) × 4.345주 ≒ 44시간

2. 임금 계산

209시간 × 최저임금 + 44시간 × 최저임금 × 1

3 최저임금의 계산 방법을 활용한 포괄임금 계산

위 2에서 최저임금 계산 방법을 역산하면 포괄 임금을 기본급과 연장근로수당으로 나눌 수 있다.

예를 들어 포괄임금 253만 원을 지급하면서, 근무시간이 평일(월~금) 8시~18시, 토요일 9시~15시로 정상근무 주 40시간, 고정연장근로 월 44시간의 조건으로 계약을 체결한 경우 통상임금 산정을 위한 통상시급은?

▷ 월 소정근로시간 = (주 40시간 + 주휴 8시간) × 4.345주 ≒ 209시간
▷ 월 연장근로시간 = (평일 1시간 × 5일 + 토요일 5시간) × 4.345주 ≒ 44시간
▷ 통상임금 산정을 위한 총 기준시간 = 253시간
▷ 통상시급 = 253만 원 ÷ 253시간 = 1만 원
▷ 기본급 = 209시간 × 1만 원 = 2,090,000원
▷ 연장근로수당 = 44시간 × 1만 원 = 440,000원

월중 입사나 퇴사 때
급여 일할계산 방법

월급제 근로자가 월의 도중에 입사(퇴사)할 경우 임금 계산 방법에 대해 법령상 특별한 규정이 없으므로 일할계산하는 것이 일반적이다.

회사 취업 규칙상에 중도입사(퇴사)자에 대한 임금 지급방식이 있다면 그에 따르면 되고, 월급을 일할계산해서 지급할 수도 있다.

1 월중 입사 및 퇴사자의 급여 일할계산

일할계산은 해당 월의 날짜 수로 나누는 방법과 무조건 30일로 나누는 방법이 있다. 즉, 급여를 해당 월의 총일수 또는 30으로 나누어 1일 급여를 산출한 후에 근무 일수를 곱하면 일할계산 된 급여가 된다.

월급제 근로자는 당해 월의 대소(28~31일)나 월의 소정근로일수 및 유급휴일 일수와 관계없이 매월 고정적인 임금을 받는 근로자이므로, 입사 후(퇴사 전) 소정근로시간을 정상적으로 근로한 경우는 월급 금액을 해당 월의 달력일 수로 나누어 계산하는 것이 일반적이다.

일할 계산금액 = 월급 금액 ÷ 달력일 수 × 근무일 수(해당 월에 따라 28~31일)

소정근로시간 외에 이루어진 근로에 대해서는 별도로 임금을 산정해서 지급해야 한다.

사례

예를 들어 A 근로자의 근무 기간 : 11월 1일~11월 16일 월급 : 200만 원

해설

200만 원 ÷ 30일 × 16일 = 1,066,666원(4월의 달력일 수가 30일이므로 30일로 나누어 산정). 근무일수는 토요일, 일요일 등 모든 일수를 포함한다.

위 방식 외에도 일률적으로 30일로 나누어 계산하는 방법과 월급액 ÷ 소정근로일(근로일이 아니나 유급으로 처리되는 날 포함) × 근무 일수(근로일이 아니나 유급으로 처리되는 날 포함)로 계산할 수도 있다.

주의할 점은 근로일수는 총 재직기간을 말하므로 주휴일 등이 모두 포함된다. 또 시급으로 계산하여 임금을 지급한다고 하더라도 최저임금 이상의 임금이 지급된다면 법 위반에 해당하지는 않는다.

2 일할계산 급여가 최저시급에 미달하는 경우

그러나 A 근로자의 근무기간 : 11월 1일 ~ 11월 2일, 월급 : 210만 원의 경우 일할계산을 하면 210만 원 ÷ 30일 × 2일 = 140,000원이 된다.

이는 2023년 최저시급 9,620원 × 2일(16시간) = 153,920원에 미달하게 되어 최저임금 문제가 발생한다.

해당 사례처럼 2일에 대해 비례하여 산정한 임금액이 최저임금액에 미달하는바 월 급여액을 월 소정근로시간 209로 나눈 1시간의 통상시급을 구해 여기에 2일분 16시간의 근로시간을 곱하여 지급하면 된다(이 경우 실제 근무시간은 월~금 + 일요일 시간의 합으로 한다). 즉, 210만 원 ÷ 209시간 × 16시간 = 160,765원을 지급하면 된다.

이 경우 월간 소정근로시간에 대한 임금이 최저임금 이상이고 해당 월 임금을 일할계산 후 세전 금액이 최저임금 이상이므로 최저임금 위반으로 볼 수 없다.

구 분	계산방법
❶ 월급제 근로자의 임금을 일할계산할 경우, 월급액을 해당 월의 일수로 나눈 후 무급, 유급일수를 모두 포함한 근무일수를 곱하여 산정한다.	일할 계산액 = 월급액 ÷ 해당 월 일수 × 근무일수(유급, 무급일수 모두 포함)
❷ 평일(유급일수)만 계산하는 경우는 다음과 같이 산정할 수 있다.	월급액 × 근무일수(근로일이 아니나 유급으로 처리되는 날 포함) ÷ 소정근로일(근로일이 아니나 유급으로 처리되는 날 포함)

❶과 ❷ 중 어느 방법으로 계산해도 관계는 없으나 최저임금법은 지켜져야 한다. 특히, 최저임금에 가까운 월급을 받는 근로자의 경우 급여의 일할계산 시 최저임금에 미달할 가능성이 크므로 반드시 위 사례와 같이 최저임금 미달 여부를 확인해야 한다.

질병 휴가를 사용한 경우 급여 일할계산 방법

실무상으로는 질병 휴직의 경우 무급이 원칙(업무상 질병은 예외)이므로 우선은 본인의 남은 휴가에서 당겨 쓰고, 그래도 모자라면 질병 휴직을 한다. 따라서

❶ 개인 질병 휴직 기간에는 무급이므로 급여를 차감한다.

❷ 개인 질병 휴직의 경우 근로의무가 면제되는 날이 아니므로 월급에 포함된 주휴 급여도 차감된다.

병가기간 중에 포함된 유급주휴일에 대해서는 단체협약이나 취업규칙 등에서 병가기간 중 임금 지급에 관해 이를 규정하거나 그 지급에 관한 당사자 사이의 약정이나 관행이 있다고 인정되지 않는 한 임금을 지급할 의무는 없다.

예를 들어 주1일 결근 시 주휴일을 포함해 2일분을 차감해도 법 위반은 아니다.

❸ 토요일은 일반적으로 근로제공의무가 없는 무급휴무일이므로 이는 어차피 급여에 포함되지 않았을 것이므로 급여에서 차감하지 않는다(토요일이 유급인 경우 차감).

2주간에 걸쳐 질병휴가를 사용하는 경우

해설

규정이 없거나 무급(결근) 처리한다면, 토요일 무급, 일요일 무급(토요일, 일요일 모두 무급)

토요일은 어차피 유급 근로일수도 아니고, 따라서 월급에 포함되어 있지 않으므로 무시

차감할 질병휴가급여 = 월급 ÷ 월 유급일수 × [유급근로일(월~금) + 주휴일수]

월~금 중 휴직 일수에 유급인 2일의 주휴 일수를 더한 일수에 해당하는 급여를 차감하면 된다. 예를 들어 3월 2일부터 3월 13일까지 질병휴직을 한 경우

총 27일의 유급 근로일수에서 12일[3월 2일~3월 6일(3월 8일 일요일), 3월 9일~3월 13일(3월 15일 일요일)]분을 차감하면 된다.

사례 **월근로일수로 일할계산하는 경우**

정상근무일수 : 16일, 병가일수 : 14일(4월 11일~4월 24일)인 경우

해설

무급(결근) 처리한다면 토요일 무급, 일요일 무급(토요일, 일요일 모두 무급)이고, 일요일 급여만 차감한다. 특별한 규정이 없거나 과거 관행적으로 이를 별도로 지급하지 않았다면 14일(11일~14일) 결근처리로 급여계산한다.

차감할 질병휴가급여 = 월급 ÷ 30일 × 14일

사례 **무급휴가를 사용한 경우 일할계산**

무급기간을 12월 26일~12월 29일까지 4일 무급휴가를 사용한 경우

무급기간을 12월 26일(화)~12월 29일(금)까지 4일이지만 일주일간의 소정근로일을 모두 쉬므로 26(화)~31(일)까지 무급 처리하여 다음의 금액을 급여에서 차감한다.

차감할 휴가 급여 = 월급 ÷ 31일 × 6일

주휴수당을
지급해야 하는 조건

1 주휴수당의 지급요건

주휴수당을 받기 위해서는 2가지 요건이 충족되어야 한다.

▶ 주휴수당은 상시근로자 또는 단시간근로자와 관계없이 휴게시간을 제외한 소정근로시간이 주 15시간 이상일 때 발생한다. 5인 미만 사업장도 같게 적용된다.

▶ 1주일 40시간 근무제의 경우 월~금요일까지, 한주에 토요일과 일요일에 각각 8시간 이상 근로하기로 정한 경우 토요일과 일요일에 결근하지 말아야 한다. 단, 지각 또는 조퇴가 있는 경우 결근으로 볼 수 없으므로 주휴수당을 지급해야 한다.

회사 측 사정 때문에 출근을 못 한 경우 나머지 소정근로일수를 출근했다면 그 주도 개근한 것으로 보고 주휴수당을 주어야 한다.

2 주휴수당의 자동계산

상용근로자의 경우 일반적으로 월급에 주휴수당이 포함된 것으로 보므로 공휴일이 꼈으면 주휴수당을 별도로 신경 쓸 필요는 없으며,

다만 시급, 일급, 주급의 경우 주휴수당의 계산과 관련해서 신경 쓸 부분이다.

주휴수당 = 1주간 실제로 일한 시간 ÷ 1주일 동안 계약한 시간 × 8시간 × 시급
(최저임금 이상이어야 함)

주휴수당 자동 계산 : http://m.alba.co.kr/story/CalculatorHoliday.asp

• 예를 들어 시급 1만 원에 주 40시간을 일하는 아르바이트의 경우

주휴수당 = 40시간 ÷ 40시간 × 8시간 × 1만 원 = 8만 원

주휴수당 = 40시간 ÷ 5 × 1만 원 = 8만 원

• 예를 들어 시급 1만 원에 주 15시간을 일하는 아르바이트의 경우

주휴수당 = 15시간 ÷ 40시간 × 8시간 × 1만 원 = 3만 원

주휴수당 = 15시간 ÷ 5 × 1만 원 = 3만 원이 된다.

예로 주휴수당을 계산해보면

월요일 09:00~15:00(휴게시간 1시간 포함)

수요일 09:00~15:00(휴게시간 1시간 포함)

금요일 09:00~15:30(휴게시간 1시간 포함)

주 15.5시간을 근무한 경우 다음과 같이 계산하면 된다.

▷ **최저시급 적용 주휴수당 = 1주 총 소정근로시간 ÷ 40시간 × 8 × 최저시급**
= 15.5시간/40시간 × 8 × 9,620원 = 29,822원

▷ **주 40시간 기준 주휴수당 포함 최저시급 = 48시간 × 9,620원 = 461,760원**
= 461,760원 ÷ 40시간 = 11,544원

주중에 입사한 경우 주휴수당의 지급

사업장의 취업규칙 등에서 특정일을 주휴휴일로 정한 경우에는 주의 도중에 입사한 근로자가 입사 후 소정근로일을 개근하였다면 입사 후 처음 도래하는 주휴일을 유급으로 부여하는 것이 바람직할 것이나, 입사 후 7일을 채우지 못하였으므로 이를 무급으로 부여하더라도 법 위반이라고 할 수는 없을 것이다. 다만, 입사 일을 기준으로 1주일에 평균 1회 이상의 주휴일을 부여하지 않았다면 향후 이를 정산하여 추가로 유급휴일을 부여해야 한다.

> 주중인 화요일부터 근로를 제공한 경우 근로계약, 취업규칙 등에서 일정한 날을 주휴일로 특정하지 않았다면 근로 제공(화요일) 일부터 연속한 7일의 기간에 1일을 주휴일로 부여해야 한다는 것이 고용노동부 행정해석이다(근로기준과 - 918, 2010. 4.30.).

주중에 공휴일이 꼈을 때 주휴수당

해당 주에 공휴일이 끼어 있는 경우에도 무단결근이 아니라 해당 주에 회사가 쉼으로 인해 쉬는 경우 주휴수당은 발생하며, 이 경우 주휴수당의 계산은 일반 주와 달리 공휴일 등이 끼게 되어 32시간을 근무했다면 32 ÷ 40 × 8시간 × 시급(최저임금 이상이어야 함)으로 계산하면 된다.

연장근로, 야간근로, 휴일근로수당의 계산방법

연장, 야간, 휴일근로수당은 5인 이상 사업장이면서 1주 소정 근로시간 15시간 이상인 자에만 법적으로 그 지급이 강제되는 수당이다.

근로기준법 제50조 근로시간을 보면 1주간의 근로시간은 휴게시간을 제외하고 40시간을 초과할 수 없다고 명시되어 있다. 또 1일 근로시간은 휴식 시간을 제외하고 8시간을 초과할 수 없다고도 되어있다. 만일 근로시간을 초과하여 연장근로와 야간근로, 휴일근로를 할 경우는 통상임금의 50% 이상을 가산 지급해야 한다. 즉, 실근로시간이 1주 40시간, 1일 8시간을 초과해야 연장근로에 해당한다.

구 분	근로시간 판단 방법
기 본 용 어	• 일 소정근로시간 : 근로계약에 따라 정해진 1일 근로시간 • 통상시급 : 기본급(총 월급에서 비과세 금액이 제외된 금액)을 209시간으로 나눈 값
연장근무수당	일 8시간, 주 40시간 이상 근무하게 될 때 지급한다. • 5인 이상 사업장 : 통상시급 × 1.5 × 연장근로 한 시간 • 5인 미만 사업장 : 통상시급 × 1 × 연장근로 한 시간

구 분	근로시간 판단 방법
휴일근무수당	근로 제공 의무가 아닌 휴일에 근무할 경우 지급한다.
	• 5인 이상 사업장 : 통상시급 × 1.5 × 휴일근로 한 시간
	• 5인 미만 사업장 : 통상시급 × 1 × 휴일근로 한 시간
야간근무수당	밤 10시부터 오전 6시 사이에 발생한 근로에 대해 지급한다.
	• 5인 이상 사업장 : 통상시급 × 0.5 × 야간근로 한 시간 야간근무인 동시에 연장근무일 때 통상시급 × 2 × 야간 연장근로 한 시간 분을 지급한다.
	• 5인 미만 사업장 : 야간근무인 동시에 연장근무일 때 통상시급 × 1 × 야간 연장근로 한 시간 분을 지급한다(가산임금 없음).

1 상시근로자 5인 미만 사업장은 제외된다.

모든 사업장에서 다 연장근로수당·야간근로수당 및 휴일근로수당을 받을 수 있는 것은 아니니 주의해야 한다.

상시근로자가 5인 미만(4인까지)인 사업장에서는 밤에 일하거나 휴일에 나와 일해도 가산임금을 받지 못한다.

그러므로 이것에 관심 있는 사람은 본인이 일한 또는 일했던 사업장의 상시근로자 수가 몇 명이나 되는지를 알아봐야 한다.

2 연장근로수당의 지급요건, 금액, 계산사례

연장근로란 1일 8시간 이상 근무하거나 1주 40시간 이상 근무하는 경우를 말한다.

연장근로를 할 때는

첫째, 당사자 간의 합의에 의해야 하고,

둘째, 1주일에 12시간을 한도로 해야 하며,

셋째, 통상임금의 50% 이상의 가산수당을 지급해야 한다. 즉, 연장근로의 경우 통상임금의 1.5배를 지급해야 한다.

🐭 법 위반은 법 위반이고 연장근로수당은 지급해야 한다.

앞에서 연장근로의 최대한도인 12시간을 초과해서 연장근로를 한 경우 법 위반에 해당하나 법 위반은 법 위반이고 연장근로시간에 대한 연장근로수당은 지급해야 한다.

예를 들어 1주간 총 60시간을 일한 경우 주 40시간을 초과한 20시간의 연장근로가 발생한다. 이는 주 12시간 한도를 초과해 법 위반에 해당하지만 이와는 별도로 20시간분의 연장근로수당은 지급해야 한다.

🐭 일·숙직근무 시 연장근로수당의 지급

일·숙직 근무는 일·숙직 근무 내용이 평상시 근로의 내용과 같다면, 연장근로로 인정되어 연장근로수당을 지급해야 하나 사무직에 종사하는 사람이 숙직 근무를 하는 경우로서 평상시 근로의 내용과 다른 경우에는 숙직 시간에 대한 연장근로수당을 지급하지 않아도 된다.

🐭 지각 시 연장근로수당

근로자가 지각해서 지각한 시간만큼 연장근무를 시켰으면 비록 지각한 시간에 대해서는 급여에서 공제할 수 있으나, 연장근로시간에 대한 연장근로수당은 줘야 한다.

🎧 토요일 근무 시 연장근로수당

주 40시간은 무조건 월~금요일의 기간 안에 40시간을 채워야 하는 것이 아니라 월~토요일 동안 채워도 문제는 없다.

예를 들어 월~금요일 7시간을 근무하고, 토요일에 5시간 근무하는 경우 1주간 총 40시간으로 연장근로수당이 발생하지 않는다.

구 분	토요일 근무 시 연장근로수당
월~금 40시간을 채우고 토요일에 8시간 근로한 경우	연장근로 가산수당 발생(8시간)
월~금 32시간을 채우고 토요일에 8시간 근로한 경우	연장근로 가산수당 미발생
월요일이 휴일이고 화~토 40시간을 근로한 경우	연장근로 가산수당 미발생

🎧 특별연장근로 한시적 적용

특별연장근로 제도는 상시근로자 수가 30인 미만 영세사업장의 사업주에게 근로시간 단축에 따른 준비 기간을 충분히 주기 위해 마련된 제도이다.

근로자대표와 서면 합의를 통해

▶ 연장근로(1주 12시간)를 초과하여 근로할 필요가 있는 사유 및 기간

▶ 대상 근로자의 범위를 정해 1주 8시간의 연장근로를 추가로 할 수 있도록 허용하고 있다. 즉, 1주간 주 40시간 + 연장근로 한도 12 + 8시간 = 60시간의 근로가 가능한 것이다.

다만, 이 제도는 2023년 12월 31일까지 30인 미만 사업장에만 한시적으로 적용된다.

[1주 최대 근로시간]

시기 업종 및 규모		~ 18.6.30	18.7.1~ 19.6.30	19.7.1~ 19.12.31	20.1.1~ 21.6.30	21.7.1 ~
특례제외 21개	300인 이상	제한 없음	68시간	52시간	52시간	52시간
	50~299인	제한 없음	68시간	68시간	52시간	52시간
	5~49인	제한 없음	68시간	68시간	68시간	52시간

2021년 7월 1일부터 2022년 12월 31일까지 30인 미만 사업장 한시적으로 근로자대표와 서면 합의를 통해 주 60시간 가능

특례유지 5개		제한 없음	제한 없음	제한 없음	제한 없음	제한 없음

연장근로수당의 계산사례

사례

회사는 채용 시 근로자에게 근로시간 9시부터 20시까지(토요일은 13시까지이고, 일요일은 휴일), 임금 200만 원으로 주기로 약속했었다. 이 경우 A 회사가 지급해야 할 연장근로수당의 합계액은?

해설

1. 1일 실제 근로시간 : 10시간(중식 및 휴게시간 포함 1시간 공제)
2. 1주 실제 근로시간 : 10시간 × 5일 + 4시간 = 54시간
3. 1주 연장근로시간 : 14시간
4. 월 연장근로수당 : 200만 원 ÷ 209 × 60.8시간(14시간 × 약 4.3428주) × 1.5 = 872,720원

3 야간근로수당의 지급요건, 금액, 계산사례

야간근로란 하오 10시(22시)부터 오전 06시까지의 근로를 말한다. 임신 중인 여성이거나 18세 미만자일 때 특히 야간근로가 금지되어 있으나 업무의 특성에 따라 여성 근로자 본인의 동의와 고용노동부 장관의 인가를 받으면 가능하다.

야간에 근로했을 때는 주간보다 육체적 피로가 가중되기 때문에 이에 대해서 통상임금의 50%를 가산해서 지급해야 한다.

사례

임금 200만 원을 받는 근로자가 근로시간 09시부터 17시까지 근무하기로 계약을 한 후, 18시부터 24시까지 근무한 경우 1일 지급해야 하는 수당은?

해설

1. 1일 연장근로시간 : 6시간(18시부터 24시까지)
2. 1일 야간근로시간 : 2시간(22시부터 24시까지)
3. 연장근로 임금 : 200만 원 ÷ 209 × 6시간 × 1 = 57,416원
4. 1일 연장근로수당 : 200만 원 ÷ 209 × 6시간 × 0.5 = 28,708원
5. 1일 야간근로수당 : 200만 원 ÷ 209 × 2시간 × 0.5 = 9,569원
6. 임금 합계 : 95,693원

구 분	중복 적용 가능
연장근로	오후 10시(22시)부터 다음날 오전 6시까지 연장근로와 야간근로의 중복 적용이 가능하다.
야간근로	

4 휴일근로수당의 지급요건, 금액, 계산사례

휴일이란 주 유급휴일(1주일에 근무하기로 정해진 날을 개근할 경우 부여되는 유급휴일, 통상 일요일인 경우가 많다) 외에 취업규칙이나 단체협약상 휴일(무급휴일, 유급휴일)로 정해진 날, 관공서의 공휴일에 관한 규정에 따른 공휴일, 일요일을 제외한 공휴일, 근로자의 날(5월 1일)을 말한다. 따라서 휴일근로수당은 주휴일(일요일) 근로는 물론 관공서의 공휴일에 관한 규정에 따른 공휴일(흔히 빨간 날), 단체협약이나 취업규칙에 따라서 휴일로 정해진 날 근로의 경우에도 지급되어야 한다.

주 5일제 사업장의 경우 일반적으로 토요일은 무급휴무일, 일요일은 유급휴일에 해당한다. 따라서 토요일에 근로를 제공한다고 해서 별도의 휴일근로수당이 발생하는 것은 아니고, 일요일 근로에 대해서만 휴일근로수당이 발생한다.

구 분	휴일근로수당
유급휴일근로	휴일근로에 대한 임금(100%) + 휴일근로에 대한 가산 임금(50%)이 지급된다. 다만, 8시간 초과의 경우 8시간 초과 시간당 가산수당은 100%이다. • 일요일에 8시간을 일했으면 통상임금의 150% 　8시간까지 = 휴일근로 임금(100%) + 가산임금(50%) • 일요일에 8시간을 초과해서 일했으면 200% 　휴일근로 임금(100%) + 8시간분 가산임금(50%) + 8시간 초과분(총근무시간 - 8시간) 가산임금(50%)
무급휴일근로	무급휴일 근로에 대한 임금(100%) + 휴일근로에 대한 가산임금(50%)이 지급된다.

시급 10,000원인 근로자가 주 유급휴일에 8시간 근로한 경우 받을 수 있는 임금은?

1. 10,000원 × 8시간 : 80,000원(유급휴일에 근무하지 않아도 지급되는 임금)

월급제 근로자는 월급에 주 유급휴일 수당이 포함되어 있다고 보므로 동 금액은 일반 회사의 경우 추가로 지급해야 하는 금액이 아니다. 다만, 아르바이트나 일용직 근로자의 경우 하루 단위로 급여를 계산해서 받는 경우가 일반적이므로, 아르바이트 일당이나 일용근로자 일당에 주휴수당이 포함되어 있지 않다고 보아, 휴일근로 시 동 금액을 추가로 받아야 한다.

2. 10,000원 × 8시간 : 80,000원(유급휴일 근로에 대한 대가)

3. 10,000원 × 8시간 × 50% : 40,000원(휴일근로 가산임금)

4. 임금 합계 : 200,000원(월급에 주휴수당이 포함된 경우 120,000원)

구 분	휴일근로 시 받는 임금
월급제 근로자	휴일근로에 따른 임금(100%) + 가산임금(50%) 월급제의 경우 월급에 이미 주휴수당 1일분이 포함되어 있으므로 아르바이트와 달리 주휴수당 100%를 추가 지급하지 않는다.
아르바이트, 일용직 근로자	월급에 포함되지 않은 주휴수당 임금(100%) + 휴일근로에 따른 임금(100%) + 가산임금(50%)

시간외근로 수당(연장근로, 야간근로, 휴일근로)의 계산 절차

✔ 매달 고정적으로 받는 모든 금액(통상임금)을 더한다.

- 기본급, 직책수당, 직무수당 등 매달 고정적으로 명세서에 찍히면 포함
- 식대나 교통비 등은 실비변상적인 금액(영수증 첨부하는 등)이면 제외하고, 전 직원 공통(예 : 식대 20만)으로 지급되면 포함
- 상여금 등 기타 논란이 되는 항목은 회사 규정이나 근로계약서를 확인해야 함
- ✔ 통상임금을 더한 금액을 209로 나눈다(시급 계산).
- 209는 하루 8시간 근무하는 사람의 한 달 평균 근로시간을 의미한다.
  (하루 8시간 X 5일 = 주 40시간) + 주휴일 8시간 = 주 48시간 X 4.345주 = 약 209시간
- 4.345주는 4주인 달도 있고 5주인 달도 있어 1년 평균한 것임
- 주휴수당은 월급제의 경우 포함된 것으로 계산하므로 별도로 청구할 수 있는 것은 아니다.
- ✔ 통상시급을 연장근로 시 1.5배, 야간근로 시 2배, 휴일근로 시 1.5배 가산한다.
- 연장근로수당 계산 방법
  하루 8시간 이상 근로 시 1.5배
  원래 임금 100% + 연장근로수당 50% = 총 150%
- 야간근로수당 계산 방법(연장근로 시)
  밤 10시부터 다음날 오전 6시까지 근무 시 2배
  원래 임금 100% + 연장근로수당 50% + 야간근로수당 50% = 총 200%
- 휴일근로수당 계산 방법
  일요일(주휴일) 근무 시 통상시급의 1.5배
  원래 임금 100% + 휴일근로수당 50% = 총 150%

휴일, 연장, 야간근로 중복 시 가산 임금계산 공식(방법)

일요일에 8시간을 일했으면 통상임금의 150%
일요일에 8시간 초과 일했으면 200%의 수당을 받는다.
여기서 '휴일근로수당 중복할증'이 있는데, 주중에 40시간 이상을 근무한 근로자가 휴일에 일하면 기본 수당(통상임금의 100%)에 휴일근로수당(50%)과 연장근로수당(50%)을 각각

더해 200%를 받게 된다. 즉, 주 40시간을 초과하는 8시간 이내의 휴일근로에 대해서는 통상임금의 150%, 8시간을 초과에 대해서는 200%를 지급하게 된다.

예시1 평일에 연장, 야간근로 시 법정수당 계산 방법

시간	근로의 대가	연장	야간	합계
18:00~22:00	100%	50%	–	150%
22:00~06:00	100%	50%	50%	200%
06:00~09:00	100%	50%	–	150%

평일의 수당계산 = ❶ + ❷ + ❸(단, (–)가 나오는 경우 0으로 처리한다)

❶ [(총 근무시간 – 총 휴게시간) × 통상시급]

❷ [(총 근무시간 – 8시간 – 총 휴게시간) × 통상시급 × 50%]

❸ [(22시~06시까지의 근로시간 – 22시~06시 사이의 휴게시간) × 통상시급 × 50%]

구분	시간	누적시간	비고
① 근무시간	00:00~24:00	24시간	
② 휴게시간	03:00~04:00		야간근로시간에 1시간
	12:00~13:00	3시간	이 들어있다고 가정
	18:00~19:00		
③ 근무시간	–	21시간	①–②
최저임금			9,620원
100%	정상 근로	21시간	202,020원
50%	연장 가산	13시간	62,530원
50%	야간 가산	7시간	33,670원
임금 합계			298,220원

예시2 휴일에 연장, 야간근로 시 법정수당 계산 방법

시간	근로의 대가	휴일	휴일연장	야간	합계
09:00~18:00	100%	50%	–	–	150%
18:00~22:00	100%	50%	50%	–	200%
22:00~06:00	100%	50%	50%	50%	250%
06:00~09:00	100%	50%	50%	–	200%

휴일의 수당계산 = ❶ + ❷ + ❸ + ❹ (단, (–)가 나오는 경우 0으로 처리한다)

❶ [(총 근무시간 – 총 휴게시간)] × 통상시급)

❷ [(총 근무시간 – 총 휴게시간) × 통상시급 × 50%]

❸ [(총 근무시간 – 8시간 – 총 휴게시간) × 통상시급 × 50%]

❹ [(22시~06시까지의 근로시간 – 22시~06시 사이의 휴게시간) × 통상시급 × 50%]

구분	시간	누적시간	비고
① 근무시간	00:00~24:00	24시간	
② 휴게시간	03:00~04:00		야간근로시간에 1시간
	12:00~13:00	3시간	이 들어있다고 가정
	18:00~19:00		
③ 근무시간	–	21시간	①–②
최저임금			9,620원
100%	정상 근로	21시간	202,020원
50%	휴일 가산	21시간	101,010원
50%	휴일 연장 가산	13시간	62,530원
50%	야간 가산	7시간	33,670원
임금 합계			399,230원

1년 차 연차휴가와 2년 차 연차휴가는 각각 사용한다.

일용직과 아르바이트도 연차휴가가 발생할 수 있다(상시근로자 수가 5인 미만 사업장, 1주 소정근로시간 15시간 미만자 제외). 근속기간이 1년 미만인 근로자가 1개월간 개근한 경우 1일의 연차유급휴가가 발생하고, 1년 동안 근로한 경우 80% 이상을 출근했다면 1개월 개근 시 발생한 휴가를 포함하여 총 26일의 연차휴가가 발생한다. 이렇게 발생한 휴가를 사용하지 못하고 퇴사하는 경우는 미사용 연차수당을 지급해야 한다.

절세 Tip 연차휴가 일수 계산 전에 먼저 체크 해야 할 사항

▶ 회사가 상시근로자 수가 5인 이상인지 5인 미만인지 판단한다.

원칙적으로 상시근로자 수가 5인 이상인 사업장만 연차휴가를 주므로, 5인 미만 사업장은 연차휴가도 적용되지 않고, 연차휴가도 적용되지 않음으로 연차수당도 발생하지 않는다.

▶ 근무하면서 개근을 했는지 안 했는지도 확실히 체크

1년 미만에 대한 매월 연차휴가의 부여는 신입의 경우 매달 개근 여부, 계속 근로자의 경우 1년간 80% 미만 근무 여부이다.

▶ 상시근로자 수 5인 미만이라도 근로계약서나 회사의 취업규칙에 연차를 주게 되어있는 경우 무조건 줘야 한다.

연차휴가의 계산 방법

2017년 5월 29일 입사자까지는 다음 연도에 입사 1년 차로 발생하는 총 15일의 연차에서, 입사 1년 미만 동안 발생한 연차휴가 중 사용한 일수를 차감했다. 즉, 매월 발생한 휴가를 모두 사용하여 11일의 휴가를 사용하였다면 2년 차에 사용할 수 있는 휴가일 수는 4일(15일 − 11일)밖에 되지 않았다.

그러나 2017년 5월 30일 입사자부터는 앞서 설명한 바와 같이 1월 개근 시 1일의 연차가 발생해 1년에 총 11일의 연차가 발생한 상태에서 연차휴가를 매월 사용하여 11일의 휴가를 모두 사용하였다고 해도, 입사 1년 차로 발생하는 15일의 연차에서 이를 차감하지 않는다. 다만, 입사 후 1년 동안 발생하는 연차휴가 11일은 1년이 되는 날까지 모두 사용하고, 1년이 되는 시점에 발생하는 15일의 연차휴가와 합쳐서 사용하지 못한다.

구 분	연차휴가 일수
1년 미만인 경우 월 단위 연차휴가일수	1년간 한 달 개근을 할 때마다 1일의 연차휴가를 준다. 예를 들어 1월 10일 입사자의 경우 2월 10일에 연차휴가가 발생한다. 따라서 1년을 기준으로 12일 − 1일 = 11일이 발생한다. (1년이 12개월이라고 12일이 아니라 입사한 달의 다음 달부터 발생하므로 12개월 중 입사 월을 뺀 11일이다.)
① 2017년 5월 29일 입사자까지	입사 2년 차에 발생하는 연차 15일에서 1년 차에 사용한 휴가를 차감한다. 극단적으로 입사 1년 차에 발생하는 11일을 모두 사용한 경우 2년 차는 4일 발생한다.

구 분	연차휴가일 수
② 2017년 5월 30일 입사자부터	입사 2년 차에 발생하는 연차 15일에서 1년 차에 사용한 휴가를 차감하지 않는다. 단, 1년 차에 발생하는 11일의 휴가는 입사일로부터 1년 안에 모두 사용해야 하고, 2년 차에는 1년 차에 80% 이상 개근 시 발생하는 15일을 사용해야 한다.
③ 2020년 3월 31일 발생분부터	연차휴가일수는 계산방식은 같으나 2020년 3월 31일 발생분부터는 입사일로부터 1년 안에 모든 월 단위 연차휴가를 사용해야 한다. 또한 연차휴가촉진 제도가 생겼다.

🖰 연차수당의 계산 방법

1년 미만 근로한 근로자는 연차휴가가 1년 뒤에 발생하는 것이 아니라 1개월 개근 시 매월 1일의 연차휴가가 발생한다. 예를 들면, 1월 1일 입사자의 경우 1년간 최대 11개(2월 1일~12월 1일)의 연차휴가가 발생하며, 사용자가 연차휴가사용촉진을 했는데도 불구하고, 이를 사용하지 않았다면 1년이 되는 시점에 전체가 소멸한다. 따라서 사용자가 연차휴가사용촉진을 안 한 경우에만 연차수당이 발생한다.

[회계연도 1월 1일 기준 1년미만 근로자 연차휴가사용촉진 예시]

	〈1차 사용촉진〉 (사용자 → 근로자) 미사용 연차일수 고지 및 사용시기 지정·통보 요구	(근로자 → 사용자) 사용 시기 지정·통보	〈2차 사용촉진〉 (사용자 → 근로자) 근로자의 사용 시기 미통보시 사용자가 사용 시기 지정·통보
연차휴가 9일에 대해서	10.1~10.10 (3개월 전, 10일간)	10일 이내	11.31까지 (1개월 전)
연차휴가 2일에 대해서	12.1~12.5 (1개월 전, 5일간)	10일 이내	12.21까지 (10일 전)

2 입사 2년 차 근로자에 대한 연차휴가와 연차수당

🖱 연차휴가의 계산 방법

1주간 기준근로시간이 40시간인 경우 사용자는 근로자가 1년간 80%(출근율) 이상 개근 시 15일의 연차유급휴가를 주어야 한다. 다만, 1년간 80% 미만 개근 근로자에 대해서도 1개월 개근 시 1일의 연차유급휴가를 부여한다(근로기준법 제60조).

구 분	연차휴가 일수								
1년간 80% 이상 개근했을 때	최초 1년간의 근로에 대해서 15일의 연차휴가가 발생하고, 2년마다 1일의 추가 연차휴가 발생(총 25일 한도).								
	1년	2년	3년	4년	5년	10년	15년	20년	21년
	15일	15일	16일	16일	17일	19일	22일	24일	25일
1년간 80% 미만 개근했을 때	1개월 개근 시 1일의 연차유급휴가를 준다.								

1년에 80% 이상 개근이란 1년간 법정휴일(주휴일, 근로자의 날, 관공서 공휴일(개정법, 현재는 법정공휴일)) 및 약정휴일(노사 간에 휴일로 정한 날 : 명절 전후, 기타 공휴일 등)을 제외한 사업장의 연간 총 소정근로일수에서 출근한 날이 80% 이상인 경우를 말한다.

1년에 80% 미만 개근한 연도에도 근속연수는 1년간 80% 이상 개근했을 때와 같은 방식으로 계산한다.

🔖 연차휴가일 수의 계산 공식

연차휴가일 수 = 1년 차 15일 + (근속연수 - 1년) ÷ 2로 계산 후 나머지를 버리면 된다.

예를 들어 입사일로부터 10년이 경과한 경우

연차휴가일 수 = 1년 차 15일 + (10년 - 1년) ÷ 2 = 15일 + 4.5일 = 19일

월차 개념의 연차휴가 자동 계산 방법

월차 개념의 연차(휴가 입사일로부터 1년까지) = 입사일로부터 1달 개근 시 마다

예를 들어 1월 2일 입사자의 경우 12개월 연차 = 12개월 - 1일 = 11일

🔖 연차수당의 계산 방법

연차수당은 미사용한 연차휴가에 대해 지급하는 수당으로 연차수당의 계산은 연차휴가청구권이 소멸한 달의 통상임금 수준이 되며, 그 지급일은 휴가청구권이 소멸한 직후에 바로 지급해야 함이 마땅하나, 취업규칙이나 근로계약에 근거해서 연차유급휴가 청구권이 소멸한 날 이후 첫 임금지급일에 지급해야 한다.

예를 들어 2022년 1월 1일~12월 31일까지 만근하여 2023년 1월 1일~12월 31일까지 사용할 수 있는 15개의 연차휴가가 발생하였으나 이를 사용하지 않았다면 2023년 12월 31일 자로 연차휴가청구권은 소멸하고, 휴가청구권이 소멸하는 다음 날(2024년 1월 1일)에 연차유급휴가 근로수당이 발생하게 되는 것이다.

그리고 연차수당산정의 기준임금은 연차휴가청구권이 최종적으로 소멸하는 월(2023년 12월 31일)의 통상임금을 기준으로 한다.

연차수당 = 연차휴가청구권이 소멸한 달의 통상임금 ÷ 209시간 × 8시간 × 미사용 연차일수

여기서 통상임금은 기본금, 각종 수당(가족수당, 직무수당 등), 상여금의 합계를 말한다.

㈜ 월 통상임금 산정 기준시간 예시

❶ 주당 소정근로시간이 40시간이며, 유급 처리되는 시간이 없는 경우 : 209시간 = [(40 + 8(주휴)) × 52 + 8시간] ÷ 12

❷ 주당 소정근로시간이 40시간이며, 주당 4시간이 유급 처리되는 경우 : 226시간 = [(40 + 8(주휴) + 4(4시간 유급)) × 52 + 8시간] ÷ 12

❸ 주당 소정근로시간이 40시간이며, 주당 8시간이 유급 처리되는 경우 : 243시간 = [(40 + 8(주휴) + 8(8시간 유급)) × 52 + 8시간] ÷ 12

토요일 격일 근무자로 8시간 근무하는 경우 약 235시간 = 기본근로시간 209시간 + 연장근로 가산 26시간[토요일 8시간 × 4.34주(1달 평균 주 수) ÷ 2(격주) = 17.36 × 1.5배(연장근로 가산)]

1년 미만 근로자에 대한 연차휴가와 퇴직 시 연차수당지급

1. 1년 미만 근로자의 연차휴가 발생과 휴가사용 기간 및 미사용 수당 지급 시기와 산정 시 임금 기준

근로기준법 제60조 제2항 "사용자는 계속하여 근로한 기간이 1년 미만인 근로자에게 1개월 개근 시 1일의 유급휴가를 주어야 한다."라는 규정에 의거 1개월 개근하면 1일의 연차휴가가 발생하게 된다.

1개월 개근하여 발생한 연차휴가의 사용 기간은 근로기준법 제60조 제7항 "제1항부터 제4항까지의 규정에 따른 휴가는 입사일로부터 1년간 행사하지 않으면, 소멸한다."라는 규정에 의거 1년 안에 사용해야 한다.

예를 들어 2023년 5월 1일 입사해서 1개월간(5월 1일~5월 31일) 개근하면 2023년 6월 1일에 1일의 연차휴가가 발생하며, 이같이 발생한 최대 11일의 연차휴가는 2024년

5월 31일까지 1년간 사용해야 한다. 사용자가 연차휴가사용촉진을 했는데도 불구하고, 미사용 시에는 2023년 6월 1일 모두 소멸한다. 다만, 사용자가 연차휴가사용촉진을 안 한 경우에는 연차수당이 발생하며, 2023년 6월 1일(6월 급여)에 지급하는 연차 미사용수당의 계산기초가 되는 임금은 최종 휴가청구권이 있는 달(5월)의 임금 지급 일이 속한 5월 급여의 통상임금으로 미사용 수당을 계산해서 지급한다.

2. 회계연도 기준으로 연차를 운영하는 경우

회계연도(1월 1일~12월 31일)로 운영하는 사업장의 경우, 1개월 개근 시 발생하는 연차휴가는 12월 31일까지 모두 사용해야 한다. 반면, 입사일을 기준으로 하는 회사도 입사일로부터 1년 안에 모든 연차휴가를 사용해야 한다.

예를 들어 6월 1일 입사자의 경우 다음 연도 5월 31일까지 입사 1차 연도에 발생한 모든 휴가(최대 11일)를 사용해야 한다. 단, 이를 위해 사용자는 근로자에게 연차휴가 사용촉진을 해야 하며, 이를 안 한 경우는 6월 1일 근로자에게 연차수당 청구권이 발생한다(연차수당을 지급해야 한다.).

3. 월차 개념 연차의 수당 지급

연차는 입사일로부터 1년간 사용할 수 있고, 1년간 사용하지 않은 일수는 연차사용촉진을 안 하는 경우 수당으로 전환된다.

이에 따르면 월차 개념의 연차는 매월 발생하고 입사일로부터 1년 안에 사용할 수 있는 것이다. 이는 연차휴가를 입사일 기준 및 회계연도 기준으로 관리해도 같게 적용해야 한다.

첫째, 입사일로부터 1년이 안에 월차 개념의 연차 11일을 무조건 사용하게 하는 것은 같은 시점에서 15일의 연차가 발생하므로 충분한 연차가 보장된다고 보아, 법이 개정되었다.

둘째, 1년 미만 근로자에 대해서도 연차사용촉진 제도를 도입함으로 인해 연차휴가와 연차수당 사이에서 사용자의 선택권이 보장되었다.

4. 연차를 다 사용하지 못하고 퇴직한 경우 연차수당 지급

유급으로 연차휴가를 사용할 권리는 근로자가 1년간 소정의 근로를 마친 대가로 확정적으로 취득하는 것이므로, 근로자가 일단 연차유급휴가권을 취득한 후에 연차유급휴가를 사용하기 전에 퇴직 등의 사유로 근로관계가 종료된 경우, 근로관계의 존속을 전제로 하는 연차휴가를 사용할 권리는 소멸한다고 할지라도 근로관계의 존속을 전제로 하지 않는 연차휴가 수당을 청구할 권리는 그대로 잔존 하는 것이어서, 근로자는 근로관계 종료 시까지 사용하지 못한 연차휴가일 수 전부에 상응하는 연차휴가 수당을 사용자에게 청구할 수 있는 것이다(관련 판례 : 대법원 2005.5.27. 선고 2003다48556 판결).

연차수당의 소멸시효는 어떻게 되나요?

연차휴가 미사용수당은 임금채권으로 소멸시효는 3년이다.

2022년 근로에 따라 2023년도에 부여한 휴가에 대해 1년의 사용 기간이 종료한 후 2024년 수당 청구권이 발생하므로, 2024년 수당 청구권이 발생한 날로부터 3년이 소멸시효이다.

참고로 관할 지방노동청에 진정을 제기 시 진정 사건 조사 중에도 소멸시효는 중단되지는 않는다. 즉 해당 기간에도 날짜는 계속 간다.

1년 미만 연차휴가 개정에 따른 업무처리

❶ 입사 1년 차에 발생하는 11일의 연차휴가는 연차휴가사용촉진 시 1년 안에 무조건 사용해야 한다(수당이 발생하지 않음. 연차휴가사용촉진을 안 하는 경우 수당 발생).

❷ 입사 2년 차에는 연차휴가 15일만 사용할 수 있다.

❸ 종전에는 26일을 몰아서 사용 가능했으나, 법 개정으로 11일과 15일을 각각 사용해야 한다(11일에 대해 연차휴가사용촉진 제도 시행).

❹ 실무자는 1년 미만 근로자 및 전년도 출근율이 80% 미만인 자에 대한 연차휴가사용촉진 업무가 하나 더 늘었다.

근로자 형태에 상관없이
1년 이상은 퇴직금의 지급

사용자는 퇴직하는 근로자에게 급여를 지급하기 위하여 퇴직급여 제도 중 하나 이상의 제도를 설정해야 한다. 다만, 계속근로기간이 1년 미만인 근로자, 4주간을 평균하여 1주간의 소정근로시간이 15시간 미만인 근로자는 퇴직금의 지급의무가 없다.

퇴직급여	퇴직금 제 도	근로자 퇴직 시 사용자가 근로자에게 퇴직급여 지급
	퇴직연금 제 도	사용자는 퇴직급여 재원을 퇴직연금 사업자 (금융기관)에 적립, 근로자는 퇴직 시 금융기관에서 퇴직급여 수령

근로자의 귀책 사유에 의해 사용자에게 손해를 보게 한 책임과 사용자의 퇴직금 지급 의무는 다르므로, 징계해고 등 어떠한 경우라도 그 지급을 제한하거나 손해배상액을 빼고 지급할 수 없다.

1 퇴직금 제도

퇴직금 제도는 근로자가 퇴직할 때 계속근로기간 1년에 대하여 30일분 이상의 평균임금을 퇴직금으로 지급하는 제도를 말한다.

🖱 평균임금

평균임금은 산정해야 할 사유가 발생한 날 이전 3개월 동안 그 근로자에게 지급된 임금의 총액을 그 기간의 총일수로 나눈 금액을 말한다.

$$평균임금 = \frac{사유가 \ 발생한 \ 날 \ 이전 \ 3월간의 \ 임금총액}{사유가 \ 발생한 \ 날 \ 이전 \ 3월간의 \ 총일수}$$

🖱 계속근로기간

* 계속근로기간이란 계속하여 근로를 제공한 기간, 근로계약을 체결하여 해지될 때까지의 기간을 말한다.
* 근로계약을 갱신하거나 같은 조건의 근로계약을 반복하여 체결한 경우는 갱신 또는 반복 기간을 모두 합산한다.
* 고용 형태의 변경이 이루어져도 변경 전후의 기간 합산을 합산한다.
* 기업의 합병·분할, 양도, 조직변경의 경우에도 근로관계가 포괄적으로 승계된 때에는 계속 근로로 인정한다.

계속근로기간 산정에 포함되는 기간	계속근로기간 산정에 제외되는 기간

• 수습사용 기간
• 출산전후휴가 및 육아휴직기간
• 업무상 부상 · 질병으로 요양을 위한
  휴업 기간
• 사용자 귀책 사유에 의한 휴업기간
• 사용자의 승인하에 개인 사유에 의한
  휴직 기간(단, 단체협약·취업규칙 등
  규정을 통해 포함하지 않는 것으로 정
  한 경우 제외)
	• 병역법에 따른 의무복무로 인한 휴직
	  기간
	• 퇴직금을 미리 정산하여 지급한 기간
	• 별도 고용승계에 대한 약정이 없는 상
	  태에서 용역업체 변경에 따른 종전 근
	  로기간
	• 정년퇴직 후 재 입사한 경우 이전 근
	  로기간

⊙ 퇴직금의 계산

사내 퇴직금 제도를 운용하는 경우 근로자 퇴직 시 사용자가 근로자에게 지급해야 할 퇴직금은 다음과 같다.

$$퇴직금 = \frac{1일 \ 평균임금 \times 30일 \times 총 \ 계속근로기간}{365일}$$

1일 평균임금 = 사유가 발생한 날 이전 3개월간의 임금 총액 ÷ 3개월간의 총일수

[예시]

월 250만 원, 근무기간 2021년 2월 1일 ～ 2023년 6월 30일

$$퇴직금 = \frac{82,417.58원 \times 30일 \times 880일}{365일} = 5,961,161원$$

1일 평균임금 = 7,500,000 ÷ 91일 = 82,417.58

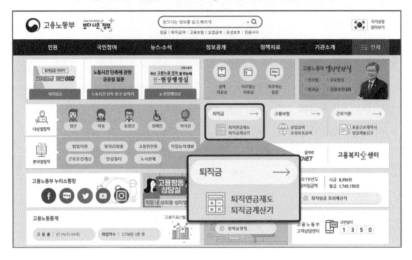

2 퇴직연금 제도와 회계처리 및 세금 원천징수

구 분	DC형(확정기여형)	DB(확정급여형)
개념	사용자 부담금이 사전에 확정 적립금 운용에 대한 책임을 근로자 개인이 부담(기업으로부터 받은 퇴직적립금을 근로자가 직접 선택한 금융상품에 운용)	근로자 급여가 사전에 확정 적립금 운용에 대한 책임을 사용자가 부담(연금 총액이 기존 퇴직금 총액과 같다)
퇴직금 운용 주체 및 적립금 운용수익	근로자에 귀속 적립금 운용수익 ➜ 근로자의 것	회사에 귀속 적립금 운용수익 ➜ 회사의 것
불입금액	연간 임금 총액의 1/12 이상	퇴직금 추계액의 100% 이상

구 분	DC형(확정기여형)	DB(확정급여형)
퇴직급여 수준	적립금 운용 실적에 따라 다름(매년 지급된 퇴직급여의 합 ± 운용수익	퇴직 시 평균임금 30일분 × 근속연수
지급 방법	퇴직연금 사업자는 근로자가 지정한 개인형 퇴직연금제도의 계정으로 퇴직급여 전액을 지급한다. 근로자는 퇴직 시 자기 계정에서 운용 중인 자산을 그대로 동일 사업자의 개인형 퇴직연금 제도 계정으로 이전이 가능하다.	근로자 이직·퇴직 시 사용자는 퇴직 후 14일 이내에 퇴직연금 사업자에게 퇴직급여 지급을 지시한다. 퇴직연금 사업자는 근로자가 지정한 개인형 퇴직연금 제도(IRP)의 계정으로 퇴직급여 전액을 지급한다. 전액 지급의 예외 사유가 발생하는 경우, 퇴직급여 부족분은 사용자가 지급한다.
부담금 적립 시	(차) 퇴직급여 ××× (대) 현금(보통예금) ××× ➔ 전액 비용처리(임원, 직원 구분 없이 전액 손금산입. 그러나 임원의 경우 퇴직 시 실제 불입금액 기준으로 한도액 계산해야 함)	(차) 퇴직연금운용자산 ××× (대) 현금 ××× ➔ 부채 부분에 퇴직급여충당부채의 차감 항목으로 표시됨. 그러나 퇴직급여충당부채 잔액이 없으면서 퇴직연금 DB가입시 투자자산으로 설정
운용수익 인식	회사는 인식 없다.	(차변) 퇴직연금운용자산 ××× (대변) 이자수익 ××× (손실도 인식)
운용, 자산관리 수수료	(차변) 지급수수료 ××× (대변) 현금 ×××	(차변) 지급수수료 ××× (대변) 현금 ×××

구 분	DC형(확정기여형)	DB(확정급여형)
직원 퇴직하는 경우	회계처리 없음 → 1년 미만 근로자가 퇴직 시 다시 환입되어 오는 데 이 경우에는 (차변) 보통예금 ××× (대변) 퇴직연금환입 ×××	일시금으로 받는 경우 (차변) 퇴직급여충당부채 ××× (차변) 퇴직급여 ××× (대변) 퇴직급여운용자산 ××× (대변) 보통예금(현금) ××× 연금으로 받는 경우 (차변) 퇴직급여충당부채 ××× (대변) 퇴직연금미지급금 ×××
원천징수의무자 : 원천징수영수증 발급자	퇴직연금 사업자(금융기관) : 퇴직연금 사업자가 원천징수영수증을 퇴직자에게 발급	회사(고용부) : 사용자가 원천징수영수증을 퇴직자에게 발급
원천징수이행상황신고서 작성 및 제출	회사는 원천징수이행상황신고서에 기재할 내용 없음(퇴직연금 사업자가 원천징수이행상황신고서에 인원과 지급금액, 징수세액을 기재하여 제출함)	회사가 원천징수이행상황신고서 퇴직소득 란에 인원과 지급금액, 징수세액을 기재하여 제출함(단, 이연퇴직소득이 있는 경우에는 퇴직소득 지급금액을 기재하고 원천징수 세액은 0으로 기재함)
지급명세서 제출	회사가 지급할 서류 없음(퇴직연금 사업자가 퇴직소득 지급일이 속하는 과세기간의 다음연도 3월 10일까지 연금계좌 지급명세서를 제출함)	회사가 퇴직소득 지급일이 속하는 과세기간의 다음 연도 3월 10일까지 제출(과세이연 시 원천징수 세액 0으로 하여 지급명세서 제출)

퇴직금 계산할 때 포함하는
상여금과 연차수당

1 퇴직금 계산 시 상여금과 성과급의 처리

☞ 퇴직금 계산에 포함되는 성과급과 상여금

정기상여금, 성과급, 개인 성과급, 인센티브 등 명칭에 상관없이 직원들에게 제공한 근로의 대가로서 취업규칙, 단체협약 등에 지급조건, 지급금액, 지급 시기가 정해져 있거나 관행적으로 지급해 온 경우에는 평균임금에 해당하며, 퇴직금에도 포함된다. 또한, 직원 개인 또는 직원이 포함된 집단에 따라서 차등 지급되는 금품(업적급 등) 또한 근로의 대상으로 임금에 포함된다.

☞ 퇴직금 계산에 포함되지 않는 성과급과 상여금

성과급 중 경영성과에 따라 일시적으로 지급되는 상여금 또는 지급여부가 불확실한 상여금은 근로의 대상으로 볼 수 없어 평균임금에 해당하지 않고, 퇴직금에도 포함되지 않는다. 다만, 형식적으로는 기업 이윤 등 경영성과에 따르기로 하였으나 실질적으로는 그와 무관하게 지급되면서 일정하게 반복되었다면 관례가 인정되어 근로의 대가인 '임금'인 것이며, 따라서 퇴직금 산정에도 포함된다.

⚙ 퇴직금 계산 시 상여금의 포함 방법

퇴직 직전 1년간 받은 평균임금 포함 상여금의 3/12을 퇴직금 계산할 때 평균임금에 포함한다.

참고로 퇴직 이후 받는 성과급 등은 평균임금에 포함하지 않는다.

2 퇴직금 계산 시 연차수당의 포함 방법

구 분		처리방법
1년 미만 월차 개념의 연차		매월 개근 시 부여하는 월 단위 연차휴가 미사용수당이 퇴직 전 3개월 범위 내 포함되는 경우 3/12을 포함한다.
1년이 되는 시점에 발생하는 연차수당	퇴직 전전연도 출근율에 의해서 퇴직 전년도에 발생한 연차유급휴가 중 미사용 수당	3/12을 퇴직금 산정을 위한 평균임금 산정 기준임금에 포함한다. 예시 2021년 입사자가 80% 이상 출근으로 2022년 15일의 연차가 발생하고, 이를 사용하지 않은 때는 2023년에 연차수당이 발생한다. 이후 2023년 발생한 연차수당은 퇴직금 계산에 포함한다.
	퇴직 전 연도 출근율에 의해서 퇴직 연도에 발생한 연차유급휴가를 미사용하고 퇴직함으로써 비로소 지급 사유가 발생한 연차유급휴가 미사용 수당	퇴직금 산정을 위한 평균임금 산정 기준임금에 포함되지 않는다. 예시 2022년 입사자가 80% 이상 출근으로 2023년 15일의 연차가 발생하고, 이를 사용하는 도중 퇴사하는 경우 남은 연차에 대해 연차수당을 지급해야 하는데, 이로 인해 발생한 연차수당은 퇴직금 계산에 포함하지 않는다.

금요일 근무 후 퇴직 시 급여, 주휴수당, 퇴직금, 연차수당

매월 마지막 주 금요일이 월말에 해당할 때, 퇴직일은 계속근로연수에 포함되지 않으므로 마지막 근무일을 언제로 보느냐에 따라 향후 급여 정산, 연차유급휴가 일수 및 퇴직금(퇴직연금) 산정 시 퇴직 처리하는 1일로 인하여 연차휴가 발생 일수 및 퇴직금(퇴직연금) 지급 대상 여부가 달라질 수 있는바 세밀한 인사노무관리가 필요하다.

퇴직일의 고용노동부 행정해석 : 2000.12.22, 근기 68201 - 3970
근로자의 퇴직은 근로계약의 종료를 의미하는 것으로서 퇴직일은 근로기준법 제34조에 규정한 계속근로연수에 포함되지 아니하는 것이 타당하다.
근로자가 당일 소정 근로를 제공한 후 사용자에게 퇴직의 의사표시를 행하여 사용자가 이를 즉시 수리하였더라도 "근로를 제공한 날은 고용 종속관계가 유지되는 기간"으로 보아야 하므로 별도의 특약이 없는 한 그다음 날을 퇴직일로 간주한다. 즉, 마지막 근무를 한 다음 날이 퇴직일이 된다.

월 마지막 주 금요일에 퇴직하는 근로자 중 예를 들어 2023년 9월 29일(금)까지 출근하고 퇴직하는 경우와 2023년 6월 30일(금)까지 출근하고 퇴직하는 경우, 실무적으로 2023년 9월 29일(금)의 경우 2023년 9월 30일(토)까지 근무한 것으로 간주하여 9월 급여를 전액 지급하고 있으며, 2023년 6월 30일(금)의 경우 2023년 6월 30일(금) 출근하고 퇴직한 경우는 실질적으로 출근한 마지막 날이 30일(금)이므로 6월 급여를 전액 지급하고 있는데, 이 경우 매월 마지막 주 근무일이 며칠인지? 어느 요일인지? 에 따라 실질적으로 근무하지 않더라도 1일의 급여를 지급하는 경우가 발생하는바 퇴직일의 원칙과 예외에 대해서 살펴보도록 하겠다.

⚭ 원칙

월말 마지막 주 최종 근로제공일인 금요일(2023년 9월 29일(금))까지는 근로를 제공하여 이날까지 근무한 것에 대한 월 급여는 일할계산(29일분) 하여 지급하는 것이 원칙이며, 익일인 토요일(2023년 9월 30일(토))의 경우 단지 퇴직일에 불과하고 고용관계가 유지되는 기간이 아니므로 임금 지급의무는 없다고 할 것이다.

⚭ 예외

그러나 실무적인 처리에서는 관행적으로 퇴직자가 월말 마지막 주 금요일(2023년 9월 29일(금))까지 근무하고 퇴직하는 경우임에도 불구하고 회사에서는 2023년 9월 30일(토)까지 근무한 것으로 간주하여, 퇴직 처리함에 따라 30일분의 월급을 지급하는 것은 유리 조건 우선원칙에 의거 법적 위반사항에는 해당하지 않는다.

2 주휴수당 지급

근로기준법 제55조에 의하면 주 소정근로일을 개근한 근로자에게 1일의 유급 주휴수당을 지급하도록 규정되어 있다.

일반사업장의 경우 주휴일이 일요일이므로, 주휴수당은 해당주의 소정근로일을 만근하였을 경우 일요일을 유급휴일로 하여 주휴수당이 발생하게 된다.

그러나 퇴사일이란 근로 계약관계가 종료된 날을 말한다. 따라서 금요일까지 실제 근로를 제공했다면 퇴직일은 마지막 근로일의 다음날인 토요일이다. 이런 경우 금요일까지 근로 제공에 대한 임금이 지급(월말 마지막 주 금요일의 경우 관행적으로 1달 전액 지급)되어야 하며, 퇴직금 계산을 위한 평균임금 역시 마지막 근로일(금요일)까지의 근로 제공에 대한 대가로서의 임금까지 계산한다. 퇴직일인 토요일 이후에는 근로 계약관계가 성립되지 않으므로 임금(주휴수당)이 발생하지 않는다.

따라서, 금요일이 마지막 근로일의 경우 퇴사일은 토요일이 되므로 주휴수당은 발생하지 않는다. 다만, 퇴사일이 월요일이 될 경우는 주휴수당이 발생한다.

사례

2023년 9월 29일까지 근무하고 퇴직하는 경우 실무적 관행에 따라 급여는 9월분 급여 전액이 지급될 수 있으나 주휴수당은 지급되지 않는다.

3 퇴직금과 연차수당

앞서 말한 바와 같이 퇴사일에 대한 처리방식을 취업규칙이나 근로계약에 별도로 정한 바가 없다면 해당 근로자가 마지막으로 출근하여 근로 제공한 날의 다음 날이 퇴사일이 된다.

따라서 주 소정근로시간이 40시간이며, 주휴일이 일요일인 사업장에 해당 근로자가 금요일까지 출근하여 근로를 제공하였을 때는 토요일이 퇴사일이 된다. 또한, 주휴일을 부여하는 시점에서 근로계약 관계가 유지되고 있지 않은 만큼 별도의 정함이 없다면 해당 주에는 주휴일을 부여할 의무는 없다.

퇴직금 산정 시 계속근로기간 역시 동일하게 마지막으로 출근한 다음 날을 퇴사일로 하여 계속근로기간이 1년인지 여부를 확인하면 된다. 가령, 1월 1일 입사 근로자의 경우 12월 31일까지 근로를 제공했다면 해당 근로자의 퇴사일을 1월 1일이 되며 1월 1일~12월 31일까지 계속근로기간이 1년 이상이 되기 때문에 퇴직금을 지급받을 수 있게 된다. 반면 1월 2일 입사 근로자의 경우 12월 31일까지 근로를 제공했다면, 해당 근로자의 퇴사일을 1월 1일이 되며 1월 2일~12월 31일까지 계속근로기간이 1년에서 하루가 모자라 퇴직금을 받을 수 없다.

사례

2022년 9월 30일 입사, 2023년 9월 29일(금요일)까지 근무 후 퇴사 시 퇴직금을 받을 수 있을까요? 30일(토), 10월 1일(일)이 주말인데 9월 100% 급여를 받나요? 그럼 퇴사일이 30일인가요?

근로자퇴직급여보장법에 따른 법정 퇴직금은

① 근로기준법상 근로자로 근무를 해야 하며,

② 퇴직일을 기준으로 역산하여 4주 평균으로 1주 소정근로시간이 15시간 이상인 기간이

③ 근로 단절 없이 1년 이상이 되는 경우 해당 기간에 대해서 퇴직금이 발생하게 된다.

근로조건, 근로 내역이 위 요건을 모두 충족한다면 퇴직금 지급 대상에 해당한다.

퇴직일자에 대해 별도의 합의(예 : 9월 30일자 퇴직 등)를 하지 않는다면, 마지막 근로일 다음 날이 퇴직일에 해당(9월 30일)하므로, 9월 29일 자(딱 1년이 되어, 법적 퇴직금은 지급 대상, 연차수당은 1년 + 1일이 되어야 지급 대상)로 퇴직을 하게 되며, 이 경우 사용자가 9월 30일의 임금을 지급하지 않더라도 법 위반은 아니다.

사례

2022년 9월 30일 입사, 2023년 9월 29일(금요일)까지 근무 후 퇴사 시 연차수당을 받을 수 있을까요? 30일(토), 1(일)일이 주말

해설

퇴직일자에 대해 별도의 합의를 하지 않는다면, 마지막 근로일 다음 날이 퇴직일에 해당하므로, 9월 29일 자로 퇴직을 하게 되며 이 경우 연차휴가는 발생하지 않고 수당도 발생하지 않는다.

2022년 9월 30일부터 2023년 9월 30일까지 근무 시 1년 + 1일을 근무한 것으로, 출근 의무 일의 80% 이상 근무 시는 15일의 연차휴가가 발생한다.

그러나 2023년 9월 29일까지 근무 후 퇴사 시에는 9월 30일이 퇴사일로 1일 차이로 연차휴가가 발생하지 않는다(연차휴가 조건은 1년 + 1일로 366일 근무조건이다.). 물론 퇴직금은 발생한다.

그러나 회사에서 지급한다고 해서 법 위반에 해당하지는 않는다(예외).

퇴직연금의 실무 처리와
퇴직연금을 받는 방법

퇴직급여 수령과 연금계좌 이전 절차

퇴직급여를 연금으로 받으려면 IRP 혹은 연금저축을 활용해야 한다. 자금 운용 제한이나 퇴직급여 인출방식에 차이가 있으므로 자세히 살펴보고, 본인의 성향이나 향후 자금계획에 좀 더 적합한 상품을 선택하면 된다. 또한, IRP와 연금저축은 연금 수령 요건을 갖춘 이후라면 불이익 없이 서로 계좌 이전이 가능하다.

퇴직급여는 퇴직연금 가입 여부와 퇴직금 종류에 따라 각기 다른 방법으로 수령할 수 있다.

우선 퇴직연금 가입자의 경우 퇴직 시 법정 퇴직금 전액이 IRP로 이전되는 것이 원칙이다. 다만 55세 이상인 경우 본인의 선택에 따라서 현금으로 받는 것도 가능하다. 현금으로 받으면 퇴직소득세를 원천징수하고 남은 금액을 수령하게 된다. 이렇게 퇴직급여를 현금으로 한 번에 받았더라도 나중에 다시 연금으로 받고 싶어진다면 퇴직급여 수령 후 60일 이내에 개인형 퇴직연금(IRP)에 재입금할 수 있다. 이때 냈던 퇴직소득세는 환급받는다. 이 과정에서 받은 퇴직급여 중 일부만 입금할 수도 있는데, 그럴경우 퇴직소득세도 해당 비율만큼만 돌려받는다.

퇴직연금에 가입하지 않은 근로자는 퇴직급여를 IRP·연금저축으로 받거나 혹은 퇴직소득세를 원천징수 한 뒤 현금으로 수령하게 된다. 이때도 근로자가 연금으로 받고 싶다면 퇴직급여 수령 후 60일 이내에 해당 금액을 다시 IRP나 연금저축에 납입하고, 냈던 퇴직소득세를 환급받으면 된다. 명예퇴직금의 경우 퇴직연금 가입 여부나 나이와 상관없이 현금으로 수령할 수 있다.

명예퇴직금 역시 법정 퇴직금과 마찬가지로 연금으로도 받을 수 있으며, 연금계좌로의 이전 절차나 퇴직소득세 환급 방법 등은 법정 퇴직금과 동일하다.

1 퇴직연금제도에서 퇴직급여의 종류

퇴직급여는 근로자의 '퇴직 시'에 지급하는 것이 원칙이다.

퇴직 시 받는 퇴직급여의 형태는

❶ 그 간에 퇴직연금에서 쌓인 적립금을 한 번에 목돈으로 받는 일시금과

❷ 쌓인 퇴직금을 5년, 10년, 15년, 평생 등 기간과 금액을 나누어 받는 연금 중 선택할 수 있다

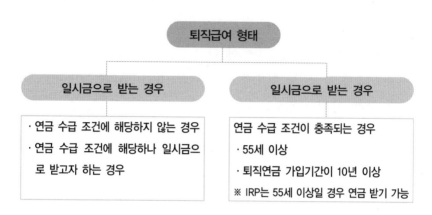

퇴직연금제도에서 연금을 받으려면 근로자가 퇴직금을 받을 때 연령이 55세 이상이면 퇴직금을 연금으로 받을 수 있다.

만일 이와 같은 요건이 충족되지 않은 경우라도 다음과 같이 연금을 받을 수 있다.

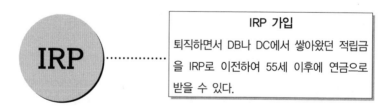

2 퇴직연금을 받는 절차

퇴직연금제도에서 55세 이상의 근로자가 퇴직할 경우 근로자는 퇴직금을 회사가 아닌 퇴직연금 사업자로부터 받는다.

근로자가 회사에 퇴직 신청을 하면 회사는 퇴직연금 사업자에게 퇴직금을 지급할 것을 지시한다.

퇴직연금사업자는 근로자의 DB 또는 DC 제도에서 운용 중인 투자상품을 매각하고, 그 금액을 퇴직급여로 지급한다.

❶ 퇴직 신청(퇴사 처리를 빨리해줘야 퇴직금이 빨리 지급됨)

❷ IRP 계좌가 만들어져 있으면 거기로, 없으면 만들어야 한다.

❸ 퇴직금 지급 지시(근로자 퇴직급여 청구서 제출)

❹ 퇴직자의 DC 계좌 내 투자상품 매도

❺ 퇴직금 입금

DB형 : 해당 금융기관의 급여지급신청서

DC형 : 퇴직 전 급여내역, 퇴직 사실 입증자료

IRP형 : IRP 통장, 신분증

3 퇴직 이전에 퇴직연금을 찾는 경우

퇴직 이전에 퇴직연금을 찾는 경우는 DC형과 IRP만 가능하다.

퇴직연금제도에서 긴급자금을 확보해야 하는 경우 중도 인출이나 담보대출을 활용할 수 있다.

중도 인출/담보대출은 법에서 대통령령으로 정한 아래와 같은 사유로만 가능하다.

❶ 무주택자인 가입자가 본인 명으로 주택을 구입하는 경우

❷ 무주택자인 가입자가 주거목적의 전세금 또는 임차보증금을 부담하는 경우

❸ 가입자, 가입자의 배우자, 가입자 또는 가입자의 배우자와 생계

를 같이하는 부양가족이 질병 또는 부상으로 6개월 이상 요양을 하는 경우

❹ 담보를 제공하는 날/중도 인출을 신청한 날로부터 역산하여 5년 이내에 근로자가 파산선고를 받거나 개인회생절차 개시 결정을 받은 경우

❺ 그밖에 천재지변 등으로 피해를 보는 등 고용노동부 장관이 정하여 고시하는 사유와 요건에 해당하는 경우

퇴직금의 중간정산 사유에는 여기에 임금피크제실시 후 임금 감소 및 근로시간 단축에 따른 퇴직금 감소가 추가된다.

🖱 중도 인출

근로자가 퇴직하지 않았는데 미리 자신의 계좌에서 적립금을 인출하는 것을 중도 인출이라고 부른다.

중도 인출은 법에서 정한 사유에 의해서만 가능하다. DB(확정급여형) 제도에서는 중도 인출이 불가능하다.

🖱 담보대출

담보대출의 사유도 중도 인출과 동일하며, 적립금의 50%까지만 담보로 할 수 있다.

현재 담보대출은 법령 근거는 있으나 세부 규정이 마련되어 있지 않아 시행되지 않는다.

4 퇴직연금을 IRP로 이전하는 방법

⌘ 근로자가 퇴직 전 금융회사를 선택해서 IRP에 가입한 경우

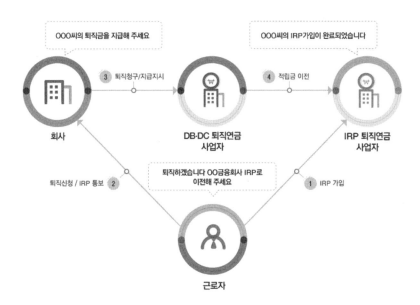

1. IRP 가입

근로자가 원하는 금융회사에 IRP 계좌를 신설한다.

(계약서 및 가입 서류 작성) IRP 퇴직연금 사업자는 가입자에게 가입확인서를 제공한다.

2. 퇴직 신청 / IRP 통보

근로자가 회사에 퇴직 신청을 한다. 퇴직신청서 작성 시 가입한 IRP(계약번호)를 기재한다.

3. 퇴직 청구 / 지급 지시

회사는 퇴직을 확인하고 근로자가 가입된 퇴직연금 사업자에 퇴직금 청구를 한다.

4. 적립금 이전

퇴직연금 사업자는 근로자가 개설한 IRP 계좌로 퇴직금을 이전한다. (이때, DC 가입자의 경우 투자하던 상품 그대로 이전할 수도 있다. 단, DC 퇴직연금 사업자와 IRP 사업자가 동일한 경우에 한한다.)

퇴직 시까지 IRP에 가입하지 않은 경우

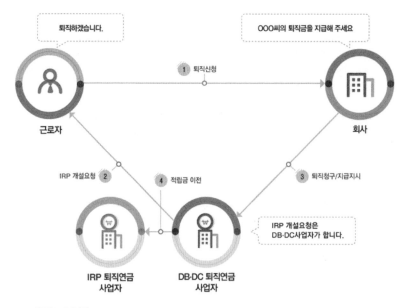

1. 퇴직 신청

근로자가 회사에 퇴직 신청을 한다.

2. IRP 개설 요청

근로자가 퇴직 청구서에 IRP 계좌를 정하지 않았으면 규약에 미리 정한 해당 퇴직연금 사업자의 IRP 계좌로 이전되므로, 해당 사업자가 근로자에 IRP 개설을 요청한다.

3. 퇴직 청구 / 지급 지시

회사는 퇴직을 확인하고 퇴직금 청구를 한다.

4. 적립금 이전

퇴직연금 사업자가 근로자의 IRP 계좌로 퇴직금을 이전한다.
IRP 퇴직연금 사업자는 가입자에게 가입확인서를 제공한다.

5 퇴직연금 사업자 이전이 가능한가?

계약이전은 퇴직연금 사업자변경, 즉 A 금융기관에서 B 금융기관으로 바꾸는 것, 혹은 추가로 선정하는 것을 말한다.

회사의 모든 근로자를 대상으로 사업자를 변경할 수도 있고, 일부의 근로자만 다른 사업자로 옮기는 것도 가능하다.

계약이전은 제도의 중단이나 폐지와는 달리 금융기관은 바뀌지만, 원칙적으로 제도의 내용, 가입자의 정보 등이 그대로 A 금융기관에서 B 금융기관으로 이관되어 제도가 운영·유지된다는 점이 특징이다.

자세한 서류 등 방법을 이전하고자 하는 금융기관에 문의하면 된다.

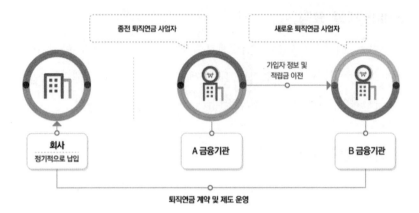

합법적으로 세금폭탄을 막아주는 경리·회계·노무·세금

확정기여형 퇴직연금제도 (DC형) 연금 추가 납입

DC형과 DB형 중 추가 납입이 가능한 것은 DC형이며, DB형은 DC형으로 전환하지 않는 이상 추가 납입이 불가능하다.

예를 들어 직원 중 한 명의 급여가 다음과 같은 경우

급여명세서	
구 분	금 액
기본급	1,800,000원
연장근로	20,151원
휴일근로	161,204원
월 고정상여	169,290원
제 수당	66,580원
고정 비과세항목	300,000원
출장비	75,000원
총합계액	2,196,045원

근로자퇴직급여보장법 제20조 제1항에 따라 확정기여형 퇴직연금 (DC형) 제도의 경우 사용자는 가입자의 연간 임금 총액의 12분의 1 이상에 해당하는 부담금을 현금으로 확정기여형 퇴직연금 제도 계정 에 납입 해야 한다.

임금 항목을 기준으로 기본급과 연장근로, 휴일근로, 월 고정 상여, 제 수당, 고정 비과세항목을 더한 월 급여액을 기준으로 연간 총액 을 산정하여 이를 12개월로 나누어 12분에 1에 해당하는 금액을 퇴 직연금 부담금으로 해당 근로자의 퇴직연금 계좌에 불입 해야 한다. 일반적으로 초과근로의 많고 적음에 따라 월급여액이 달라질 수 있 는 만큼 12개월분을 개략적으로 정산하여 미리 납부하고 추후 해당 근로자의 초과근로의 많고 적음에 따라 추가로 연간 임금 총액이 늘 어날 때 이를 추가로 내야 한다.

출장비의 경우 출장에 따른 경비를 실비변상한 것이라면 이는 임금 액에서 제외된다고 봐야 하지만, 출장 여부와 무관하게 고정적으로 지급하는 수당이라면 이를 연간 임금 총액에 포함시킨다.

퇴직연금을 적게 또는 많이 납부한 경우

확정급여형(DB형) 퇴직연금은 회사가 퇴직연금 계좌에 불입한 금액과 관계없이 근로 자가 실제로 퇴직할 때 받게 되는 금액은 법정 퇴직금과 같은 금액이 되며, 퇴직연금 불입액의 잔액이 부족하면 차액을 회사에서 추가 지급하고, 퇴직연금 잔액이 법정 퇴 직금을 초과할 경우 그 초과 금액은 다시 회사에 귀속된다.

이에 반해 확정기여형(DC형) 퇴직연금은, 근로자가 지급받는 연간 임금 총액의 1/12 이상을 회사는 매년 1회 이상의 기일을 정하여 퇴직연금계좌로 납입하고, 이렇게 납입 된 금액을 퇴직연금 상품을 운용하는 금융기관에서 운용하여, 수익이 날 경우 그 수익금, 손실이 날 경우 그 손실에 대한 부담 모두 근로자에게 귀속되고, 회사는 퇴직연금 계좌에 납입한 연간 임금 총액의 1/12 이상을 제때 납입하는 것으로 퇴직금 지급 의무는 다한다. 만일 가입되어 있던 퇴직연금 상품이 DB형이라면, 법정 퇴직금과의 차액을 회사에 추가로 청구하여 받을 수 있겠지만, DC형 퇴직연금 상품이라면 법정퇴직금을 초과하든 미달하든, 회사에 추가로 퇴직금을 청구할 수는 없다.

다만, DC형이라 해도 회사가 납입 해야 할 퇴직연금액보다 적게 납입한 경우, 납입되지 않은 차액에 대해서는 회사를 상대로 청구할 수 있으며, 회사는 납입기한이 지난 만큼, 퇴직연금 상품의 약관에서 정한 내용에 따라 가산금을 합산하여 납입해야 한다.

출산휴가 및 육아휴직기간 중 DC형 퇴직연금 납입 문제

근로기준법상 출산휴가기간 및 육아휴직기간은 법정 퇴직금 산정에 있어 대상 기간인 계속 근무연수에 포함되어야 한다.

퇴직연금은 법정 퇴직금에 갈음하는 제도이며, 출산휴가 및 육아휴직 실시로 인해 근로자에게 불이익한 조치를 취할 수 없고, 퇴직연금 중 DB형 퇴직연금의 경우에는 출산휴가기간이나 육아휴직기간과 관계없이 실제로 퇴직하는 시점에서 평균임금을 산정하여 법정 퇴직금 이상의 금액을 지급해야 하는데, 연간 지급하는 임금 총액의 1/12 이상을 불입해야 하는 DC형 퇴직연금에 가입하였다 해서 법정 퇴직금이나 DB형 퇴직연금 가입자에 비하여 출산휴가, 육아휴직 등으로 불이익을 받아서는 안 되므로, 출산휴가기간 및 육아휴직기간에 대해서도 퇴직연금은 불입되어야 한다.

이때 불입하는 금액 기준을 어디에 둘 것인지와 관련하여, 법정 퇴직금의 기준이 되는 평균임금 산정 시, 출산휴가기간 및 육아휴직기간은 실제로 지급되는 임금이 평소와 달라지므로, 계속 근무연수에는 산입하되 평균임금 산정의 기준이 되는 마지막 3개월에서는 제외하도록 근로기준법 시행령에서 정하고 있으므로, 이러한 점에 비추어 볼 때, 연간 임금 총액의 1/12 이상을 불입하는 DC형 퇴직연금의 경우, 1년 중 출산휴가기간 및 육아휴직기간을 제외한 나머지 기간동안 지급된 연간 임금 총액을 같은 기간으로 나눈 금액을 퇴직연금 불입액으로 납입해야 한다.

출산휴가기간 중 지급된 임금을 제외한 연간 임금 총액 ÷ (12 − 출산휴가기간)

상여금(경영성과금)의 퇴직연금 불입

사전에 정해진 금액을 정기적으로 지급하는 상여금은 퇴직급여 산정의 기초가 되는 근로자 평균임금 및 임금 총액에 포함되지만, 비정기적이고 금액이 정해지지 않은 경영성과금은 그렇지 않다. 또한, DC형 퇴직연금 가입자는 경영성과금을 퇴직연금계좌에 넣을 수 있다.

정기적 급여 형태의 상여금은 퇴직금 제도나 DB형 퇴직연금제도에서 퇴직급여 산정의 기초가 되는 평균임금에 포함된다.

DC형 퇴직연금 가입 근로자라고 하더라도 정기적인 상여금은 퇴직금 산정에 영향을 미친다.

DC형 퇴직연금을 운영 중인 회사는 근로자의 퇴직연금계좌에 연간 임금 총액의 12분의 1 이상을 납입해야 하는데, 이때 정기적인 상여금은 연간 임금 총액에 포함해 계산해야 한다.

정기적인 상여금과는 별도로 지급시기나 금액 등이 사전에 정해져 있지 않은 비정기적 성과금도 있다. 그해 경영 실적에 따라 대표이사의 재량으로 지급하는 경영성과금이 대표적이다. 이러한 비정기적인 성과금은 퇴직금 제도나 DB형 퇴직연금 제도에서의 평균임금에 포함되지 않으며, DC형 퇴직연금 회사 납입금액의 기초가 되는 연간 임금 총액에도 포함되지 않는다.

경영성과금(상여금) 퇴직연금 납입율은 노사 합의 사항이다.

DC형 퇴직연금 가입자만 경영성과급을 퇴직연금에 적립할 수 있다. 퇴직연금에 가입하지 않았거나 DB형 퇴직연금에 가입한 근로자의 경우 자기 이름으로 된 퇴직연금계좌가 없으므로 경영성과급을 이체하고 싶어도 할 수가 없다.

경영성과금도 DC형 퇴직연금 도입 사업장 근로자의 경우 원한다면 퇴직연금 계좌에 납입할 수 있다. 이 경우 나중에 이 금액을 수령할 때 근로소득세 대신 퇴직소득세 또는 연금소득세가 부과된다. 또한, 사업장 퇴직연금 규약에 경영성과금 납입을 노사 간 합의로 명시해야 하고, DC형 퇴직연금 가입자 모두에게 회사 규약에 정해진 비율대로 경영성과금을 적립해야 한다.

다만 퇴직연금계좌에 경영성과금 납입을 원치 않는 근로자는 이 제도의 최초 적용 시 혹은 경영성과금 납입 비율 변경 시에 제도 적용을 거절할 수 있다.

퇴직급여제도 가입대상이 되는 근로자 전원을 적립 대상으로 지정해야 한다. 물론 모든 근로자가 무조건 경영성과급을 퇴직연금으로 적립해야 하는 것은 아니며, 경영성과급을 퇴직급여로 적립하지 않고 즉시 수령하고 싶은 근로자가 있다면 최초로 제도를 시행한 날이나 규칙을 변경한 날에 적립하지 않겠다고 선택하면 된다.

임금 상승률이 높은 회사에서 경영성과급을 퇴직연금에 적립하려면 근로자가 DB형과 DC형 퇴직연금에 동시에 가입할 수 있는 혼합형 제도를 설정해 근로자가 매년 발생하는 퇴직급여를 DB형과 DC형에 나눠서 적립하도록 한다.

단, 혼합형 제도에서 DB형과 DC형의 혼합비율은 모든 근로자에게 동일한 비율로 설정해야 하며, 한 회사에서 혼합형 비율은 하나의 비율만 존재한다. 근로자가 개별적으로 적립 비율을 선택할 수 없다.

회사는 향후 혼합비율을 변경할 수 있는데, 이때는 DC형 적립 비율을 증대하는 방향으로만 가능하다. 따라서 임금 상승률이 높은 회사는 혼합형 제도를 설정하면서 DB형 적립 비율을 높게 설정하면 DB형이 갖는 장점은 살리면서 경영성과급 또한 DC형 퇴직계좌에 적립할 수 있다.

상여금과 성과급의 차이

상여금은 법령에 정함이 없으므로 의무적으로 지급해야 하는 것은 아니다. 따라서 지급여부, 지급조건, 지급대상, 지급방법 등에 대해서는 취업규칙이나 단체협약 등에서 정할 수 있다.

최근 상여금의 임금성 해당 여부에 대해서 판례가 증가하고 있다. 즉, 정기적, 일률적, 고정적으로 지급하는 상여금의 경우 통상임금으로 인정되는 추세에 있다.

반면 성과급은 개인 혹은 경영 실적에 따라 변동적으로 지급되는 임금을 말한다.

일명 보너스라고 부르는 상여금은 일정기간 단위로 고정적으로 지급하는 것이 관례였다. 취업규칙 등에서 정해진 경우 상여금을 지급할 수 있다. 반면 성과급은 근로자 개인이나 집단의 업무 실적에 따라 차등 지급되는 업적 성과급과 경영성과에 따라 지급되는 경영성과급으로 나눌 수 있다.

퇴직연금은
중도 인출이 가능한가?

확정급여형(DB형) 퇴직연금을 제외한 퇴직금, 확정기여형(DC 형) 퇴직연금, 개인형 퇴직연금(IRP)은 일정한 조건을 충족할 경우 중간정산 혹은 중도인출이 가능하다. 이 경우 퇴직소득세 혹은 기타소득세가 부과되지만, 부득이한 사유일 경우는 연금소득세가 과세된다.

퇴직연금이 아닌 기존 퇴직금 제도에 가입된 경우 주택구입이나 요양과 같이 '근로자퇴직급여보장법시행령'에 규정한 중간정산 사유에 해당하면 퇴직금 중간정산이 가능하다. 이때 중간 정산한 퇴직금에 대해서는 퇴직소득세가 부과된다.

하지만 확정급여형(DB형) 퇴직연금 가입자의 경우에는 중간정산 자체가 불가능하다. 다만 확정기여형(DC형) 퇴직연금 가입자만 근퇴법상 중도인출 사유에 해당할 때는 중도인출이 가능한데, 이때 이 금액에 대해서도 퇴직소득세를 납부해야 한다.

DB형 퇴직연금 가입자가 DC형으로 전환하면 중도인출이 가능하다. 근퇴법상의 중도인출 사유는 무주택자의 주택 구입과 전세·임차보증금 부담, 근로자 또는 부양가족의 6개월 이상 요양, 가입자 파산선고 또는 개인회생절차 개시, 천재지변으로 발생한 피해 등이 있다. 퇴직금의 중간정산 사유에는 여기에 임금피크제실시 후 임금 감소 및 근로시간 단축에 따른 퇴직금 감소가 추가된다.

DC형 가입자뿐만 아니라 IRP 계좌에 이체한 퇴직금이나 적립금도 위의 사유에 해당하면 중도 인출할 수 있다. 이때 근퇴법에 따라 중도 인출하거나, 아니면 아예 IRP를 해지할 때 '소득세법상 부득이한 사유'에 해당하는지에 따라 세금이 달라진다. 소득세법에서는 부득이하게 IRP 적립금을 인출 또는 해지하는 경우는 '연금소득'으로 인정해주는 혜택이 있다.

소득세법상의 부득이한 인출 사유는 사망, 해외 이주, 본인 또는 부양가족의 3개월 이상 요양, 가입자 파산선고 또는 개인회생 절차 개시, 연금계좌 취급자의 영업 정지, 인허가 취소, 파산선고, 천재지변으로 발생한 피해 등이 해당한다.

임원에 대한 업무처리

1 임원은 근로자인가? 사용자인가?

임원은 일반적으로 사용자에 해당한다.

그러나 간혹 명칭만 임원이고 실질적으로는 근로자인 경우가 있다. 이를 구분하는 기준은 명칭보다도 회사로부터 일정한 사무처리의 위임을 받고 독립적으로 업무를 수행하는가? 가 근로자와 사용자의 구분기준이다. 즉, 회사로부터 위탁받은 업무에 대해 회사의 지휘·감독 없이 독립적으로 목표를 세우고 실행하며, 평가해서 회사와 정한 결과를 만들어내는 경우 사용자이고, 업무에 대해서 회사의 지휘·감독을 받는 경우 근로자이다.

임원이 근로자로 인정될 경우는 근로기준법이 적용되어, 혹시라도 그동안 지급되지 않은 각종 법정수당 등이 지급되어야 한다. 반면 사용자로 판단되면 정관, 주총, 이사회, 상법 등이 적용되어, 적법하게 임원으로 선임되었는지 검토되고 부적법 한 경우 법적 조치가 취해질 수 있다.

임원의 경우 개략적인 업무처리 방법을 요약해보면 다음과 같다.

구 분	업무처리
기본	근로기준법 등을 적용받지 않기 때문에 (프리랜서와 비슷) '보수 (연봉), 연차휴가, 퇴직금, 4대 보험, 복리후생 등'이 달라진다.
보수총액	정관·주총에서 정한 바에 의한다.
상여금	정관·주총에서 정한 바에 의한다.
연차휴가 및 수당	지급 의무가 없으며, 정관·이사회 등에서 정한 바에 의한다.
4대 보험	국민연금(O), 건강보험(O), 산재보험(X), 고용보험(X)
그 외 복리후생	품위유지 중심의 복리후생(차량 등)
퇴직금	법정 퇴직금은 없다, 정관·주총에서 정확한 금액을 정한 바에 의한다.

2 임원과 관련한 노무상 문제와 처리 방법

임원과 관련해서 실제로 노무 이슈가 발생할 때가 있다.

회사의 모든 직원이 (심지어 인사팀 포함) 임원이라고 생각한 직원이 퇴직 후에 시간외수당, 연차수당, 퇴직금 등과 관련 임금체불 신고를 하는 경우이다. 이런 경우는 실제로 발생한다.

이 경우 해당 직원에 대한 인사상 문제점은

❶ 임원으로 발령 난 시점에 직원으로서 퇴사 처리 안 하고, 임원으로 승진처리만 한 경우

❷ 임원으로 대우는 해주었으나(직급, 복지, 처우 등), 업무상 독립성 부족. 각종 업무지시의 메일, 메신저 기록 등

❸ 임원으로 오판하여 실질이 근로자임에도 각종 법정수당 미지급

이 같은 경우로 노무 이슈가 발생한 경우 회사가 이길 확률이 상당

히 낮다. 최대한 원만하게 해결하는 방법은 합의하는 것이다.

따라서 이와 같은 문제점을 사전에 방지하기 위해서는

① 근로자로서 퇴직 처리(퇴직금 등 모든 부분) ➡ 정관 개정 ➡ 임원 계약(임원 위촉, 위탁, 선임 등 계약)

② 업무지시가 필요할 때는 대면하여 지시한다.

③ 퇴직금, 위로금 등을 부족하지 않게 챙겨준다.

④ 모든 이슈의 90%는 사람과의 관계에서 발생한다. 최대한 관계를 좋게 하여 퇴사 처리한다.

3 임원과 회사의 관계

임원과 회사는 근로관계에 있는 것이 아니라 위임관계에 있다. 위임관계에서 수임인은 특별한 약정이 없으면 위임인에게 보수를 청구하지 못한다(민법 제686조 제1항).

하지만 임원이 보수를 받지 않고 근무를 하는 것은 회사가 초창기로 자금 사정이 어렵다는 등 특별한 사정이 있지 않으면 이례적이고, 실제로 이사는 월급, 상여금 또는 연봉의 개념으로 각종 보수를 수령하고 있다.

4 대표이사 등 임원은 무보수가 가능한가?

🖰 자격

대표, 이사, 감사가 달리 하는 일이 없어도 꼭 급여를 줘야 하는지 문의하는 경우가 많다. 그 사람이 월급을 받기 위해 경영주의 명령에 따라 일하는 사람이라면(= 근로자, 직원) 대표, 이사, 감사라는 직함을 불문하고 반드시 급여를 지급해야 한다.

반면에 임원으로 이름만 빌려주고 전혀 근무하지 않거나, 상호 대등한 동업자의 경우 등 직원으로 볼 수 없는 상황이라면 급여를 주지 않아도 된다.

✍ 정관 규정

대표, 이사, 감사가 무보수로 일한다는 내용을 정관에 넣을 수 있다. 그러나 판례에 따라 정관에 무보수 규정을 추가하더라도 실질적으로 근로자에 해당하는 대표, 이사, 감사에게는 급여를 줘야 한다.

5 각종 법에서 규정하는 임원의 범위

✍ 상법에서의 임원

상법에서 말하는 임원이란 '주주총회에서 선임된 이사와 감사'를 말한다. 반드시 등기된 이사와 감사일 필요는 없다.

상법에서 말하는 임원을 서류상 확인하는 방법은 법인등기부 등본에 아주 명확히 명시되어 있다.

✍ 법인세법에서의 임원

법인세법에서 말하는 임원은 상법에서 말하는 임원보다는 그 범위가 넓으며, 조금 더 복잡하다.

❶ 법인의 회장, 사장, 부사장, 이사장, 대표이사, 전무이사 및 상무이사 등 이사회의 구성원 전원과 청산인

❷ 합명회사, 합자회사 및 유한회사의 업무집행사원 또는 이사

❸ 유한책임회사의 업무집행자

❹ 감사

❺ 그 밖에 ❶부터 ❹까지의 규정에 준하는 직무에 종사하는 자

법인세법에서 임원으로 정의되어있는 항목을 보면 ❹번까지는 상법이랑 큰 차이가 없어 보인다.

그러나 상법과는 다르게 모호한 표현이 바로 ❺번 항목이다. 이 항목은 어느 하나의 직급만을 의미하는 것이 아니기 때문에 법인마다 담당하는 업무 등에 따라 임원에 해당할 수도 있고 그렇지 않을 수도 있다.

법인세법에서 등장하는 또 하나의 임원의 구분이 '비상근임원'이라는 표현이다. 즉, 상근(날마다 일정한 시간에 출근하여 정해진 시간 동안 근무함)하지 않는 임원이라는 뜻으로, 근로자를 기준으로 비유하면 정해진 날과 시간만 근무하는 비정규직을 말한다.

그러나 임원에게 적용되는 경우는 근무 형태로 해석하기보다는 담당하고 있는 업무로 해석하는 것이 타당할 것이다.

예를 들어, 감사, 고문의 경우 날마다 출근하여 업무를 담당하는 것이 아니라 관련된 업무가 있을 때마다 처리하면 되기 때문에 매일 출근할 필요는 없는 것이다.

법인세법에서 비상근임원에 대해서 언급하는 중요한 이유는 비상근임원에게는 보수를 지급할 수 없고, 4대 보험도 가입할 수 없다고 오해할 수가 있기 때문이다. 비상근임원에게도 당연히 보수를 지급할 수 있으며, 보수가 지급되었으면 4대 보험도 가입해야 한다.

🖱 근로기준법상 임원

근로기준법에서 말하는 임원의 정의는 상법에서 말하는 임원의 정의와 일맥상통한다. 즉, 주주총회에서 선임된 등기이사 및 등기 감사를 임원으로 규정하고 있다. 상법에서 말하는 임원과의 차이가 있다면 '등기'다.

간혹, 임원으로 근무하다가 퇴직금을 받지 못했다고 고용노동부에 민원을 제기하는 예가 있다. 임원은 기본적으로 퇴직금을 지급할 의무가 없지만 이와 같은 민원이 현장에서는 상당히 많이 발생하고 있는 것이 사실이다. 이때 고용노동부에서 가장 먼저 판단하는 근거는 '등기 여부'이다. 등기된 경우는 임원으로 판정하기 때문에 퇴직금을 지급할 수 없다고 보는 것이다.

사업자를 위하여 행위 하는 자에 대한 업무적 판단기준이 모호하기 따라서 문서로 명확히 표현된 등기부등본에 등재된 경우로 판단한다고 보면 될 것이다. 물론, 본인이 무늬만 임원이고, 실질적인 관계가 근로자였다는 점을 서류로써 증명할 수 있다면 근로자로 판명받아 근로기준법에 의한 퇴직금을 받을 수 있다.

법인등기부등본에 등재된 이사 또는 감사인 임원은 4대 보험 중 건강보험과 국민연금 가입에 대해서는 아무런 제약이 없지만, 고용보험과 산재보험에 대해서는 가입이 제한되며, 가입하려고 하면 여러 가지 까다로운 조건들을 소명해야만 가입할 수가 있는 것이다.

6 임원의 급여 결정

상법 제388조는 "이사의 보수를 정관에서 정하지 않은 때에는 주주총회가 정한다."고 규정하고 있다. 정관 변경은 비용과 시간이 많이 들어 실무는 정관에서 주주총회가 이사의 보수를 결정하도록 위임하고 있다. 감사의 경우도 같다.

정관에 구체적인 액수를 기재하면 아무리 소액이라도 이사의 보수를 변경할 때마다 정관을 수정해야 한다. 또한, 정관은 누구나 열람할 수 있어 일반 근로자도 임원의 보수를 확인할 수 있다. 따라서 실무상 정관 규정은 이사에게 지급할 보수의 한도액만 결의하고, 구체적인 보수는 주주총회에 위임하는 경우가 대부분이다.

정기주주총회에서 매번 별도로 임원 보수를 결의할 필요는 없다. 임원의 보수가 포함된 작년도 재무제표의 승인을 결의하는 것으로 충분하다.

간혹 이사회나 대표이사가 단독으로 임원의 보수를 결정하는 때가 있다.

그러나 상법상 정관 또는 주주총회에서 정하지 않고 지급한 이사의 보수는 효력이 없다. 따라서 이 경우 이사의 보수는 부당이득에 해당하여 회사에 반환해야 한다.

7 임원의 상여금 결정

상여금은 퇴직금과 마찬가지로 정관에 명시되어 있어야 하며, 정관 규정이 없는 경우 주주총회 결의로 결정한다. 정관이나 주주총회의사록에 지급 근거가 없다면 상여금 지급을 비용으로 처리할 수 없다.

⚙ 이익처분에 의한 임원 상여금 손금불산입

① 정관 이익처분에 의한 상여금 지급 항목 수정

임원상여금에 대하여 이익처분으로 오해받는 가장 결정적인 사항은 정관에 기재되어 있다. 정관에 임원상여금을 이익처분에 따라서 지급하게 되어있기 때문이다. 정관은 상법의 규정을 적용하여 작성하다 보니 간혹 세법과 충돌이 되는 부분들이 있다. 임원상여금 항목이 대표적인 내용이다. 아직도 정관에 임원상여금을 이익처분에 따라서 지급하게 되어있는 법인은 하루빨리 정관을 수정해야 문제가 되지 않는다.

② 오해의 소지가 있는 상여금 규정 수정 보완

임원상여금의 내용에는 누가 봐도 이익처분으로 오해할 수 있는 규정으로 되어있는 법인들이 생각보다 많이 있다.

특히, 주주 겸 임원인 법인이라면 100% 이익처분으로 해석할 수밖에 없다. 이와 같은 법인 역시 임원상여금 규정을 수정 보완할 필요가 있다.

⚙ 규정 없이 지급한 임원 상여금 손금불산입

① 규정이 없는 경우

임원의 퇴직금은 규정이 없는 경우라도 "최근 1년 동안 지급한 총급여액의 1/10"은 손금산입한다. 그러나 임원의 상여금은 규정 없이 지급한 경우 단 10원도 손금산입시키지 않는다. 따라서 규정이 있고, 없고의 차이는 하늘과 땅 차이이다. 또한, 규정은 있으나 규정이 없는 것으로 해석할 수 있는 규정들이 있다.

🐭 규정을 초과하여 지급한 경우

과세 관청에서 인정하는 임원상여금 지급 규정이 있으나 그 규정을 초과하여 지급하는 상여금은 당연히 손금불산입 된다. 당연한 얘기를 하는 이유는 간혹, 임원상여금 지급 규정을 확인하지 않고 상여금을 지급하여 뒤통수를 맞는 법인이 있으므로 상기시키기 위해서 짚고 넘어가는 것이다.

🐭 취업규칙에 임원 상여금 내용이 있는 경우

임원도 근로자라고 판단하여 임원상여금 규정이 근로자의 취업규칙에 명시되어 있는 법인이 있다. 이런 경우 법인세법 근거를 들어 부인하면 반박할 자료가 부족하다.

법인세법에는 명확히 명시되어 있다. "정관, 주주총회, 사원총회 또는 이사회 결의"에 의하여 제정된 규정을 인정하고 있다. 이런 경우 부인당하면 법인입장에서는 억울할 수밖에 없다.

🐭 임원 상여금 규정만 있는 경우

이 역시 억울할 수 있지만, 정관, 주주총회, 이사회 등에서 결의하지 않고, 임원상여금 규정만 가지고 있는 경우 역시 오해의 소지가 있는 규정이라고 생각하면 된다. 너무 글자 그대로 해석한다고 생각할지 모르지만 직접 조사를 받아 보면 그런 소리 못할 것이다.

문제의 소지를 만들지 말자. 수정하고 보완하면 간단할 문제를 굳이 복잡하게 만들지 말자는 뜻이다. 결론은 법인세법에 명시되어 있는 것과 같이 정관, 주주총회, 이사회 결의에 의하여 임원상여금 지급 규정을 제정하는 것이 오해의 소지를 사전에 막는 길이라는 것이다.

⑩ 불특정 다수에게 공평하게 적용하지 않은 임원 상여금 손금불산입

잘못 이해하고 있는 부분이 불특정다수를 해석할 때 임원상여금이기 때문에 불특정 다수 임원에게 적용하지 않은 경우에만 해당한다고 생각하는 것이다. 법인세법은 임원뿐만 아니라 사용인(임원을 포함한 근로자)도 포함하고 있다. 이 세 번째 경우의 해결 방법 포인트는 "정당한 사유 없이"라는 뜻에 있다.

때문에 정당한 사유에 의하여 임원에게 차등 적용하는 규정은 인정받을 수 있다는 것이다. 정당한 사유는 여러 가지가 있겠지만, 법인마다 천차만별이기 때문에 그 법인의 상황에 가장 적합한 정당한 사유를 찾아 규정에 반영하는 것이 중요하다.

8 임원의 퇴직금 결정

임원은 근로기준법에 따른 보호를 받는 근로자가 아니다.

그러므로 원칙적으로 임원에게는 근로기준법 등 노동관계법이 적용되지 않으며, 이에 따라 임원에게 반드시 퇴직금 지급 의무가 있는 것은 아니다. 다만, 통상적으로 회사들은 정관 또는 별도의 임원 퇴직금 규정을 통해 임원의 퇴직금 지급 근거를 마련하고, 이를 근거로 퇴직금을 지급하는 경우가 많다.

그러므로 정관 또는 임원 퇴직금 규정에서 규정한 것이 있다면 그에 따라 퇴직금을 지급하여야 할 것이다.

반면, 정관 또는 별도의 규정을 통해 정한 것이 없다면, 임원에 대한 퇴직금 지급 여부 및 지급금액은 이사회를 통해서 결정될 수 있는 사항이다. 즉, 이사회 결정에 따라 지급하지 않을 수도 있다.

세법상 퇴직금에 관한 규정을 살펴보면 다음과 같다.

구 분		세무처리	손금산입
임원	2019년 12월 31일부터 소급하여 3년(2012년 1월 1일부터 2019년 12월 31일까지의 근무기간이 3년 미만인 경우는 해당 근무기간으로 한다) 동안 지급받은 총급여의 연평균환산액 $\times \dfrac{1}{10} \times \dfrac{2012년\ 1월\ 1일부터\ 2019년\ 12월\ 31일까지의\ 근무기간}{12} \times 3$ **+** 퇴직한 날부터 소급하여 3년(2020년 1월 1일부터 퇴직한 날까지의 근무기간이 3년 미만인 경우에는 해당 근무기간으로 한다) 동안 지급받은 총급여의 연평균환산액 $\times \dfrac{1}{10} \times \dfrac{2020년\ 1월\ 1일\ 이후의\ 근무기간}{12} \times 2$	퇴직소득	손금산입
❶을 초과하는 금액		근로소득	손금산입

평균급여 : 퇴직한 날부터 소급하여 3년(근무 기간이 3년 미만의 경우는 개월 수로 계산한 해당 근무 기간을 말하며, 1개월 미만의 기간이 있는 경우에는 이를 1개월로 본다)동안 지급받은 총급여의 연평균환산액

근속연수 : 1년 미만의 기간은 개월 수로 계산하며, 1개월 미만의 기간이 있는 경우에는 이를 1개월로 본다.

일반직원은 자체 퇴직급여규정과 근로기준법 중 큰 금액	퇴직소득	손금산입

제8장

경리실무자가 꼭 알아야 할 4대 보험

4대 보험 가입 여부도
선택 가능한가요?

4대 보험 가입 대상인데, 4대 보험에 가입하지 않아도 되는 경우는 법 테두리 안에서는 거의 불가능하다.

가입하지 않는 방법은 단 하나 사업주와 종업원이, 종업원으로 등록 안 하기로 상호합의를 하고, 종업원이 절대 문제 제기를 안 해야 하며, 사업주는 해당 직원에 대한 급여 세금 신고를 안 해야 한다.

이 경우 종업원은 본인이 지역가입자로 4대 보험을 부담해야 하는 결론이, 사업주는 세금 신고 때 급여에 대한 비용인정을 받지 못하게 된다.

상호 영향을 따져서 가입을 안 해서 얻는 이익이 가입함으로써 얻는 이익보다 크면 가입을 안 하고, 반대의 경우에는 가입한다.

그러나 현실적으로 이게 가능한 경우는 사업주가 종업원보다 절대적 우위에 있는 극히 일부의 소규모 사업장에서만 볼 수 있는 경우이다.

1 4대 보험에 가입 안 해도 되는 근로자가 있다.

4대 보험에 가입 안 해도 되는 근로자는 일부의 일용근로자이다.

구 분		국민연금	건강보험	고용보험	산재보험
가입기준		소득이 있으면 가입 대상		근로자이면 가입 대상	
일 용 근로자	가입대상	18세 이상 60세 미만	모든 근로자와 사용자	모든 근로자	근로자를 사용 하는 모든 사 업장
	근로일수	한 달 동안 근로일수 8일 이상		모두 가입 대상	
	의무가입	가입 대상에 해당하는 근로자가 1인 이상의 사업장			
	가입제외	한 달 동안 8일 미만 근로 또는 한 달 미만 8일 이상 근로의 경 우(당월입사, 당월퇴사) 가입 제 외		한 달 동안 60시간 미만 근로, 65세 이상	임의 적용사업장 (병원×)
단시간근로자		한 달 미만 60시간 이상(당월입사, 당월퇴사) 또는 한 달 이상 60시간 미만			모두 가입 대상

위의 표에서 보는 바와 같이 한 달 60시간 미만 근로자의 경우 4대 보험 가입을 안 해도 된다. 따라서 일부 사업주는 아르바이트를 쓰 면서 4대 보험에 가입하지 않기 위해 한 사람을 온종일 쓰는 것이 아니라 1일 2~3시간씩 쪼개서 한 달 60시간을 넘지 않는 범위 내 에서 아르바이트를 사용하기도 한다. 이와 같은 방법이 아니고는 원 칙적으로 모두 4대 보험에 가입해야 한다.

2 일용근로자는 적용되는 법률에 따라 달라진다.

근로자는 실무상으로 상용근로자와 일용근로자로 구분해서 업무처리 를 한다.

그리고 상용직의 경우 계약직을 제외한 모든 근로자를 말하므로 업무처리 상 큰 문제가 없으나 항상 업무처리에 고민할 수밖에 없게 만드는 것은 일용직이다.

그리고 일용직의 기준은 법률마다 약간의 차이가 있다. 그중 실무상 가장 많이 적용되는 세법과 4대 보험에서도 차이가 있는데, 세법에서는 같은 고용주에게 3월 이상(건설공사 종사자는 1년 이상) 계속해서 고용된 경우 일용근로자로 보지 않는다. 반면, 4대 보험 적용 시에는 일반적으로 1개월 동안 8일 이상 계속 사용되는 경우는 일용근로자로 보지 않는다. 즉, 4대 보험 적용 시 그 기간이 더 짧다고 보면 된다.

세법 적용		4대 보험 적용	
일용근로자	상용근로자	일용근로자	상용근로자
3개월 미만(건설공사 종사자는 1년 미만) 계속해서 고용되어있는 경우	3개월 이상(건설공사 종사자는 1년 이상) 계속해서 고용되어있는 경우	한 달 8일 또는 한 달 60시간 미만 근로를 제공하는 경우	한 달 8일 또는 한 달 60시간 이상 근로를 제공하는 경우
		1일 8시간 근무를 한다고 가정했을 때 8시간 × 8일 = 64시간으로 60시간 이상이 되므로 일반적으로 8일 이상 근무 시 가입 대상에 해당하는 것이다.	

참고로 많은 실무자가 세법 기준을 모든 경우에 적용해서 일용근로자는 무조건 3개월까지 가능한지 착각하는데, 이는 세법에만 적용되는 규정이지 4대 보험 등 다른 실무에서는 적용되지 않는 규정이다.

즉, 일용근로자는 모든 법에서 공통으로 그 범위를 정하고 있는 것이 아니라 그 기준이 약간씩 다르다. 4대 보험의 법률상 일용근로자는 1개월 미만 동안 고용되는 자를 말한다.

그러나 현실적으로 1월 미만 고용된 경우를 의미하는 것이 아니고, 근로계약 기간이 1일 단위 또는 1월 미만의 경우를 의미한다. 즉, 세법보다 짧다.

일용근로자와 관련해서 법률적으로 1년간 꼭 해야 할 업무

1. 일용직 근로자의 "근로내용확인신고서" 제출

일용직 근로자의 경우에는 고용 및 산재보험 신고 시 근로내용확인서를 작성해서 채용일의 다음 달 15일까지 고용노동부에 제출해야 한다. 만약 제출하지 않는 경우 고용노동부로부터 3백만 원 이하의 과태료가 부과될 수 있으니 주의해야 한다.

2. 일용근로자에 대한 임금 지급과 증빙서류

일용근로자 급여지급대장에 급여를 받는 자의 서명 및 날인을 받아두고 일용근로자의 신원을 확인할 수 있는 주민등록등본이나 주민등록증 앞·뒤 사본을 첨부해 둬야 하며, 지급 사실을 확인할 수 있는 서류(무통장 입금표 등 금융기관을 통한 지급증빙서류)를 보관한다.

3. 일용근로자 지급명세서 제출

일용근로자는 매 분기 다음 달 말일까지 일용근로자 지급명세서를 제출해야 한다.
다만, 매달 근로내용확인신고서(위 1)를 제출하는 경우 일용근로자 지급명세서를 제출하지 않아도 된다.

일용근로자(단시간 근로자)의 4대 보험 가입대상

일용근로자는 사업장에 고용된 날부터 1개월 이상 근로하고, 1개월간 근로일수가 8일 이상 또는 근로시간이 월 60시간 이상의 경우 사업장에 고용된 날부터 사업장 가입자로 적용된다. 따라서 1개월 이상 근로하고, 월 60시간 미만이라 하더라도 1개월간 8일 이상 근무한 경우 국민연금과 건강보험에 가입해야 한다.

1 국민연금과 건강보험

일용근로자가 ❶ 사업장에 고용된 날부터 1개월 이상 근로하면서, ❷ 월 8일 이상 근로 또는 ❸ 근로시간이 월 60시간 이상의 경우 국민연금과 건강보험 가입 대상이다. 단, 국민연금은 월 소득 220만원 이상일 때도 가입 대상이다(건강보험은 소득요건 없음).

1. ❶과 ❷ 요건 또는 ❶과 ❸ 요건 동시 충족 시 가입 대상
2. 다음은 가입 대상이다.
가. 한 달 이상이면서 월 8일 이상 근로한 경우
나. 한 달 이상이면서 근로시간이 월 60시간 이상의 경우는 가입 대상
따라서 1달 이상 되지만 8일 미만 또는 60시간 미만의 경우 미가입
　　　1달 미만이지만 8일 이상 또는 60시간 이상의 경우 미가입

구 분	처리내용
1개월 이상 근로	최초 근로(고용)일부터 1개월이 되는 날까지 근로하거나, 그날 이후 까지 근로한 경우 [예] 10월 27일 입사자의 경우 10월 27일~11월 26일 또는 11월 1일~11월 30일 그 이후
월 8일 이상 근로	최초 근로(고용)일부터 1개월이 되는 날까지 8일 이상 근로하거나, 익월 초일부터 말일까지 근로일수가 8일 이상인 경우 [예] 10월 27일 입사자의 경우 10월 27일~11월 26일까지 8일 이상 또는 11월 1일~11월 30일까지 8일 이상

10월 27일~11월 26일 사이에 일용직이 되는 경우 11월 26일 이후에 신고하면 된다. 이 경우 취득일은 최초 근로일이 된다. 따라서 근로 내역확인서는 10월분은 11월 15일까지, 11월분은 12월 15일까지 신고해야 한다.

2 고용보험

고용보험은 하루라도 근무하면 무조건 가입 대상이라고 보면 된다. 즉, 65세 이후에 새로이 고용된 자(고용안정/직업능력개발사업은 적용, 실업급여는 적용 제외)와 월간 소정근로시간이 60시간 미만인 근로자(1주가 15시간 미만인 자 포함)를 제외하고는 가입대상이다.

3 자격취득일과 상실일

구 분	취득 및 상실일
자격취득일	❶ 최초 근로일부터 1개월간 8일 이상 근로한 경우 : 최초 근로일 ❷ 전월 근로일(8일 미만)이 있고, 해당 월 초일부터 말일까지 8일 이상 근로한 경우 : 해당 월 초일
자격상실일	❶ 자격취득일이 속한 달의 다음 달 이후 최종 근로일이 속한 달에 월 8일 이상 근로한 경우 : 최종 근로일의 다음 날 ❷ 자격취득 후 계속적으로 가입 후 최종 근로 월 초일부터 말일까지 월 8일 미만으로 근로한 경우 : 해당 최종 월 초일(1일) (※ 사용자 및 근로자가 희망하면 최종 근로일의 다음 날로 상실 가능)

4 일용근로자의 보험료 산정 · 납부 · 정산과정

◌ 일용근로자의 월별보험료 산정

1. 일용근로자의 월별보험료는 그달에 일용근로자가 지급받은 보수총액을 월평균 보수로 보아 월별보험료를 산정하여 부과한다.

2. 그달에 일용근로자가 지급받은 보수총액은 「근로내용확인신고서」에 작성된 그달의 보수총액으로 하며, 사업주는 매월 일용근로자의 「근로내용확인신고서」를 다음 달 15일까지 고용센터 또는 근로복지공단에 제출해야 한다.

3. 근로복지공단은 「근로내용확인신고서」 상의 일용근로자 보수 및 고용정보로 그달의 보험료를 산정하여 신고서를 제출한 날이 속하는 달의 월별보험료에 합산하여 부과한다.

🐭 일용근로자의 보험료 정산 : 보수총액신고

일용근로자의 월별보험료는 「근로내용확인신고서」 에 의하여 산정·부과되므로 보수총액 신고 시 일용근로자의 보수총액에 대한 정산을 수행해야 한다. 따라서 일용근로자의 경우 일반근로자와 동일하게 다음 연도 3월 15일까지 보수총액을 신고해야 한다.

🐭 「근로내용확인신고서」 유의 사항

1, 매월별로 각각 신고(여러 달을 한 장에 신고할 수 없음)해야 한다.
2. 일용근로자 고용정보 신고 대상이 10인 이상의 경우는 전자신고를 해야 한다.
3. 1개월간 소정근로시간이 60시간 미만인 근로자에 대하여는 산재보험 고용정보신고(근로내용확인신고서를 제출한 경우 일용근로자는 산재보험 고용정보 신고를 한 것으로 봄)를 하지 않을 수 있다. 따라서 이 경우 근로내용확인신고서를 제출하지 않은 경우는 다음연도 3월 15일 보수총액신고서의 "그 밖의 근로자 보수총액"란에 기재하며, 근로내용확인신고서를 제출한 경우는 보수총액신고서의 "일용근로자의 보수총액"란에 기재한다.

임원 및 사외이사의
4대 보험 적용

1 등기임원의 4대 보험

🐭 근로자가 아닌 경우

근로자가 아닌 등기임원은 4대 보험 중 국민연금과 건강보험만 가입하면 된다.

근로자가 아닌 등기임원이란 일정액의 보수를 받더라도 사업주로부터 경영 전반을 위임받아 기업의 대표권과 업무집행권을 가진 자를 의미한다. 이 경우 임원과 회사는 종속관계가 아니므로 근로기준법이 적용되지 않는다.

🐭 근로자인 경우

근로자인 등기임원은 4대 보험 의무가입 대상이다.

근로자인 등기임원이란 회사의 이사직에 있더라도 회사의 대표권 또는 업무집행권이 없는 경우를 의미한다. 아래의 경우 임원이 아니라 근로기준법상 근로자에 해당한다.

❶ 회사의 명령, 감독을 거부할 수 없음

❷ 근로시간과 장소가 특정되어있음

❸ 업무의 내용이 회사에 의해 정해짐

❹ 지급받는 금품이 순수한 근로의 대가임

❺ 일반 근로자와 동일한 징계 규정이 적용됨

2 비등기임원의 4대 보험

등기부에 임원으로 등기되어있지 않다면 4대 보험 의무가입 대상자이다.

일반적으로 비등기임원은 등기이사와 동등한 지위와 권한을 부여받은 것이 아니므로 근로자에 해당한다.

구 분		적용 여부
임원	국민연금과 건강보험	대표이사를 포함한 모든 임원은 근로자성을 불문하고 모두 가입 대상이다. 다만, 무보수 대표이사 외 다른 근로자가 없는 경우 사업장 가입자에서 상실처리 후 지역가입자가 된다.
	고용보험과 산재보험	임원이라도 대표자의 지휘 및 감독을 받는 경우(근로자로 인정되는 경우)는 근로자에 해당하므로 고용보험과 산재보험의 가입대상이며, 지휘 및 감독을 받지 않는 경우는 가입대상이 아니다.
등기된 임원이 아닌 직책상의 임원		등기된 임원이 아닌 직책상의 임원인 경우는 근로기준법상 사용자의 지위와 근로자의 이중적 지위를 갖게 되므로, 산재 처리, 임금 및 퇴직금, 각종 휴가 청구권 등은 일반 근로자와 동일하다. 즉, 국민연금, 건강보험, 고용보험, 산재보험의 가입 대상이다.

구 분		적용여부
사외이사 등 비상근임원	국민연금	법인의 이사 중 소득이 없는 자는 적용 대상이 아니다. 근로소득이 발생하고 1개월 동안의 소정근로시간이 60시간 이상의 경우는 국민연금법상 근로자에 해당한다. 이 경우 가입 대상이다.
	건강보험	근로의 대가로 보수를 받고, 대표이사의 지휘 및 감독을 받는 종속성이 있는 경우 가입 대상이다. 단, 매월 정기적으로 보수를 받으나 이사회 참석 의결 이외에 다른 업무를 수행하지 않는 경우는 가입 대상이 아니다.
	고용보험과 산재보험	근로자가 아니므로 가입 대상이 아니다.

[주] 비상근임원은 법령 또는 조례의 따라 임명되는 위원 또는 임원이거나, 법인등기에 임원 또는 이사로 등기되어있는 자 중 정관, 주주총회 또는 이사회 회의록에 비상근으로 명기되어있는 자를 말한다.

무보수 대표이사의 4대 보험

대표이사는 원칙적으로 국민연금 건강보험 가입 대상이다. 다만, 무보수 대표이사의 경우 가입 대상에 해당하지 않는다.

국민연금

소득세법에 따라 근로소득이 없는 사람은 근로자에서 제외하기 때문에 무보수 대표이사는 사업장 가입자 적용 대상에서 제외(무보수 신고를 한 사업장의 국민연금은 납부 예외 처리)되어, 지역가입자로 적용된다. 또한, 무보수 대표이사 1인만 있는 법인은 국민연금 당연적용사업장에도 해당하지 않는다.

건강보험

법인의 대표이사가 노무를 제공하되, 보수를 지급받지 않는 경우는 건강보험 직장가입자 적용 제외 대상이다. 직장가입자로 등록되어 있으면 실제로 보수가 지급되지 아니한 날로 상실신고를 해야 한다. 보수를 지급받던 중 출산휴가, 육아휴직, 산재요양, 병가 등의 휴직 사유로 납부 예외를 신청하는 경우는 해당 기간 동안 납부예외 신청을 인정한다.

고용·산재보험

법인의 대표이사는 근로기준법상 근로자로 보지 않기 때문에 고용보험, 산재보험 적용 대상 근로자가 아니다.

무보수 대표자 증명 방법(증명서류 제출)

무보수 대표자임을 증명할 수 있는 정관 및 이사회 회의록을 제출해야 한다.
정관에 대표자의 보수 규정 사항이 없는 경우 해당 정관과 법인대표자 무보수 확인서를 함께 제출하면 된다. 확인서에는 보수를 지급하지 않음과 추후 소득이 확인 될 때 직장 가입 자격을 소급 취득할 것이라는 문구가 반드시 기재되어 있어야 한다.
❶ 법인정관 파일 또는 이사회 회의록
❷ 기존에 취득 신고를 진행했던 대표자 혹은 등기임원의 경우 : '상실신고서'도 필요
직원이 없는 대표자의 무보수 신청 시에는 사업장 성립 신고와 취득 신고를 진행하지 않고 무보수 신청만 진행하면 된다.
사업장 성립 신고를 진행하지 않아 사업장관리번호가 없는 경우, 무보수 신청서에 사업장관리번호를 기재하지 않아도 된다.

가족회사에 근무 시 배우자 등 4대 보험 적용

동일세대원 가족을 직원으로 채용할 경우는 최저임금 적용 대상에서 제외가 되며, 고용보험이나 산재보험도 원칙은 가입하지 않아도 된다. 즉, 건강보험과 국민연금만 가입하면 된다.

결론적으로 사용자(법인 대표, 개인사업자)의 친족은 근로자인지와 무관하게 국민연금과 건강보험만 사업장 가입 대상자이다.

반면, 고용보험에 가입하고자 하는 경우 근로자성 여부(해당 사업장에 근로하고 있는 사용자의 친족이 근로기준법상 근로자에 해당하는지)에 따라 고용보험, 산재보험 적용 대상자 여부가 결정된다. 여기서 친족은 민법상 친족(8촌 이내의 혈족, 4촌 이내의 인척 및 배우자)를 말하며, 동거 여부 및 친족 여부는 주민등록표나 가족관계증명서 등의 증빙서류를 통해 판단한다.

공단에서는 가족을 직원으로 채용하고 종업원 인건비 신고가 제대로 되지 않을 경우는 그 가족 직원을 비 채용한 것으로 간주하여 직장 가입에서 지역가입자로 전환 시켜 정산해서 고지를 하게 된다. 따라서 가족 직원을 고용하더라도 모든 세무 업무를 정확하게 이행하고 급여를 지급할 경우 현금이 아닌 계좌이체로 지급해야 한다.

구 분	동거 여부	고용·산재보험 적용
배우자	무관	비적용
배우자 외 (형제 · 자매, 자녀 등)	동거	비적용
	비동거	적용

[근로관계 확인 자료(입증자료) 예시]

① 근로관계 : 근로계약서, 인사기록카드 등

② 급여내역 : 급여대장, 근로소득원천징수영수증, 급여계좌 이체 내역

③ 근로실태 : 출근부, 휴가원, 출장부 등 복무 · 인사규정 적용자료, 출퇴근 교통카드 이력 등 복무상황에 대한 자료, 업무분장표, 업무일지, 업무보고 내역 등 담당업무 관련 자료 등

④ 기타 : 타 사회보험 가입내역(보험료 납부 내역), 조직도, 근로자 명부 등

동거친족 본인이 근로자성 여부에 대해 이의가 있을 경우는 '피보험자격확인청구' 절차를 통해 근로자성을 판단한다.

외국인 근로자의
4대 보험 적용

1 건강보험

외국인, 재외국민은 2006년 1월 1일부터 건강보험 당연적용 사업장에서 근무하는 직장가입자의 경우 의무적용이 된다.
각 보험의 혜택은 우리나라 국민이 받는 혜택과 동일하다.

2 국민연금

👆 외국인 사업장 가입자 적용대상

당해 외국인의 본국법이 대한민국 국민에 대해서 국민연금에 상응하는 연금에 관한 법률을 적용하는 경우

> 가이아나, 카보베르데(까뽀베르데), 그리스, 네덜란드, 노르웨이, 뉴질랜드, 도미니카(연방), 독일, 덴마크, 라트비아, 러시아, 루마니아, 룩셈부르크, 리비아, 리투아니아, 리히텐쉬타인(리히텐슈타인), 모나코, 모로코, 모리셔스, 몰도바, 몰타, 미국, 바베이도스, 바하마, 버뮤다, 벨기에, 불가리아, 브라질, 세르비아, 스위스, 스웨덴,

스페인, 슬로바키아(슬로바크), 슬로베니아, 아르헨티나, 아이슬란드, 아일랜드, 알바니아, 아제르바이잔, 에스토니아, 영국, 오스트리아, 오스트레일리아(호주), 우루과이, 우즈베키스탄, 우크라이나, 이스라엘, 이탈리아, 일본, 자메이카, 중국, 체코, 캐나다, 크로아티아, 키프로스, 탄자니아, 튀니지, 트리니다드토바고, 파나마, 포르투칼, 폴란드, 프랑스, 핀란드, 필리핀, 헝가리, 홍콩, 가나, 가봉, 그레나다, 나이지리아, 타이완(대만), 라오스, 레바논, 말레이시아, 멕시코, 몽골, 바누아투, 베네수엘라, 벨리즈, 볼리비아, 부탄, 세인트빈센트그레나딘, 수단, 스리랑카, 시에라리온, 아이티, 알제리, 에콰도르, 엘살바도르, 예맨(공화국), 요르단, 우간다, 인도, 인도네시아, 짐바브웨, 칠레, 카메룬, 카자흐스탄, 케냐, 코스타리카, 코트디부아르, 콩고, 콜롬비아, 키르기스스탄, 타이(태국), 터키, 토고, 파라과이, 페루

🖱 외국인 사업장 가입자 적용제외대상

❶ 다른 법령 또는 조약(협약)에서 국민연금법 적용을 배제한 자

예시 외교관, 영사기관원과 그 가족 등

❷ 당해 외국인의 본국법이 국민연금법에 의한 "국민연금에 상응하는 연금"에 관해서 대한민국 국민에게 적용되지 않는 경우

그루지야, 남아프리카공화국, 네팔, 티모르민주공화국(동티모르), 몰디브, 미얀마, 방글라데시, 베트남, 벨로루시, 사우디아라비아, 싱가포르, 스와질란드(스와질랜드), 아르메니아, 에티오피아(이디오피아), 이란(사회보장협정에 의함), 이집트, 캄보디아, 통가, 파키스탄, 피지

❸ 체류 기간 연장허가를 받지 않고 체류하는 자

❹ 외국인등록을 하지 않거나 강제퇴거 명령서가 발부된 자

체류자격이 문화예술(D-1), 유학(D-2), 산업연수(D-3), 일반연수(D-4), 종교(D-6), 방문동거(F-1), 동반(F-3), 기타(G-1)인 자

3 고용보험

출입국관리법에 의해서 국내 취업 활동이 자유롭지(불가능) 못한 자는 적용 제외가 원칙이나 다음의 경우에는 강제적용 된다.

❶ 국내 거주(F-2), 영주(F-5)

❷ 국내 파견 외국인 근로자(D-7, D-8, D-9) : 상호주의. 다만, 베트남, 일본, 독일의 경우에는 적용 제외

❸ 비전문취업(E-9)

가. 고용허가제를 통해 채용되는 외국인 : 1년 고용계약 단위(상용)로 채용되며 주로 필리핀, 태국, 스리랑카, 베트남, 몽골, 인도네시아 등이 해당

나. 방문 동거(F-1) 자격에 해당하는 자 중 고용노동부 장관의 추천을 받은 자로서 법무부 장관이 인정하는 요건을 갖추고 있는 취업 허용 방문동거자(F-1-4)가 취업(서비스업 및 일정 규모 이하 건설업의 상용 또는 일용) 후 체류자격 변경 허가(E-9)를 받는 경우로서 주로 조선족 동포 등이 해당

다. 임의 적용 : C4(단기취업), E-1(교수) 내지 E-8(연수취업), F-4(재외동포) 및 F-1(방문동거) 중 법무부 장관의 승인을 받은 자(F-1-4, 취업 허용 방문동거자)

❹ E-9, H-2 외국인 근로자들은 적용받는 방법이 조금 다르다. 다만, 고용보험 중 고용안정·직업능력개발 보험료는 신청 여부와 상

관없이 의무적으로 가입 이후 납부하도록 변경되었다. 반면 실업급여 보험료는 당연히 적용되는 것은 아니고, 실업급여 보험료 납부를 희망하는 경우 별도의 신청서를 제출하여 임의가입한 후 납부할 수 있다. 즉 근로자가 희망하지 않으면 실업급여는 가입하지 않아도 된다.

E-9 혹은 H-2 비자를 가진 외국인 근로자가 실업급여 보험료까지 납부하기를 원하는 경우, 고용보험법 시행규칙 별지 제1호 서식의 '외국인 고용보험 가입 신청서'를 작성하고 해당 근로자 본인의 서명을 받아 근로복지공단에 제출하면 된다. 다만 해당 외국인 근로자들은 소급해서 가입 신청은 불가능하며, 가입 신청을 한 다음 날이 취득일이 된다.

따라서 E-9 및 H-2 외국인 근로자들의 보수도 고용안정·직업능력개발 관련 보수총액에 필수적으로 포함해야 하며, 실업급여 임의가입을 신청한 외국인 근로자가 있을 때는 실업급여 관련 보수총액에도 포함해야 한다.

현장 실습생의 4대 보험 적용
(훈련수당을 받는 경우 포함)

현장 실습생의 경우 직업교육훈련법 등에 의해 현장실습표준 협약서를 통해 실습하는 경우 근로계약서와는 다르게 판단하며, 순수한 실습을 목적으로 하는 실습생에게는 실습기간동안 근로기준법상 근로자에 해당하지 않는다.

1 현장 실습생의 최저임금 준수

현장 실습생이 근로자에 해당이 안 될 경우는 최저임금에 대한 준수의무가 없어 학교 측과 체결한 현장실습 표준협약서에서 정한 금액이 최저임금 이하일지라도 월정액(예 : 100만 원)을 실습비 명목으로 지급할 수 있으나, 실질에 있어 사용종속관계의 근로자에 해당한다면 최저임금법이 적용되므로 법정 최저임금 이상의 임금을 지급해야 하는 의무를 산업체는 부담하게 된다.

2 현장 실습생의 4대 보험

현장 실습생이 근로자에 해당이 안 될 경우는 산재보험만 적용된다. 그 이외 국민, 건강, 고용보험은 적용되지 않는다.

그러나 근로자에 해당할 경우는 산재보험 및 월 소정근로시간 60시간 이상 근로를 제공할 경우 국민, 건강, 고용보험도 적용된다.

그리고 실습생은 따로 근로내용확인신고서를 제출할 필요가 없다.

실습생은 근로내용확인신고서를 제출할 필요 없이 국세청에 일용직 신고만 하면 된다.

참고로 국세청 일용직 신고 시 한 달 8일 이상 또는 한 달 60시간 이상 적용을 하게 되면, 몇 달이 지난 후 국세청으로 신고된 자료를 가지고, 4대 보험 추징 관련하여 국민건강 공단 측에서 귀찮게 전화가 오니, 실무자는 잘 판단해서 신고하길 바란다(일용직 일당 187,000까지 세금 없음, 따라서 훈련수당 100만 원을 지급하는 경우 약 5.3일, 알아서 신고 바람). 즉, 8일 이상 60시간 국세청으로 근로신고할 경우 실습생도 4대 보험 가입의무가 있다.

국민보험, 건강보험은 실습생이라 얘기해도 증명서류 요구하며, 강제 직권 가입시키니 꼭 주의하기를 바란다.

결론은 기업체에서 졸업 예정을 앞둔 고교생, 대학생들을 실습의 명목으로 현장교육을 시키면서, 실질에 있어서 일반근로자들처럼 출퇴근의 의무를 부여하고 업무지휘·명령을 하고 지각 및 결근 등에 대해 제재를 하면, 사용종속관계에 의한 근로자로 인정받아 자칫 최저임금법 및 4대 보험 가입위반 등으로 노동관계법 위반사항이 발생할 수 있으니 현장 실습생에 대한 원래 취지대로 현장실습에 국한하여 사용하도록 하여 근로자로 인정받지 않도록 주의해야 한다.

4대 보험을 회피하고자 일용근로소득을
사업소득으로 신고해도 합법인가요?

일용근로자를 채용한 사업주는 4대 보험을 절약하기 위해서 사업소득세로 3.3% 원천징수 신고로 마무리하는 경우가 많다. 그러나 일용직을 사업소득으로 신고하는 것 자체가 원칙은 아니다.

1 일용근로소득으로 신고하는 경우(원칙)

계속적 일용근로자도 4대 보험 가입 의무가 있어 사업주가 부담해야 한다. 단, 근로시간이 월 60시간 미만, 주당 15시간 미만의 단기적 일용근로자는 4대 보험 가입 의무가 없다. 따라서 최근 편의점 알바 등을 고용하면서 일 2시간 30분을 넘지 않는 선에서 여러 명을 채용해서 사용하기도 한다. 월~금 : 2시간 30분, 격주 토 : 2시간의 경우 약 59시간으로 60시간을 안 넘는다.

> 소득세 계산 방법 = (매일 일당 − 하루당 15만 원) × 6% × 45%를 납부한다.
> 간단히 (매일 일당 − 하루당 15만 원) × 2.7%(지방소득세 포함 2.97%)

2 사업소득으로 신고하는 경우

일용근로자는 일당에서 4대 보험료를 차감하는 것이 싫고, 사업주는 4대 보험료를 부담하기 싫은 경우 쌍방 합의(원칙은 아님)로 일용근로소득을 프리랜서의 사업소득으로 둔갑시켜 처리하는 방법이다. 이는 쌍방이 합의하고 소액일 때 세무서가 찾아내기 어려운 점을 이용한 방법이다.

이 경우 회사는 일용근로자에게 사업소득세로 3.3%(지방소득세 포함)를 원천징수 후 신고 및 납부함으로써 모든 세금과 4대 보험 문제를 해결한다.

그러나 당장은 회사도 근로자도 4대 보험을 피해 갈 수 있지만, 일용근로자는 별도로 다음 해 5월 31일까지 종합소득 신고 및 납부를 해야 하는 불편이 있다. 혹시 본인이 신고를 못 할 때는 세무 대리인에게 신고 대행을 맡기는 경우 별도의 비용이 발생할 수 있고, 납부할 세액이 있는데, 납부를 안 하는 경우 가산세까지 물어야 하는 사태가 발생할 수 있다.

3 외주 용역비로 신고하는 경우

극히 드문 경우이지만 근무자가 사업자등록을 한 후 세금계산서를 발행하고 지급수수료로 처리하는 방법이다.

입사 및 퇴사 월의 4대 보험 부과기준

1 4대 보험 공제 여부 판단

⌕ 입사 월의 4대 보험

구 분	처리내용
입사일이 해당 월 1일일 경우	해당 월 4대 보험료 모두 부과
입사일이 해당 월 1일이 아닐 경우(2일~31일 사이 입사)	• 국민연금과 건강보험 : 다음 달부터 부과. 단, 국민연금은 입사일 납부를 희망하는 경우 납부가 가능하다. • 고용보험과 산재보험 : 해당 월부터 부과 입사한 달의 근무일 수에 따라 일할계산 한 월별보험료를 납부한다. 국민연금과 건강보험은 1일을 기준으로 4대 보험료가 부과된다. 따라서, 2~31일 사이 입사할 경우 취득일은 동일하게 입사일이지만 보험료는 다음 달(다음 달 1일이 기준이므로)부터 부과된다.

단, 입사일 당일에 4대 보험 취득 신고가 완료되는 경우는 거의 없으므로(신고접수 후 처리까지 통상 3~7일 정도 소요), 입사일이 1일이더라도 신고 완료일에 따라 해당 월에 보험료가 부과되지 않고, 다음 달에 합산되어 부과될 수도 있다.

⑯ 퇴사 월의 4대 보험

구 분	처리내용
퇴사일이 해당 월 1일 일 경우	그달은 보험료를 부과하지 않아도 된다.
퇴사일이 해당 월 1일 이 아닐 경우(2일~31 일 사이 입사)	• 국민연금과 건강보험 : 이번 달까지 부과 • 고용보험과 산재보험 : 해당 월부터 부과, 퇴직한 달의 근무일 수에 따라 일할계산 한 월별보험료를 납부한다.

⑯ 당월에 취득한 후 당월에 상실한 경우

당월에 취득하고 당월에 상실하게 되는 경우는 1일 취득(1일 취득시에는 납부)이 아닌 경우 해당 월 보험료를 납부하지 않는다. 다만, 국민연금의 경우 가입자가 희망하는 경우는 납부할 수 있다.

예를 들어 A 사업장에 9월 10일 취득하고 취득한 달인 9월 20일 상실하게 되는 경우 9월분 보험료는 납부하지 않는다. 단, 국민연금의 경우 희망하는 경우는 납부한다.

2 4대 보험 기준금액의 결정

신규직원을 채용하는 경우 4대 보험료의 산정은 직원의 급여를 기준으로 한다.

보험료 산정에 있어 기준이 되는 금액을 기준금액이라고 하는데, 이를 국민연금은 기준소득월액, 건강보험은 보수월액, 고용·산재보험은 월평균 보수라고 표현한다.

[4대 보험별 보험료 산정 기준금액]

구분	국민연금	건강보험	고용·산재보험
기준금액	기준소득월액	보수월액	월평균 보수
기준금액의 범위	총급여 – 비과세 급여	총급여 – 비과세 급여	총급여 – 비과세 급여

[4대 보험별 기준금액 적용기간]

구 분		기준금액 적용 기간
국민연금 (기준소득월액)	12월 1일 이전 입사자	입사일의 다음 달~다음 연도 6월
	12월 2일 이후 입사자	다음연도 1월~다음 다음 연도 6월
	계속근로자	매년 7월~다음 연도 6월
건강보험 (보수월액)	12월 1일 이전 입사자	입사일의 다음 달~다음 연도 3월
	12월 2일 이후 입사자	다음연도 1월~다음 다음 연도 3월
	계속근로자	매년 4월~다음 연도 3월
고용 · 산재보험 (월평균보수)	9월 30일 이전 입사자	입사 월~다음 연도 3월
	10월 1일 이후 입사자	입사 월~다음 다음 연도 3월
	계속근로자	매년 4월~다음 연도 3월

⊛ 국민연금

신규입사자의 경우

사업장 가입자의 자격취득·변동 시에는 사업장 가입자 자격취득신고서상에 신고한 소득월액을 기준으로 자격취득·변동일이 속하는 달의 다음 달부터 다음 연도 6월까지 적용된다. 단, 12월 2일 이후 자격취득자의 경우에는 자격취득·변동일이 속하는 달의 다음 달부터 다음 다음 연도 6월까지 적용된다.

계속 근로자의 경우

전년도 해당 사업장에 종사한 근로자의 경우에는 그 종사한 기간에 받은 소득액을 그 근무일 수로 나눈 금액의 30배에 해당하는 금액을 소득월액으로 결정하여 매년 7월부터 다음 연도 6월까지 적용한다.

㋐ 건강보험

신규입사자의 경우

직장가입자의 자격취득·변동 시에는 직장가입자 자격취득신고서상에 신고한 보수월액을 기준으로 자격취득·변동일이 속하는 달의 다음 달부터 다음 연도 3월까지 적용된다.

계속 근로자의 경우

계속 근로자의 경우에는 전년도에 지급받은 보수총액을 그 기간의 근무월수로 나누어 산정한 보수월액을 기준으로 매년 4월부터 다음 연도 3월까지 적용한다.

㋐ 고용·산재보험

신규입사자의 경우

월평균 보수는 근로자가 9월 30일 이전에 입사한 경우 입사 월부터 다음 연도 3월까지, 10월 1일 이후에 입사한 경우는 입사 월부터 다음 다음 연도 3월까지 적용한다.

계속 근로자의 경우

월평균 보수는 매년 4월부터 다음 연도 3월까지 적용한다.
근로소득원천징수영수증 상의 총급여액과 일치하는 금액으로 소득세법상의 근로소득에서 소득세법상 비과세 근로소득을 차감한 금액을 말한다.

당월 입사 당월 퇴사의 경우
4대 보험처리

입사 시에는 취득 일자가 '입사한 날'이 되고 퇴사 시에는 상실 일자가 '마지막 근무일의 다음 날'이 된다.

예를 들어 11월 30일까지 근무하고 퇴사한 직원의 상실일은 12월 1일이 된다.

4대 보험료는 가입자가 자격을 취득한 날이 속하는 달의 다음 달부터 자격을 잃은 날의 전날이 속하는 달까지 납부한다(국민연금은 자격취득일이 초일이거나 취득 월 납부를 가입자가 희망하는 경우 자격을 취득한 당월부터 납부 가능).

회사에 입사해서 며칠 근무 후 일이 힘들다고, 적성에 맞지 않는다고 바로 퇴사해버리는 경우가 있다.

이 경우에도 며칠 일한 부분에 대해서는 일할계산해서 임금을 지급해야 체불임금의 문제가 발생하지 않는다.

그런데 문제는 임금을 지급하면서 공제해야 하는 4대 보험은 어떻게 처리해야 하는지? 이다.

1 임금 지급을 하는 경우 4대 보험 처리

임금에서 공제하는 4대 보험도 기준이 있다.

⏏ 건강보험

1일 입사자의 경우 입사 월부터, 1일 이후는 다음 달부터 공제한다. 예를 들어 6월 1일 입사자는 6월 분부터 공제해야 하고, 6월 2일 입사자는 7월분부터 내야 한다. 다만, 1일 취업자를 15일 이후에 가입 신고를 하면 7월에 6, 7월분이 소급 고지된다.

당월 입사 당월 퇴사의 경우 건강보험료를 납부하지 않는다.

⏏ 국민연금

당월에 취득하여 당월에 상실하는 경우 연금보험료가 부과되지 않는다.

동월에 입사하여 동월에 퇴사한 경우는 원칙은 보험료가 부과되지 않으며, 입사 시 가입자가 희망으로 표시해서 신고한 경우 퇴사 시 미 희망을 표시해서 신고하면 문제없이 해결된다. 물론 입사 시 미 희망으로 표시해 신고한 경우는 문제없이 보험료가 부과되지 않는다.

⏏ 고용보험

입사일과 관계없이 실제 지급하는 급여를 기준으로 공제한다.

예를 들어 6월 1일에 입사하든, 2일에 입사하든 6월분부터 공제한다. 다만, 고용보험도 15일 이후에 가입 신고 넣으면 7월에 6, 7월분 소급 고지된다.

구 분	당월 입사 당월 퇴사 4대 보험처리
입사일이 해당 월 1일인 경우	국민연금만 가입자가 희망하는 경우는 납부할 수 있다.
입사일이 해당 월 1일이 아닌 경우(2일~31일 사이 입사)	국민연금 / 건강보험 : 다음 달부터 부과 고용보험 / 산재보험 : 해당 월부터 부과 국민연금과 건강보험은 1일을 기준으로 4대 보험료가 부과된다. 따라서 2~31일 사이 입사할 경우 취득일은 같게 입사일이지만 보험료는 다음 달(다음 달 1일이 기준이므로)부터 부과된다. 단, 국민연금은 입사일 희망으로 신고한 경우 당월부터 부과된다.

취득 신고를 15일 이후에 하는 경우 2달 치가 한 번에 부과될 수 있다.

예 A 사업장에 1월 10일 취득하고 취득한 달인 1월 20일 상실하게 되는 경우

→ 1월분 보험료는 납부하지 않는다. 단, 국민연금의 경우 희망하면 납부한다.

2 4대 보험 취득취소

자격취득이나 자격상실 신고한 후 사장님께서 "○○○씨 퇴사(취득) 신고 하셨나요? 그분이 번복하셔서"라고 이야기를 할 때가 있을 것이다.

몇 주씩 지난 것이 아니라면 정정 신고를 통하여 취득·상실 취소를 진행할 수 있다.

취득·상실은 4대 공단 중 하나에 보내면 각 공단이 넘겨줘서 편한데, 취소의 경우라면 각 공단에 전부 넣어야 한다.

취득 후 6개월 이내에만 다음의 방법으로 취소할 수 있고, 6개월 이상 지났으면 다른 서류들이 더 필요한데, 각 공단에 문의해보면 된다.

구 분	취소처리 방법
국민연금	사업장 가입자 내용변경(정정)신고서를 공단에 제출한다. 상실 취소의 경우 출근부를 요청하기도 한다.
건강보험	공문. 일반적인 공문서식에 취소 사유를 상세하게 적어서 제출하면 되고, 정해진 양식은 없다. 대신 공문엔 사업장 정보와 취득 취소하려는 사람의 인적 사항이 들어가면 된다.
고용 및 산재보험	두 개 다 취소하려면 근로복지공단에만 보내면 된다. 고용, 산재 둘 중 하나만 취소하는 경우라면 각 공단에 직접 신고한다.

급여에서 공제하는 4대 보험료

1 국민연금

2023년(기준은 지급기준이 아니라 <u>귀속 기준</u>)												2024년(기준은 지급기준이 아니라 <u>귀속 기준</u>)											
1월	2월	3월	4월	5월	6월	7월	8월	9월	10월	11월	12월	1월	2월	3월	4월	5월	6월	7월	8월	9월	10월	11월	12월

변경된 국민연금 보수월액 적용 기간(7월~다음 해 6월)
(2023년 귀속분 국세청 종합소득신고분(5월) 자료를 받아 2024년 소득으로 반영 결국, 2023년 소득을 기준으로 2024년 7월부터 변경된 국민연금 보험료 고지)
▶ 매월 : 동일 연금보험료 부과
※ 정산제도 없음

국민연금은 현재 급여액에 따라 보험료가 정해지는 게 아니라 매년 7월에 나오는 정기결정 내역서를 기준으로 공제한다.

국민연금은 비과세 금액을 제외한 소득월액의 9%가 부과되며, 사업장 가입자의 경우 4.5%는 본인이, 4.5%는 회사에서 납부하기 때문에 실제 급여에서는 납부해야 하는 보험료의 절반이 공제된다.

여기서 기준이 되는 소득월액은 연말정산 한 전년도 소득액을 기준으로 하는데, 만약 전년도 소득이 그전과 달라졌다면 납부하는 보험료도 달라지며, 매년 7월부터 적용된다.

소득이 변경되어도 정산을 해서 더 내거나 돌려주지는 않는다.

- 월 국민연금(10원 미만 단수 버림) =
  기준소득월액 [월 급여(총급여 – 비과세 소득)] × 국민연금료율
- 기준소득월액 = 연간 총보수액(총급여 – 비과세 소득) ÷ 근무월수
- 보험료율 : 9%(사용자 4.5%, 종업원 4.5%)(10원 미만 단수 버림)

(2023년 7월 기준)

기준소득월액 범위	국민연금료율	월국민연금 산정
37만원 미만	4.5%	= 37만원 × 4.5%
37만원 ~ 590만원	4.5%	= 기준소득월액 × 4.5%
590만원 초과	4.5%	= 590만원 × 4.5%

사례 기준소득월액은 최저 37만 원에서 최고금액은 590만 원까지의 범위로 결정하게 된다. 따라서 신고한 소득월액이 37만 원보다 적으면 37만 원을 기준소득월액으로 하고, 590만 원보다 많으면 590만 원을 기준소득월액으로 한다.

2 건강보험

건강보험료의 경우 기준소득월액의 3.545%가 부과되고, 장기요양보험료의 경우 건강보험료의 12.81%가 근로자부담이 된다.

건강보험료의 경우 당해연도의 보수를 기준으로 보험료를 부과하는 것이 원칙이나, 당해연도의 소득이 확정되지 않았으므로 전년도 소득을 기준으로 보험료를 우선 부과된다.

당해연도가 종료되어 당해연도 소득이 확정된 후에 매년 4월에 정산이 되는 구조이다.

2월 연말정산 때, 한해 총소득(1월 1일~12월 31일분)이 확정되면, 확정된 소득을 기준으로 보험료를 다시 산정하여 이미 부과된 보험료와의 차액을 4월에 추가 납부 및 반환하게 된다.

2023년(기준은 지급기준이 아니라 <u>귀속 기준</u>)												2024년(기준은 지급기준이 아니라 <u>귀속 기준</u>)											
1월	2월	3월	4월	5월	6월	7월	8월	9월	10월	11월	12월	1월	2월	3월	4월	5월	6월	7월	8월	9월	10월	11월	12월

변경된 건강보험 보수월액 적용 기간(4월~다음 해 3월)
▶ 매월 : 동일 보험료 부과
▶ 정산 : 2023년에는 2023년 요율을 적용
　　　　 2024년에는 2024년 요율을 적용해서 정산
※ 정산제도 있음 : 급여상승분 미반영으로 인한 정산 발생
　　　　　　 [2번의 건강보험료 부담 상승 시기]
4월 : 급여변동분 반영으로 인한 건강보험료 부담 상승
1월 : 요율 변경으로 인한 건강보험료 부담 상승

건강보험료 정산금 반영
▶ 1회 대상자 : 4월
▶ 분납 대상자 : 4월~8월

• 보수월액 (월평균 보수 = 월 급여) = 연간 총보수액(총급여 – 비과세소득) ÷ 근무월수
• 보험료율 : 7.09%(사용자 3.545%, 종업원 3.545%)
• 건강보험료 근로자 부담액 = 건강보험료(❶) + 노인장기요양보험료(❷)
❶ 건강보험료 = (총급여 – 비과세 급여) × 3.545%(10원 미만 단수 버림)

상한액	하한액
3,911,280원(근로자 부담분)	9,890원(근로자 부담분)

❷ 노인장기요양보험료 = 건강보험료 × 12.81%(10원 미만 단수 버림)

사례 보수월액이 1,000,000원일 때, 계산방법

건강보험료 : 1,000,000원(보수월액) x 7.09%(건강보험료율) = 가입자 부담금 35,450원, 사업주 부담금 35,450원

장기요양보험료 : 70,900원(건강보험료) x 12.81(장기요양보험료율) = 가입자 부담금 4,540원, 사업자부담금 4,540원

주 섬·벽지(개성공업지구 포함)에 근무하거나 거주하는 가입자는 보험료의 50% 경감

주 국외(개성공업지구를 제외한 북한지역 포함)에 1월 이상 체류할 경우 보험료 면제

직장가입자가 2 이상의 적용사업장에서 보수를 받는 경우는 각 사업장에서 받는 보수를 기준으로 각각 보수월액을 결정한다.

보수월액에 따라 산정한 직장가입자의 보험료액을 직장가입자 및 사업주 등이 각각 1/2씩 부담하는 경우 그 금액에 10원 미만의 단수가 있을 때는 이를 절사 한다.

3 고용보험

고용보험료의 경우 기준소득월액의 0.9%가 근로자부담이 된다.

고용보험료 역시 당해연도의 보수를 기준으로 보험료를 부과하는 것이 원칙이지만, 당해연도의 소득이 확정되지 않았으므로 전년도 소득을 기준으로 보험료를 우선 부과한다.

당해연도가 종료되어 당해연도 소득이 확정되면, 매년 4월에 정산이 되어 4월분 보험료에 반영되어 고지된다.

고용보험료 = 월 급여(총급여 - 비과세소득) × 보험료율

구분		근로자	사업주
실업급여		0.9%	0.9%
고용안정, 직업 능력개발사업	150인 미만 기업		0.25%
	150인 이상(우선지원대상기업)		0.45%
	150인 이상~1,000인 미만 기업		0.65%
	1,000인 이상 기업, 국가 · 지방자치단체		0.85%

주 우선지원대상기업

1. 광업, 건설업, 운수업, 출판, 영상, 방송 통신 및 정보서비스업, 사업시설관리 및 사업지원 서비스업, 전문, 과학 및 기술서비스업, 보건업 및 사회복지서비스업 : 300명 이하

2. 제조업 : 500명 이하

3. 도매 및 소매업, 숙박 및 음식점, 금융 및 보험업, 예술, 스포츠 및 여가관련 서비스업 : 200명 이하

4. 제1호 내지 제4호 외의 산업 : 100명 이하

주 업종분류 및 분류 기호는 「통계법」 제22조에 따라 통계청장이 고시한 한국표준 산업분류에 따름

주 그 밖의 업종 100명 이하 : 농업, 임업 및 어업(A), 전기, 가스, 증기 및 수도사업 (D), 하수폐기물 처리, 원료재생 및 환경복원업(E), 부동산업 및 임대업(L), 공공행 정, 국방 및 사회보장행정(O), 교육서비스업(P), 협회 및 단체, 수리 및 기타 개인서 비스업(S), 가구 내 고용 활동 및 달리 분류되지 않은 자가 소비 생산활동(T), 국제 및 외국기관(U)

4 4대 보험 자동계산

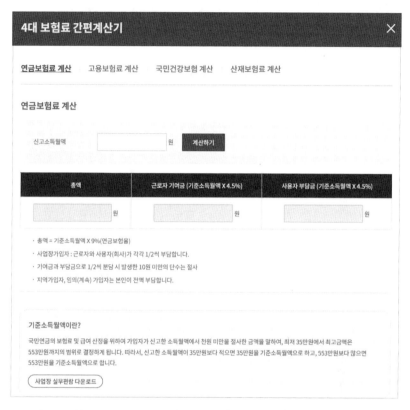

⟨http://www.nps.or.kr/jsppage/business/insure_cal.jsp⟩

이중 취득 근로자의
4대 보험 공제방법

건강보험, 국민연금은 이중 취득이 가능하나 원칙적으로 고용 보험은 이중 취득이 되지 않으므로 현 회사에서 상실신고를 해 주지 않는다면 새로운 회사에서 취득 신고를 하지 못할 수도 있다.

구 분	가입의무
국민연금	중복가입 ○
건강보험	중복가입 ○
고용보험	중복가입 × (이중 취득 제한)
산재보험	중복가입 ○

1 국민연금

국민연금의 경우 두 개 이상의 사업장에서 받는 소득월액으로 기준 소득월액을 결정한다.

1. 두 곳에서 받은 소득이 590만 원 미만인 경우

구 분	기준소득월액	총 납부해야 할 국민연금	근로자 부담분
A회사	300만원	300만원 X 9% = 27만원	27만원 X 50% = 13만 5천원
B회사	200만원	200만원 X 9% = 18만원	18만원 X 50% = 9만원

2. 두 곳에서 받은 소득이 590만원 이상인 경우

구 분	기준소득월액	총 납부해야 할 국민연금	근로자 부담분
A회사	600만 원	3,540,000원 X 9% = 618,600원	618,600원 X 50% = 309,300원
B회사	400만 원	2,360,000원 X 9% = 212,400원	212,400원 X 50% = 106,200원

[안분계산]

A 회사 : 590만원 X 600만원/1,000만원 = 3,540,000원

B 회사 : 590만원 X 400만원/1,000만원 = 2,360,000원

2 건강보험

건강보험은 각 사업장에서 가입하게 되며, 받는 보수를 기준으로 부과된다.

구 분	보수월액	총 납부해야 할 국민연금	근로자 부담분
A회사	300만 원	300만 원 X 7.09% = 212,700원	212,700원 X 50% = 106,350원
B회사	200만 원	200만 원 X 7.09% = 141,800원	141,800원 X 50% = 70,900원

3 | 고용보험

고용보험은 이중 취득이 제한된다. 고용보험은 어느 사업장이든 신고를 진행하면 된다. 이중 취업의 경우 고용센터에서 자체적으로 인지하고 주된 사업장 한 곳에서만 고용보험의 가입 및 보험료의 납부가 진행된다. 고용보험은 이중 취득이 제한되므로 주된 사업장에서만 부과된다.

구 분	고용보험 취득사업장
상용과 일용이 동시 고용된 경우	상용 취득
상용과 임의가입 자영업자 동시 고용된 경우	상용 취득
일용과 임의가입 자영업자 동시 고용된 경우	둘 중에 선택
상용과 상용 / 일용과 일용이 동시 고용된 경우	아래 순으로 취득 ① 월평균 보수가 많은 사업 ② 월 소정근로시간이 많은 사업 ③ 근로자가 선택한 사업

4 | 산재보험

산재보험은 각 사업장에서 받는 급여를 기준으로 각각 부과된다.
산재보험료는 전액 사업주(회사)가 부담하며, 각각의 사업장에서 보험료가 부과된다.

퇴직자 발생 시
4대 보험 퇴직자 정산

 퇴사자가 발생하면 14일 이내에 퇴직 신고와 퇴직정산금을 지급해야 한다.

참고로 4대 보험상의 퇴직 일자는 마지막 근무일 다음 날을 말한다 (2월 말일까지 근무 시 퇴직일은 3월 1일).

1 국민연금 퇴직자 정산

근로자 퇴직 시 퇴직일이 속하는 달의 다음 달 15일까지 자격상실 신고를 해야 한다.

건강보험과 같이 신고를 하므로 그때까지 미루지는 않는다.

국민연금의 경우 퇴직 정산제도가 없으므로 퇴사할 때 보험료 정산을 따로 하지 않아도 되며, 연말정산을 할 필요가 없다. 즉 부과된 금액을 내기만 하면 정산이 마무리된다. 만약에 퇴사일이 1일이면 그달은 보험료를 부과하지 않아도 된다.

그러나 매월 2일이 속해 있는 달은 한 달 치 보험료를 부과해야 한다. 예를 들어 퇴사일이 4월 1일일 경우 최종근무일이 3월 31일이기 때문에 퇴사일이 2일이 속하지 않아 보험료 부과가 안 된다.

그러나 퇴사일이 4월 2일일 경우 최종근무일이 4월 1일 이기 때문에 퇴사일에 2일이 속해 있어 한 달 치 보험료가 부과된다.

구 분	보험료 부과
퇴사일(최종근무일의 다음 날)이 1일	그달은 보험료를 부과하지 않는다.
매월 2일이 속해 있는 달	한 달 치 보험료를 부과한다.

[사례]

1. 퇴사일 6월 1일(5월 31일까지 근무)

최종근무일이 5월 31일 이기 때문에 퇴사일이 2일이 속하지 않아 보험료가 부과 안 된다.

2. 퇴사일 6월 2일(6월 1일까지 근무)

최종근무일이 6월 1일 이기 때문에 퇴사일이 2일이 속해 있어 한 달 치 보험료가 부과된다.

2 건강보험 퇴직자 정산

근로자 퇴직시 퇴직일로부터 14일 이내에 자격상실신고를 해야 한다.

건강보험은 퇴직 정산제도가 있으므로 퇴사할 때 신고된 것보다 소득이 높거나 적으면 연말정산을 해서 추가납부를 하거나, 환급을 받아야 한다. 만약 퇴사일이 1일이면 그달은 보험료를 부과하지 않지만 퇴직정산으로 인한 정산제도로 환급이나 환수가 이루어지게 된다. 또한, 국민연금과 마찬가지로 퇴사하는 달에 매월 2일이 속해 있는 달은 보험료를 부과한다.

예를 들어보면, 만약 퇴사일이 6월 1일이라면 국민연금과 똑같이 보험료는 부과되지 않는다. 그러나 국민연금과는 달리 신고금액보다 많거나 적게 벌어가는 경우 퇴직정산으로 인한 환급이나 환수가 발생할 수 있다. 퇴사일이 6월 2일일 경우 퇴사일에 2일이 속해 있어 한 달 치 보험료가 부과되며, 마찬가지로 신고금액보다 많거나 적게 벌어가는 경우 퇴직정산으로 인한 환급이나 환수가 발생할 수 있다 (퇴사 달 보험료 부과 + 퇴직정산금 합산신고).

그러나 퇴사일 하루 차이로 보험료를 냈다고 억울해할 필요는 없다. 퇴사한 달은 보험 가입이 됐기 때문에 퇴사 후 피부양자로 등재가 되면 상관없지만 등재하지 못하면 지역가입자로 돌아가며, 퇴사한 달에 보험이 가입되어 있으면 그달은 직장가입자로 유지되므로 지역가입자로서 보험료를 납부할 필요가 없다.

건강보험의 연말정산은 본인이 계산하지 않더라도 건강보험 EDI를 통해 신고하면 몇 시간 길게는 하루가 지나면 정산금을 확인할 수 있다. 또한, 공단에 전화하면 퇴직정산을 해주니 참고하기 바란다.

[건강보험료 퇴직(연말)정산 보험료 예상 조회 자동계산]

인터넷 주소창에
https://www.nhis.or.kr/nhis/minwon/retrieveWkplcHltCtrbCalcuView.do를 입력한 후 접속 후 하단에 보면 자동으로 계산해 볼 수 있는 화면이 나온다.

이렇게 건강보험 정산이 발생하는 이유는 건강보험은 기준급여를 신

고하고 그 신고된 급여에 대해서 보험료를 부과하는데 연봉인상, 상여금, 수습기간, 입사일 일할계산 등의 이유로 기준이 되는 기준급여가 다를 수 있기 때문이다.

구 분	보험료 부과
퇴사일(최종근무일의 다음 날)이 1일	퇴사일이 2일에 속하지 않아 보험료 부과가 안 됨. 신고금액보다 많거나 적게 벌어 갈 때는 퇴직정산으로 인한 환급이나 납부 발생
매월 2일이 속해 있는 달	퇴사일이 2일에 속해 있어 한 달분 보험료 부과가 됨. 신고금액보다 많거나 적게 벌어 갈 때는 퇴직정산으로 인한 환급이나 납부 발생(퇴사 달 한 달분 보험료 + 정산보험료 부과)

3 고용보험 퇴직자 정산

고용보험의 경우 직원이 퇴직할 경우, 보험료 정산을 퇴직 직후 못하면 정기 정산 시기인 3월에 할 수 있었다.

그러나 부과고지 사업장에서 2020년 1월 16일 이후 고용관계가 종료된 상용근로자(상실일은 2020년 1월 17일 이후인 상용근로자)는 퇴직정산이 가능하다.

고용보험 피보험 자격상실 신고서 및 산재보험 근로자 고용종료 신고서에 근로자의 상실일, 상실 사유 및 지급한 보수총액을 작성하여 근로복지공단으로 신고한 후 고용산재보험 토탈서비스 http://total.kcomwel.or.kr에서 정산보험료를 확인할 수 있다.

퇴직한 근로자가 보험료 퇴직정산 대상일 경우 "자격상실신고서"에
기재한 "해당연도 보수총액"으로 보험료를 정산하므로 "해당연도 보
수총액"을 반드시 신고해야 한다.

고용관계가 종료된 근로자는 퇴직정산으로 퇴직시점에 보험료를 정
산하고, 퇴직정산으로 보험료를 정산하지 않은 근로자(재직근로자,
일용근로자 등)는 보수총액신고서로 정산한다.

4 산재보험 퇴직자 정산

산재보험은 전액이 사업자 부담으로 근로자의 퇴직으로 인한 퇴직정
산이 필요하지 않다.

근로자 퇴직 시 퇴직일이 속하는 달의 다음 달 15일까지 자격상실신
고를 해야 한다.

국민연금 납부예외
건강보험 납부유예

1 국민연금 납부 예외

다음의 경우는 연금보험료를 내지 않을 수 있다. 다만, 납부예외 신청에 따라 연금보험료를 내지 않은 기간은 가입기간에 산입하지 않는다.

- 사업 중단, 실직 또는 휴직 중인 경우
- 병역법에 따른 병역의무를 수행하는 경우
- 초·중고등법, 고등교육법에 따른 학교에 재학 중인 경우
- 형의 집행 및 수용자의 처우에 관한 법률에 따라 교정시설에 수용 중인 경우
- 사회보호법에 따라 보호감호 시설이나 치료감호법에 따른 치료감호시설에 수용 중인 경우
- 1년 미만 행방불명 된 경우
- 질병이나 부상으로 3개월 이상 입원한 경우

소득이 없으면 납부예외 기간의 연장도 가능하다.

공단에서는 납부예외 신청을 통해 연금보험료를 면제받고 있는 경우 납부예외 기간이 끝나면 소득이 있는지? 여부를 확인하기 위해서 납

부 재개 안내를 하고 있다. 이때, 계속해서 소득이 없는 경우에는 납부 예외 상태를 유지할 수 있다. 참고로 소득 자료가 없는 경우 최장 3년까지 납부예외신청을 할 수 있다.

2 건강보험 납부유예

국민연금과 달리 건강보험은 예외가 아닌 유예이다. 즉, 안 내는 것이 아니라 일정기간 납부를 뒤로 미루어주는 것이다. 따라서 복직 시에는 밀린 건강보험료를 일시납 또는 분납해야 한다. 물론 경감을 해주기는 한다.

건강보험의 납부유예사유를 살펴보면 다음과 같다.

- 육아휴직(출산전후휴가는 납부유예 안 됨)
- 산재를 포함한 질병휴직
- 무급노조 전임자 휴직
- 병역, 학업 등과 같은 기타 휴직

휴직사유	경감율
무보수 휴직	휴직 전월 보수월액을 기준으로 산정한 보험료의 50% 경감
육아휴직	직장가입자의 보수월액보험료 하한 금액을 적용
휴직기간 중 보수가 있는 경우	(휴직 전월 기준 산정 보험료 - 휴직기간 중 사업장에서 받는 기준 산정 보험료) × 50%
휴직기간 중 보수가 없는 경우	휴직전월 보수월액 기준으로 산정한 보험료의 50% 경감

4대 보험금의 가산금 및
연체료 등의 세금처리 방법

1 사회보험금의 의무 불이행에 따른 과태료 등

국민연금, 고용보험, 산재보험 및 건강보험 등 사회보험료에 대해서 신고를 하지 않거나 거짓으로 신고한 경우, 통지하지 않은 경우 등 의 사유로 관련 법령에 따라 과태료 등이 부과되어 납부한 금액은 세금에서 비용처리 해주지 않는다.

집행기준 21-0-2 [벌과금 등의 손금불산입]
다음의 벌과금은 손금에 산입하지 않는다. 즉, 비용을 지출해도 세법에서는 비용으로 인정해주지 않는다.
1. 법인의 임원 또는 사용인이 관세법을 위반하고 지급한 벌과금
2. 업무와 관련하여 발생한 교통사고 벌과금
3. 고용보험, 산재보험 가산금
4. 금융기관의 최저예금지급준비금 부족에 대하여 「한국은행법」 제60조에 따라 금융기관이 한국은행에 납부하는 과태금
5. 건강보험, 국민연금 연체금
6. 국외에서 납부한 벌금

2 │ 사회보험금의 연체금 및 사계약 상 지체상금 등

국민연금법 제80조의 규정에 따라 납부한 연체료와 「고용보험 및 산업재해보상보험의 보험료 징수 등에 관한 법률」 제25조에 따른 산업재해보상보험료의 연체금은 비용처리 되며, 그 외 사계약 상의 의무불이행으로 인하여 부담하는 지체상금, 보세구역에 보관된 수출용 원자재가 관세법상의 보관 기간 경과로 국고에 귀속이 확정된 자산의 가액, 전기요금의 납부 지연으로 인한 연체가산금 등 지연에 따른 연체료 등은 비용처리 할 수 있다.

집행기준 21-0-3 [지체상금 등의 처리]

다음의 벌금은 손금에 산입한다. 즉, 비용을 지출한 경우 세법에서는 비용으로 인정해준다.

1. 사계약 상의 의무 불이행으로 인하여 부담하는 지체상금(정부와 납품계약으로 인한 지체상금을 포함하며, 구상권 행사가 가능한 지체상금을 제외한다.)

2. 보세구역에 보관되어있는 수출용 원자재가 관세법상의 보관 기간 경과로 국고에 귀속이 확정된 자산의 가액

3. 철도화차 사용료의 미납액에 대하여 가산되는 연체이자

4. 산재보험료의 연체금

5. 국유지 사용료의 납부지연에 따른 연체료

6. 전기요금의 납부지연으로 인한 연체가산금

사업주가 4대 보험료를
체불한 경우

산재·고용보험 체납 시 근로자의 산재 적용과 실업급여의 제
한은 없다.

건강보험료 체납 시 사용자만 병·의원 진료가 제한되고, 국민연금은
회사의 사정으로 미납 또는 체납되면 근로자에게 직접 납부를 요구
한다.

일정 기간이 지난 후에 개인에게 본인부담금 체납 부분에 관하여 독
촉 절차가 진행될 수 있다.

급여명세서에는 여전히 4대 보험료가 제외되어 나오는데, 회사에서
는 미납하고 있다. 이런 경우에는 어떻게 될까?

우선 국민연금을 제외하고서는 근로자에게 피해가 전혀 없도록 조치
된다.

국민연금을 제외한 근로자의 국민건강보험료, 고용보험료, 산재보험
료의 납입의무자는 근로자가 아닌 회사이다. 회사에서 부담하는 반
은 물론이고, 근로자의 급여에서 계산하는 부분도 회사에서 제외하
고 주니 결국 회사에서 납입해야 한다.

이 세 가지 보험은 회사에서 미납되고 있다고 해서 근로자에게 혜택을 중단하거나 납입요구를 하지 않는다. 이 기관들은 회사에 지속적으로 납입요구를 하고 그래도 안 되면 회사를 상대로 소송을 진행하여 압류하든지 등등의 방법으로 보험료를 받아내게 된다.

그러니 건강보험, 고용보험, 산재보험은 미납이든 체납이든 근로자가 크게 상관할 부분은 아니다.

그런데 국민연금은 조금 다르다. 국민연금 역시 회사에서 반, 근로자가 반을 부담하여 납부하게 되는데, 일단 회사에서 다 처리해준다. 그런데 국민연금의 실질적 납입의무 주체는 개인이기 때문에 나중에 회사의 사정으로 미납 또는 체납되면 근로자에게 직접 납부를 요구하게 된다.

물론 국민연금공단에서 무조건 개인에게 요구하지는 않는다. 다른 보험공단과 동일하게 소송을 통해서 최대한 진행을 한 뒤에 그래도 납입을 받지 못하면 그때는 개인에게 안내 및 요구를 하게 된다.

이게 큰 차이점인데, 국민건강보험, 고용보험, 산재보험은 소송을 통해서도 못 받으면 내부적인 손실로 처리하고 마무리되는 것에 반해 국민연금은 개인에게까지 진행한다는 점이다.

고용보험 상실 사유 정정 시 과태료가 발생하나요?

피보험자격관리사항(취득일, 상실일, 상실 사유)은 실업급여의 수급 자격 여부의 직접적인 판단자료가 되므로 반드시 사실대로 정확하게 신고해야 한다.

신고서의 허위기재 시 300만 원 이하의 과태료가 부과되며, 부정수급 시 연대책임으로 형사 처벌될 수 있으니 주의한다.

1 피보험자격관리사항 중 법적으로 정정 가능 사항

이름, 주민등록번호 이외의 이직 사유 등에 관한 정정 신청은 허용되지 않는다. 사후 이직 사유 정정 신고를 할 경우는 당초 신고가 허위신고에 해당해서 과태료 처분 대상이 된다.

만일 이직 사유의 정정이 객관적으로 명확한 경우에는 반드시 근거 자료를 제출하여 관할 고용안정센터의 조사 확인을 받아야 하며, 정정 신고가 반복되는 경우 아래 기준에 의하여 과태료가 부과된다.

2 과태료 부과기준

구 분	조사결과	부과기준
사업주의 정정신고	정정 신고의 이직 사유가 허위인 경우	• 상습 : 300만원 • 고의 : 200만원
	정정 신고의 이직 사유가 사실인 경우	• 1차 : 경고 • 2차 • 상습 : 300만원 • 고의 : 200만원
직권확인 (이직자의 이의제기 포함)	수급자격 제한 사유를 수급자격 해당 사유로 신고한 경우	• 상습 : 300만원 • 고의 : 200만원
	수급자격 해당 사유를 수급자격 제한 사유로 신고한 경우	• 상습 : 300만원 • 고의 : 200만원 • 사무착오 : 경고(1년간 3회 이상 : 100만원)

3 입증(근거)서류 예시

○ 경영난 악화 : 손익계산서 및 재무상태표, 매출장부 등(전년도와 금년도 비교 가능 자료)

○ 영업실적 부진 : 영업실적대비표 등(비교 가능 자료)

○ 직제 개편에 따른 부서 축소 : 직제 개편 계획에 대한 기안문, 안내문 등

○ 질병으로 인한 퇴사 : 퇴사일 이전 진단서, 병원진료내역서 등 업무처리에 있어 고용안정센터에서 기타 필요한 자료를 요구하였을 경우 사업주는 관계 서류를 제출해야 한다.

합법적으로 세금폭탄을 막아주는 경리 · 회계 · 노무 · 세금

지은이 : 손원준

펴낸이 : 김희경

펴낸 곳 : 지식만들기

인쇄 : 해외정판 (02)2267~0363

신고번호 : 제251002003000015호

제1판 1쇄 인쇄 2023년 06월 12일

제1판 1쇄 발행 2023년 06월 19일

값 : 24,000원

ISBN 979-11-90819-30-5 13320

Korea Good Books

본도서 구입 독자분들께는 비즈니스 포털

이지경리(www.ezkyungli.com)

2개월 이용권(2만원 상당)을 무료로 드립니다.

<u>구입 후 구입영수증을 팩스 02-6442-0760으로 넘어주세요.</u>

K.G.B
지식만들기

이론과 실무가 만나 새로운 지식을 창조하는 곳

서울 성동구 금호동 3가 839 Tel : 02)2234~0760 (대표) Fax : 02)2234~0805